本书的撰写和出版得到了国家自然科学基金研究项目（项目号：71603080）、湖南大学工商管理学院出版基金的资助。特此感谢！

协作研发网络与企业
对技术标准制定的影响力

冯　科◎著

中国财经出版传媒集团

经济科学出版社
Economic Science Press

图书在版编目（CIP）数据

协作研发网络与企业对技术标准制定的影响力/冯科著.
—北京：经济科学出版社，2020.8
ISBN 978-7-5218-1760-7

Ⅰ.①协… Ⅱ.①冯… Ⅲ.①企业管理-技术开发-
影响-技术标准-制定 Ⅳ.①F272

中国版本图书馆 CIP 数据核字（2020）第 143938 号

责任编辑：顾瑞兰
责任校对：靳玉环
责任印制：王世伟

协作研发网络与企业对技术标准制定的影响力

冯 科 著

经济科学出版社出版、发行 新华书店经销
社址：北京市海淀区阜成路甲 28 号 邮编：100142
总编部电话：010-88191217 发行部电话：010-88191522
网址：www. esp. com. cn
电子邮箱：esp@ esp. com. cn
天猫网店：经济科学出版社旗舰店
网址：http://jjkxcbs. tmall. com
固安华明印业有限公司印装
710×1000 16 开 19.25 印张 260000 字
2020 年 8 月第 1 版 2020 年 8 月第 1 次印刷
ISBN 978-7-5218-1760-7 定价：69.00 元
（图书出现印装问题，本社负责调换。电话：010-88191510）
（版权所有 侵权必究 打击盗版 举报热线：010-88191661
QQ：2242791300 营销中心电话：010-88191537
电子邮箱：dbts@ esp. com. cn）

前　言

当今世界已经迈入第四次产业革命时代，技术密集型的新兴战略性产业日益成为长期经济增长的新动能，而技术标准竞争已然成为这些产业打造国际竞争力、赢得竞争优势的制高点。中国企业只有广泛参与和影响技术标准的制定，才能实质性地推动产业升级，增强自主创新能力和技术优势。已有关于标准竞争的研究主要关注企业的市场表现如何帮助企业对产业技术标准形成发挥影响。最新的研究进展指出，塑造外部影响力并赢得产业内厂商群体的支持，已经成为企业影响产业技术标准化方向、塑造产业技术范式的重要手段。由此引出一个重要的问题：企业在技术标准化活动中如何面向产业组织塑造影响力？本书独辟蹊径，基于社会网络分析的视角，探讨协作研发网络如何帮助企业影响产业技术路线的发展，并在技术标准竞争中赢得话语权。

在此基础上，本书提出下述核心研究问题：协作研发网络是否对企业的技术标准化行为及其结果产生影响？什么样的协作研发网络结构特征能够提升企业对技术标准制定的影响力？根据核心研究问题，本书分为两大部分。第一部分研究协作研发网络是否以及如何有利于促进企业参与技术标准化，以子研究问题一为主要内容。第二部分探讨协作研发网络是否以及如何提升企业对技术标准制定的影响力，包括子研究问题二、问题三和问题四。

协作研发网络与企业对技术标准制定的影响力

子研究问题一：产业协作研发网络促进企业参与技术标准化的机理。协作研发网络演化通过吸纳更多的企业参与技术合作、知识分享来增强企业参与技术标准化的战略意图，发展企业之间的技术认同，推动产业内企业集群的发育。这些都有利于鼓励企业参与技术标准化的积极性。将横跨26年的时间序列样本数据与时间序列分析法、社会网络分析法相结合进行实证研究，其结果表明，产业协作研发网络演化过程中的规模扩大、集聚性的提高，有利于促进更多的企业参与技术标准化并推出更多的技术标准。

子研究问题二：企业对技术标准制定之影响力的来源。主要包括企业的技术优势和市场优势。其中，技术优势既包括企业内部的技术资源优势，又包括企业在产业中的技术影响力优势。内部技术资源优势主要指企业所拥有的技术性知识与人力资源等，而外部技术影响力优势主要指企业所倡导的技术方案在多大程度上为产业内其他厂商所支持。技术资源优势增强企业在技术标准制定中的"专家型"影响力。具有技术影响力优势的企业凭借更强的厂商支持基础，可以在技术标准竞争中赢得更多的话语权。

子研究问题三：企业协作研发网络增强企业内部技术资源优势以提升企业对技术标准制定之影响力的机理。企业协作研发网络可以增强企业对外部知识进行搜寻、吸收、整合和转化的能力，从而提升其技术创新产出。核心业务领域以利用式创新为主，规模适当、网络关系强度较高、网络闭合度较高的协作研发网络能更好地提升企业的核心业务领域的技术创新产出。而核心业务领域的技术资源优势增强企业在技术标准制定中的话语权。外延性业务领域以探索式创新为主，网络关系强度较高、结构洞强度较高的协作研发网络能更好地增强外延性业务领域的技术创新产出。而外延性业务领域中的技术资源优势增强企业对不同领域技术进行协同的能力，从而提升其对兼容性技术标准制定的影响力。

子研究问题四：企业协作研发网络增强企业外部技术影响力优势的机

理。基于协作研发网络和社会网络分析法，对企业的技术影响力的广度、强度、非冗余度进行测量。企业外部技术影响力的广度、强度、非冗余度优势为企业赢得来自厂商群体更加广泛的、坚定的支持，从而提升其对技术标准制定的影响力。利用社会网络分析法对汽车行业近26年的协作研发网络演化进程进行分析，结果表明，行业协作研发网络的演化是一个非均衡的变化过程。一部分企业逐步成长为产业中在技术影响力的广度、强度、非冗余度上具有明显相对优势的主体。网络演化的路径依赖性与企业对网络位置的战略性选择是造成这种分化的重要原因。

　　最后，针对子研究问题二、问题三和问题四开展实证研究。以汽车行业为研究样本，采集专利数据、标准数据和企业层面特征数据，构建一个覆盖26年、总观测量为10635个的面板样本数据。在此基础上，综合运用面板数据分析模型、计数数据模型、动态面板数据模型以及社会网络分析法，对子研究问题二、问题三和问题四进行定量分析。主要研究结果证实，协作研发网络有利于提升企业在技术标准制定中的影响力，且不同的协作研发网络结构发挥不同的作用。基于上述理论分析和实证分析的结果，总结企业战略管理和国家政策启示。本书的主要研究贡献在于：（1）除用户基础增强企业对技术标准制定的影响力外，企业在协作研发网络中所拥有的网络资源也是增强企业技术标准竞争优势的战略性资产；（2）协作研发网络通过向内提升企业技术资源优势和向外提升企业在产业中的技术影响力优势以增强企业在技术标准竞争中的影响力；（3）协作研发网络有利于企业的相关多元化，而相关多元化又有利于增强企业在技术标准制定中的影响力。

冯科

2020 年 6 月

目　录

第 1 章

绪　论

1.1　研究背景与意义

1.1.1　研究背景

《中共中央关于坚持和完善中国特色社会主义制度推进国家治理体系和治理能力现代化若干重大问题的决定》（2019）明确指出"强化标准引领，提升产业基础能力和产业链现代化水平"是坚持和完善社会主义基本经济制度、推动经济高质量发展的重要任务。技术标准化的重要性得到了政策制定者及学者的关注，一致认为加强中国企业在国际舞台上的竞争实力，参与并影响技术标准化是重要的战略措施[1]。技术标准是影响行业发展轨迹的重要力量，参与并影响技术标准的制定能够塑造中国企业在国际经济舞台上的话语权。中国企业只有广泛参与和影响技术标准的制定，才能实质性地推动产业升级，增强自主创新能力和技术优势[2]。欧、美、日等发达国家和地区不但在技术实力上具有显著优势，在国际技术标准竞争中也已经先发制人。我国必须加快转变经济增长方式，鼓励优质企业凭借经济与技术创新实力，积极参与技术标准制定与国际标准竞争，服务本国科技与经济发展。

在竞争不断加剧的今天，参与协作研发网络已成为企业不断获取新知识、新技术并提升自身技术创新速度与质量的重要途径[3]。协作研发网络区别于传统科层组织结构，是组织间进行协同创新、跨越时间和空间的新型组织间联合体[4]。参与协作研发网络的企业不仅共享知识，共同开发新技术，还联合起来在市场竞争中一致行动，齐心协力推广自身技术成为产业主流技术标准[4]。多洛勒和舒莫（Doloreux & Shearmur，2012）指出，协作 R&D 活动通常发生在不同创新主体之间，如个人、企业、大学和科研机构等，他们以合作方式共同开展研发活动[5]。由于标准化过程是内部研发阶段的延续[6]，企业协作研发活动与技术标准合作活动之间存在千丝万缕的联系。所谓技术标准合作，是指组织之间以共同推动某项技术规范成为产业主流技术范式所进行的联合与合作。它既可以是产业链上下游组织之间的纵向技术标准合作，也可以是市场上竞争对手之间以及企业与标准化组织、政府、其他非营利性机构之间的技术标准合作[7]。技术标准合作的主要目的包括提高技术创新速度、加快标准确立进度、增强标准扩散广度以及提高参与企业品牌知名度等。协作研发网络为创新主体提供一个进行资源交换以及信息传递的平台，在一定程度上对科层组织的刚性进行了克服，又在一定程度上缓解了市场机制多变的缺陷，从而为复杂性技术创新提供了一种高效且柔性的资源配置方式[8]。不仅如此，研发网络的这些优势对企业和产业的技术标准化也产生各种影响。

在国际技术标准化的舞台上，我国是后进国家，但是近年来不论是企业还是政府，都显著加强了对制定和实施技术标准化战略的重视。对于企业来说，技术标准战略的最终目的是将自身推崇的技术方案推广成为主流技术标准，以打造长期可持续竞争优势。对于政府来说，虽然技术标准化的参与主体是企业，但一国的技术标准体系不仅是牵涉国民经济安全的重要领域，而且是打造国家经济竞争力的重要手段。同时，总体上来说，我国企业在技术实力上仍然落后于发达国家的强势企业。在这种现实条件限制下，除开技术实力，是否可以通过其他路径提升我国企业在国际经济舞台上技术标准制定中的话语权，这是一个极具现实意义的研究问题。因此，研究企业的协作研发活动是否有利于企业参与技术标准化制定，对于企业层面和国家层面的竞争战略制定与实施都具有重大现实意义。

1.1.2　研究意义

现实经济活动中，企业技术创新日益依赖于外部资源，即通过参与协作研发网络来推动自身技术创新的增长。而企业从事技术创新的目的正是为了在技术生命周期日益缩短的经济环境中赢得竞争优势。业界已经广泛注意到技术标准竞争对于企业创造可持续竞争优势的重要性。理论上，虽然对企业的协作研发网络、企业的技术标准化行为都分别积累了丰富的研究成果，但是它们之间相互关系的理解是不够深入的。

Web of Science（WOS）数据库是全球收录研究性文献最全的数据库之一。利用 WOS 的搜索引擎可以对特定研究领域的研究进展进行梳理。首先以 "R&D" 和 "Networks" 为关键词对经济、管理、商学类的文献进行搜索，总共返回了 1509 条文献记录，这些文献的出版数量趋势如图 1-1 所示。图 1-1 说明，协作研发网络相关的文献自 1998 年以来的 20 多年中，每年的出版数量呈显著上升趋势。学术界对于协作研发网络的研究热度不断上升。

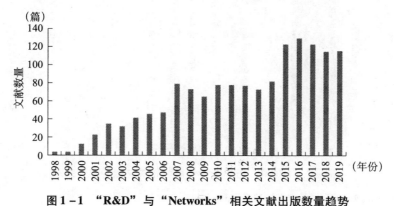

图 1-1　"R&D" 与 "Networks" 相关文献出版数量趋势

资料来源：数据来源于 WOS 数据库，经作者整理形成该图。

图 1－2 以文献出版数量为指标，分析了与协作研发网络研究相关的出版物来源。这些出版物中不乏经济管理类的优秀期刊。其中，*Strategic Management Journal* 为达拉斯商学院 24 种顶级期刊之一；*Research Policy* 是金融时报 50 种顶级期刊之一；*Technovation* 2018 年的影响因子为 5.25，*Journal of Product Innovation Management* 2018 年的影响因子为 3.781，*Journal of Business Research* 2018 年的影响因子为 4.028。因此，关于协作研发网络的研究是学术界高层次、前沿性的研究热点之一。

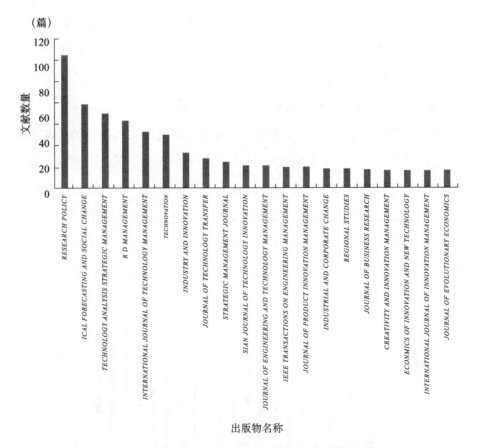

出版物名称

图 1－2 "R&D" 与 "Networks" 相关文献的期刊来源

注：只按文献出版总量列出前 20 种期刊。

资料来源：数据来源于 WOS 数据库，经作者整理形成该图。

以"Standardization"为关键词对经济、管理、商学类的文献进行搜索，共获得了 2618 篇文献。图 1-3 说明了这些文献出版数量的发展趋势。自 1998 年以来，关于标准的研究迅速增长，并在 2010 年和 2017 年形成两个小高峰。因此，关于标准的研究也是理论界的热点之一，而且已经形成了丰硕的研究成果。

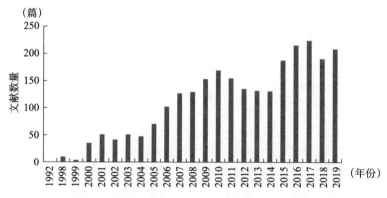

图 1-3 "Standardization"相关文献出版数量趋势

资料来源：数据来源于 WOS 数据库，经作者整理形成该图。

图 1-4 则按照文献出版数量分析了与标准研究相关的出版物来源，其中也包括了商科和管理研究中的优秀期刊。除 *Journal of Business Research* 和 *Technovation* 之外，还有 *International Marketing Review* 2018 年的影响因子为 3.447，*Technological Forecasting and Social Change* 2018 年的影响因子为 3.815。这说明关于标准的研究也是学术界的核心热点之一。

同时以"R&D""Networks""Standardization"为关键词进行搜索，返回 9 条文献记录，主要于过去 10 年中发表。这说明直到最近，学术界才逐渐开始关注协作研发网络与标准化之间的相互关系。其中，技术创新研究领域中的高水平期刊，如 *Research Policy*、*Technovation*、*International Journal of Industrial Organization* 对这个研究问题投入较高的关注度，就这个主题进行了初步探索。图 1-5 汇报了以"R&D Networks"与"Standardization"

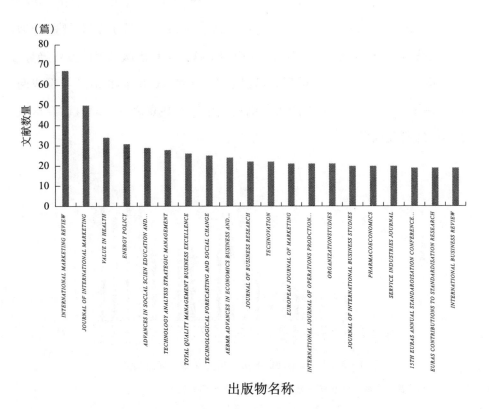

图 1-4 "Standardization" 相关文献的期刊来源

注：只按文献出版总量列出前 20 种。

资料来源：数据来源于 WOS 数据库，经作者整理形成该图。

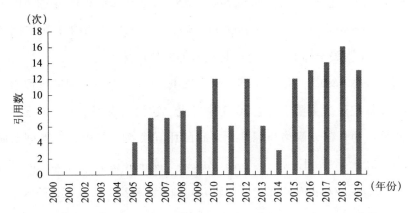

图 1-5 "R&D""Networks""Standardization" 相关文献的引用情况

资料来源：数据来源于 WOS 数据库，经作者整理形成该图。

为共同关键词的相关文献的引用情况。这些文献的被引用次数在 2006 年以后波动性增长，并在 2012 年和 2018 年形成两个小高峰。这说明过去一段时间中，越来越多的学者和他们的研究成果涉及该研究主题。

总而言之，前述文献梳理说明学术界对于协作研发网络和标准已经分别形成了较为可观的研究成果，已经是主流研究的焦点之一。但是将两者结合起来，探讨协作研发网络与技术标准之间经济关系的研究目前仍然十分有限。本书将研究的焦点集中在协作研发网络提升企业对技术标准制定的影响力这一研究问题上，其提供的研究成果有利于进一步打开这一领域研究的黑箱，加深对两者之间经济关系的理解，在该研究领域作出新的探索。

1.2 研究问题与研究对象

1.2.1 研究问题的提出

现代高技术行业的基本特征之一是企业之间通过广泛的组织间联合与技术协作来进行新技术的创造。哈格多恩（Hagedoorn，2002）利用 MERIT-CATI 数据库中 1960~1998 年企业间协作研发和技术联盟数据，总结了研发合作关系的发展趋势，并指出技术密集型产业自 20 世纪 70 年代开始出现研发合作关系数量的上升，进入 80 年代后，这种上升趋势迅猛提高[9]。而企业之所以进行新技术创造，是为了赢得竞争优势。高技术产业过去数十年的新趋势是企业利用新技术及其所对应的技术标准来打造竞争优势，击败竞争对手。比如，诺基亚和摩托罗拉奠定 2G 时代的手机技术标准，而苹果利用封闭式的 IOS 平台开创 3G 时代手机系统平台标准，接着谷歌通过开发和免费推广开放式的 Android 手机系统平台标准对苹果发起挑战。这些高技术产业的新发展趋势背后是一系列重要的经济与管理问题：组织间技术协作与技术标准开发、技术标准竞争之间存在什么样的关系？

少数研究已经开始注意到企业间网络与企业技术标准化活动之间的相互关系。迪特里希和达士（Dittrich & Duysters，2007）在 *Jounral of Product Innovation Management* 上发表文章讨论了诺基亚公司 1985~2002 年的协作研发活动，并指出诺基亚在第一代和第二代移动通信技术标准形成的过程中构建了以利用式创新为主的协作研发网络，而在第三代移动通信技术标准形成过程中构建了以探索式创新为主的协作研发网络；诺基亚对这些网络资源的有效利用帮助它成功制定了移动通信领域的一系列相关技术标准[10]。莱波宁（Leiponen，2008）在 *Management Science* 上发表文章分析认为，在 3G 技术标准形成过程中，企业参与行业协会和联盟增强企业通过标准化组织影响正式标准制定的能力[11]。索尔（Soh，2010）在 *Strategic Management Journal* 上发表文章研究了局域网行业（LAN）在 20 世纪 80~90 年代发生的 Ethernet 和 Token Ring 的技术标准之争，发现企业通过构建战略联盟吸收互补产品供应商加入自己的技术范式阵营；文章通过实证研究证明，能够构建更为密集战略联盟网络的企业在竞争中的表现更加出色，从而最终推动自身倡导的 Ethernet 技术成为产业主流技术标准[12]。王琪和谢劲红（Wang & Xie，2011）在 *Journal of Marketing* 上发表文章认为，已有关于技术标准竞争的研究关注的是用户基础（installed base）对标准胜出的作用，而忽视了企业的"支持厂商基础"（supporting-firm base）同样对赢得标准竞争有着关键性的作用。他们将支持厂商基础定义为支持某项技术标准的厂商规模，并且通过对软盘市场和个人数码产品市场的实证研究，证明了不仅已有的用户规模对消费者是否青睐某项技术有积极作用，支持厂商基础也对消费者评价产生重要的积极作用，而消费者的认可最终使得该项技术范式成为市场的主流技术标准[13]。

关注标准联盟的相关研究也纷纷指出，企业间联盟是企业参与技术标准竞争的重要战略手段。科恩-梅丹（Cohen-Meidan，2007）研究了网络路由器的 IEEE802.14 与 DOCSIS 技术标准之争，指出手机设备制造商、电脑设备制造商、有线电视运营商等各个相关厂商合纵连横，组成了两大竞争阵营，以推动自身所倡导的技术范式成为主流技术标准[14]。加拉格尔（Gallagher，2012）分析了索尼和东芝之间的蓝光 DVD 技术标准竞赛，发现索尼和东芝各自向相关的电影制作商"示好"，以鼓励它们发行以自身所倡导的技术范式为基础的影视内容[15]。高旭东（Gao，2014）研究了中国的 3G 技术标准之争，指出大唐电信为了加速做大产业链，采取了与 TD联盟中的供应商甚至是竞争对手共享专利技术的战略决策，以此提升 TD技术在产业中的竞争地位[16]。

这些最新的研究进展纷纷指向一个可能极为重要但是还缺乏充分研究的重要经济问题：企业之间的技术协作与联合可能对企业在技术标准竞争中的战略性行为以及目标的达成产生重要的作用。前人的研究虽然已经涉及企业间技术协作关系与企业技术标准化活动之间的关系，但是并没有直接将企业技术协作关系的网络结构与企业技术标准化成果联系起来。比如，王琪和谢劲红（Wang & Xie，2011）的研究中只涉及了企业间合作关系的总量，即支持某项技术标准的厂商规模，而没有探讨企业间合作关系的网络结构的影响[13]。索尔（Soh，2010）的研究讨论了企业联盟网络结构对技术标准竞争的影响，却没有直接将联盟网络结构与企业的技术标准化绩效联系起来，而是只探讨了联盟网络结构对技术标准竞争中企业创新绩效的作用[12]。因此，本书在梳理已有研究成果的基础上，提出一个根本性的理论研究问题：基于技术协作的企业间网络是否影响企业的技术标准化行为与结果？什么样的网络结构对企业影响技术标准制定的能力产生积极影响？为了严谨起见，本书将基于技术协作的企业间网络限定为协作研发网络来探讨上述研究问题。本书将总的研究问题分解为四大子研究问题。其中，子研究问题一探讨协作研发网络是否以及如何有利于促进企业参与技术标准化以及发挥促进作用的机理；子研究问题二、问题三和问题四讨论协作研发网络是否以及如何有利于提升企业对技术标准制定的影响力以及具体的作用机理。

子研究问题一：产业协作研发网络促进企业参与技术标准化的机理。协作研发网络呈现何种发展规律？发展过程中网络结构的变化是否对企业参与技术标准化的积极性产生影响，产生影响的机理是什么？什么样的整体网络结构能够促进更多的企业参与技术标准化？什么样的整体网络结构能够提升企业参与技术标准化的成果？

子研究问题二：企业对技术标准制定之影响力的来源。企业对技术标准制定的影响力如何界定？企业对技术标准制定的影响力来源于哪些因素？其中，企业内部技术资源优势作为来源之一，其如何形成发展，又如何对企业的技术标准制定之影响力发挥作用？企业外部技术资源优势作为来源之一，其如何形成发展，又如何增强企业的技术标准制定之影响力？企业的市场地位如何成为企业对技术标准制定之影响力的来源？

子研究问题三：企业协作研发网络增强企业内部技术资源优势以提升企业对技术标准制定之影响力的机理。企业协作研发网络的结构特征及其动态变化对企业的技术资源优势产生什么样的影响？什么样的企业协作研发网络结构特征有利于增强企业的技术资源优势，从而提升企业在技术标准制定中的竞争优势？

子研究问题四：企业协作研发网络增强企业外部技术影响力优势以提升企业对技术标准制定之影响力的机理。企业协作研发网络的结构特征及其动态变化与企业的技术影响力之间有什么关系？什么样的企业协作网络结构特征说明企业拥有更强的技术影响力从而对技术标准制定发挥更强的话语权？

本书主要研究问题之间的逻辑关系总结如图 1-6 所示。

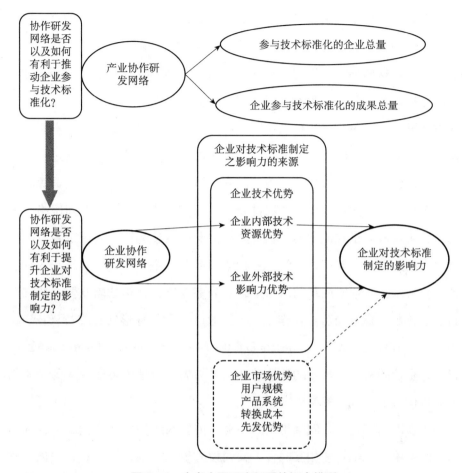

图 1-6 本书主要研究问题的概念模型

注：实线框图表示本书的核心研究问题。

1.2.2 协作研发网络的界定

协作研发网络是指各种创新主体（主要为企业）通过组织间协作共同就新技术进行研究与开发（R&D）而形成的一种经济组织形态，它是创新网络的重要组成部分，是创新网络中以技术创新为核心活动的那一部分。它集中反映了自 20 世纪 70 年代末以来企业组织形态正在不断向中间模式转变的特征，是不断兴起的企业间网络中一种重要形态。

　　企业间网络是有两个或两个以上的企业组织通过正式或非正式的契约所构成的一种相互合作、以获得某种成果为目标的组织形态[17]。在这种组织形态中，这两个或两个以上的企业为了实现某个目标，共同投入资源，共同分担风险，并共享收益，因此而往往形成长期的合作关系。在这种合作关系框架下，单个企业可以获取其自身无法自给自足的资源；不同合作伙伴投入的资源之间往往能够互补，形成协同效应，帮助企业通过这种合作关系达到预期经济目标。而为了促成合作关系框架下共同投入资源的合理利用与保护，并进行公平的利益分配，合作伙伴往往在企业间网络组织中使用正式或非正式的契约。正式契约主要指通过法律合同规定各方的权益、责任与义务；非正式契约主要指依赖社会习俗、惯例、心理契约等治理合作关系。企业间网络的组织形态十分多样化，包括战略联盟、特许经营、卡特尔、合资经营、合作生产、行业协会等各种形式。波特（Porter，1998）在其代表性著作（Clusters and the New Economics of Competition）中指出，企业间网络所具备的资源整合优势与灵活治理优势能够成为企业创造竞争优势的关键性资源[18]。

　　创新网络正是企业间网络中的一种。创新网络是以获取创新为目标的企业间网络。多个企业相互联合，共同投入组织资源，以实现某项创新成果，即为创新网络。而创新成果不仅包括新知识、新技术、新产品，还可能包括新业务流程、新组织形态、新营销渠道、新商业模式。此外，创新网络中往往不仅包括企业，还包括大学、研究机构、服务机构、中介机构等其他组织。由于经济实践中创新网络主体不断丰富，活动内容不断复杂化，理论研究上对于创新网络并没有形成统一的定义。弗里曼（Freeman，1991）认为，创新网络是为了适应于系统性创新而形成的组织形态，且企业是创新网络的主体[19]。阿恩特和斯特恩伯格（Arndt & Sternberg，2000）认为，创新网络整合科学、技术和市场资源，将不同的组织，包括企业和非营利机构，联结起来进行协同化的新产品开发和销售[20]。王大洲

（2001）认为，创新网络的产生源自创新的复杂性，需要对各种分散的资源进行整合；而创新网络正是通过灵活的治理机制，将不同企业中的不同优势资源进行集成[21]。魏江（2003）认为，创新网络往往体现出组织间集群的特征，而且通过网络成员间知识交流和分享促进知识扩散，有利于创新绩效的提升[22]。总而言之，相关研究文献基本认同创新网络是通过企业、大学、研究机构、中介机构、政府等主体的集体协作来推动某种创新成果的实现。

本书认为，协作研发网络是创新网络的一部分，是创新网络中集中关注技术创新的、以企业组织为主要构成的组织间网络。企业的技术创新活动集中体现在其研发活动上。协作研发网络即是企业、大学、科研机构、中介机构之间通过正式或非正式的契约共同投入资源并以完成某项技术研发活动为目标的组织间网络。它的基本单位是组织间基于研发所形成的一对一的联合与协作关系。它的表现形式较为多样化，包括技术特许、技术型合资企业、技术合作、合作专利等多种形态。协作研发活动正是为了适应快速变化的市场环境、不断复杂化的研发过程而产生一种企业组织间、企业与其他组织间的自愿联合体，以加快资源整合，提高研发效率。

协作研发网络本质上是一个动态变化的系统。动态性表现为协作研发网络的规模、参与主体及其相互关系、网络结构特征持续发展并且日益复杂化。从长期的角度而言，这种发展变化的轨迹成为协作研发网络的演化轨迹。协作研发网络的长期演化往往表现出生命周期的特点，即存在一个从萌芽期、发展期、成熟期到进化期逐渐转变的过程[23]。这种动态变化不断推动现有知识和技术扩散，以及改进型新技术和新兴技术的诞生[24]。

1.2.3 企业对技术标准制定之影响力的界定

本书的基本研究问题在于协作研发网络如何帮助企业在技术标准竞争中赢得优势，其实质在于探讨什么样的协作研发网络结构特征有利于企业推动自身所倡导的技术规范成为产业技术标准。当企业所倡导的技术规范成为产业技术标准，这即是企业参与技术标准化的成果。

前人研究在分析企业在技术标准化活动中的成果差异时，认为是企业影响技术标准制定的能力不同所导致的。但是企业对技术标准的影响力是无形无象的，因此，大部分标准竞争经济学的研究在分析企业对技术标准制定的影响力时，以该企业倡导的技术范式是否成为技术标准来观察企业是否具有对技术标准制定的影响力。例如，标准竞争经济学研究的泰斗卡茨和夏皮罗（Katz & Shapiro，1986）在其著名的文章（Technology Adoption in the Presence of Network Externalities）中，以该技术规范是否为市场和消费者所采纳（technology adoption）来观测竞争性技术规范的倡导企业是否对产业主流技术标准形成具有更强的影响力[25]。莱波宁（Leiponen，2008）提出了"企业影响技术标准制定的能力"（firms' ability to influence formal standardization）这一概念，并以该企业是能够成为技术标准草案的贡献人的次数以及是成功要求修改技术标准的次数，来测量企业影响技术标准制定的能力[11]。索尔（Soh，2010）选择了历史上 Ethernet 和 Token Ring 的技术标准之争作为研究对象，并通过哪项技术规范最终成为市场主流技术标准来观察哪一方厂商群体赢得了标准竞争优势。因此，由于企业影响力技术标准制定的能力本身无形无象，在研究中，大部分学者选择通过技术标准竞争的结果来测度企业对技术标准制定的影响力。

在这一标准研究上，本书沿用前人研究的思想。首先，在梳理前人研究的基础上，将企业对技术标准制定的影响力定义为企业是否能将自身所倡导的技术范式推广成为技术标准。其次，以企业参与技术标准化的结果来测度企业是否对技术标准制定具有影响力以及具有多大程度的影响力。即在实证研究中，采用企业以起草单位身份参与起草的技术标准数量来衡量该企业具有多强的技术影响力。

1.2.4　以正式技术标准作为研究对象的原因

本书探讨协作研发网络与企业技术标准化活动之间的相互关系，而现实经济活动中的技术标准形成方式、内容表现、经济影响、法律性质各不相同。根据形成机制的不同、是否具有强制性等，技术标准可以分为正式标准（强制性标准）和事实标准；按照内容的不同，技术标准可以分为基础标准、产品标准、辅助产品标准、原材料标准、方法标准；按照经济影响和法律性质的不同，技术标准可以分为强制性标准和自愿性标准。由于本书的核心研究问题在于企业如何影响技术标准的制定以及协作研发网络在其中发挥什么样的作用，因此，本书选择按照形成方式的视角来区别技术标准——正式技术标准（法定技术标准）与事实技术标准。

正式技术标准与事实技术标准最大的差别在于其形成机制的不同。正式技术标准是指由正式的标准化组织发布的、通常要求组织成员共同遵守的技术标准，具有一定程度的强制性。在正式标准制定的程序中，更多地强调通过利益相关者的讨论、协商来整合和协调不同的利益诉求。而事实标准则不同，当某项技术方案在市场竞争中胜出，并被最广泛的消费者群体所采用时即成为事实标准。因此，事实技术标准并非由某个标准化组织发布，而是由市场"无形之手"选择形成的。

本书选择正式技术标准作为研究对象的原因如下。

其一，相对于事实标准，正式标准的研究相对缺乏。正如莱波宁（Leiponen，2008）在 *Management Science* 上所发表的题为"Competing through Cooperation：The Organization of Standards Setting in Wireless Telecommunications"文章所指出的那样，现有数千篇关于产业经济和标准竞争的研究文献主要关注的是以市场选择机制为基础的技术标准[11]。这些研究大多强调直接网络效应和间接网络效应如何帮助企业影响事实标准的确立，而忽略了相当多的产业中标准化组织在技术标准化中发挥重要作用。比如在电子技术行业、信息技术行业、通信设备行业、高端制造业等技术密集型行业，这些标准化组织往往采用更为强调合作与协调的方式制定行业中的关键性技术标准[26]。而标准竞争经济学研究的先驱之一——夏皮罗（Shapiro）自 1985 年发表其著名的"Network Externalities，Competition，and Compatibility"文章以来，已经在这个领域发表了一系列重要的研究成果，这些研究成果大多数以市场选择机制为形成基础的标准为研究对象[27]。最近的变化是夏皮罗开始关注标准化组织及正式标准的经济学问题。他在 2013 年一篇研究标准化组织相关问题的论文中指出，标准化组织及其所制定的正式标准"可以极大地影响竞争和创新"[32]。因此，本书研究正式标准能够在一定程度上填补相应的理论与实证研究空白。

其二，相对于事实标准，我国的标准化活动仍然以正式标准为主。大量研究通过市场选择机制形成技术标准的文献，以高度市场化的经济体为研究对象。而本书以中国标准化活动为研究背景，必须考虑中国经济处于深刻转型期的特殊体制。处于转型期的中国经济，政府的"有形之手"在一系列重大的、关键的经济活动领域仍然发挥着实质性的指挥作用。在技术标准化活动中也不例外。我国的标准体系分为四个层级，包括国家标准、行业标准、地方标准、企业标准。其中，前三者都是由政府下属的标准化组织发布的正式标准，且绝大多数国家标准和行业标准属于强制性标准，任何参与相关领域经济活动的企业都必须依照执行。因此，这些占到我国技术标准总量90%以上的正式技术标准对现实经济活动有极大的影响。由此，影响正式技术标准也成为我国企业的重要竞争战略之一。事实上，不仅在我国正式技术标准是标准化活动的主要构成；很多OECD 国家也存在大量政府下属或非政府下属的标准化组织，这些标准化组织在 OECD 经济体的技术标准化活动中扮演重要角色[6]。此外，标准经济学研究的最新进展逐渐认同这种理论观点：现实经济活动中，主导性技术标准的形成是市场选择机制和社会磋商机制相互作用、共同决定的[28]。即通过标准化组织出台正式标准的过程中，离不开市场竞争机制的作用。这也使得以正式标准为研究对象能够提供更为丰富的经济解释。

其三，相对于事实技术标准，正式技术标准提供了更为丰富的研究数据来源。本书在理论研究之后进行了以面板数据为基础的实证研究。当面板数据包含较多观测对象在较长时期内的连续观测时，运用面板数据的计量分析才能够揭露现象下的基本规律。正式技术标准相对事实技术标准而言，数量来源更为丰富，信息更加多样化，信息量更大。由于正式技术标准是由标准化组织出版发布的，所以对于每个正式技术标准都有相应的标准文献。这些标准文献通常较为全面地反映了标准的内容、标准制定和发布的时间、标准的分类、标准的起草单位、标准的发布单位等重要相关信息。而且我国自 20 世纪 80 年代起，便通过行业技术标准化委员会制定、审核和出台各种技术标准，因此，我国关于技术标准的数量可采集周期较长，涉及的企业量（观测对象数量）大，有利于进行面板数据分析。而事实标准则不具备上述优势。由于事实标准没有正式的发布和出版单位，而通常由企业自行制定和采用。外界对于事实标准的形成过程、内容细节、技术领域、主要发起组织等难以采集到充分而全面的信息，难以满足大样本面板数据分析的要求。事实上，现有文献中对于事实标准的研究也通常集中在某个案例上。因此，从数据可得性的现状考虑，正式技术标准相对于事实技术标准是更优的选择。

1.2.5　以汽车行业为研究样本的原因

本书在对企业影响技术标准的机理进行理论分析之后，还进行了大样本的实证研究。本书以单个行业为采集数据的对象，进行了覆盖整个行业的、超过 25 年的专利数据和标准数据的采集与分析。以汽车行业作为研究样本是基于以下原因。

第一，由于研究对象是技术标准和协作研发网络，则研究数据应该来源于技术密集型行业。席林和菲尔普斯（Schilling & Phelps，2007）在 *Management Science* 上发表题为 "Interfirm Collaboration Networks：The Impact of Large-Scale Network Structure on Firm Innovation" 文章，其中将汽车行业列为高技术制造业[29]。OECD 则将汽车行业列为中高技术行业[30]。本书的专利数据来源——国家重点产业专利信息服务平台上提供了十大行业的专利信息检索，其中就包括汽车行业。

第二，由于研究对象之一是协作研发网络，则研究数据应该来源于协作研发活动较为丰富的行业。哈格多恩（Hagedoorn，2002）分析了 MERIT-CATI 数据库中 1960～2000 年的多个行业的协作研发与战略联盟数据，并指出自 20 世纪 70 年代以来，包括汽车行业在内的多个中高技术密集型行业涌现了大量的协作研发活动[9]。波特在其代表性著作（Clusters and the New Economics of Competition）中也对汽车行业进行了分析，认为汽车行业上下游厂商之间表现出活跃的技术合作关系[18]。席林和菲尔普斯（Schilling & Phelps，2007）也将汽车行业列为表现出较高专利申请倾向、协作创新倾向的行业[29]。舒尔茨等（Schulze et al.，2014）也认为，汽车行业的发展已经进入了一个前所未有的阶段，这个阶段的首要特征就是广泛整合来自不同领域的技术并为此而进行协作研发、参与研发联盟[31]。

第三，汽车行业是我国为数不多起步较早、发展时间较长的技术密集型制造业之一。第一汽车制造厂 1956 年建成投产，开创我国制造工业的新篇章。至今 60 余年来，中国汽车行业一直不断发展，没有中断。汽车行业伴随新中国走过了经济体制转变的几个重要时期，尤其见证了改革开放后中国经济发展的历史轨迹，是研究中国特色经济体制下高技术制造业发展规律的良好素材。延续 60 余年的中国汽车行业也为本书建立大样本的面板数据提供了良好的支持。

1.3 研究内容与总体框架

1.3.1 研究的内容

本书根据主要研究问题，采用由总到分的逻辑结构对各个研究问题逐一探讨。在深入进行理论分析的同时，结合实证分析，发现并证实本书的主要研究假设。本书的研究内容与框架设计如下。

第1章为绪论，主要讨论本书的研究背景、研究意义、主要研究问题、所采用的方法与工具及整体框架。

第2章为文献综述，回顾并分析了协作研发网络的主要理论基础，以及社会网络分析法在协作研发网络研究中的应用。总结了针对技术标准的内涵、分类及其经济影响的相关研究成果。梳理了关于企业参与技术标准化及其影响技术标准制定的相关文献。

第3章分析子研究问题一。在分析协作研发网络本质、特点、演化规律的基础上，探讨协作研发网络与企业参与技术标准化积极性之间的关系。并就协作研发网络动态促进企业参与技术标准化并推出更多新技术标准进行了实证研究。

第4章分析子研究问题二。首先界定什么是企业对技术标准制定的影响力。接下来分析影响力的来源包括技术优势和市场优势。对技术优势进行深入分解，认为技术优势包括企业自身的技术资源优势，以及企业外部基于社会资本的技术影响力优势。对内部技术资源优势和外部技术影响力优势分别进行界定，分析其特征。同时，分别研究了内部技术资源优势和外部技术影响力优势如何提升企业对技术标准制定的影响力。此外，也对塑造企业的市场优势的因素进行了分析。

第5章分析子研究问题三。将企业内部技术资源优势分解为核心业务技术资源优势和外延性业务技术资源优势，并分别对其进行界定，分析其特征。同时，探讨核心业务技术资源优势和外延性业务技术资源优势如何对企业影响技术标准制定的能力发挥不同的作用。接下来重点分析企业协作研发网络不同结构特征及其动态变化如何增强不同业务领域的企业内部技术资源优势，从而间接提升企业对技术标准制定的影响力。

第6章分析子研究问题四。首先从理论上分析了技术影响力的三种不同特征，包括广度、强度、非冗余度，分别对其进行界定，并分析了技术影响力的这些不同性质如何增强企业对技术标准制定的影响力。然后讨论了如何结合社会网络分析法和企业协作研发网络测度企业的技术影响力。以汽车行业协作研发网络为例，分析了伴随着协作研发网络的演化，网络中企业的技术影响力格局也随之发生动态变化，在技术影响力上具有较强优势的企业逐步成长。最后分析了协作研发网络通过路径依赖效应推动具有技术影响力优势企业成长的机理。

第7章针对子研究问题二、问题三和问题四进行三个实证研究。首先，根据研究假设提出理论模型。其次，分析相关计量模型的原理、特点、适用范围。再次，对模型变量的测度进行解释并说明数据采集、处理的步骤与方法。最后，汇报实证分析的结果，并讨论其经济意义。

第8章讨论理论与实证研究结论的对策与政策启示。逐一讨论了对企业战略管理对策的启示、对行业经济政策的启示、对国家技术标准化政策的启示。

第9章结论部分对全书的研究思路和主要研究结论进行总结。具体归纳了本书的创新点，并讨论进一步研究的方向。

1.3.2 研究的方法与工具

本书遵循经济管理研究的经典范式，将规范研究与实证研究相结合。基本的研究逻辑是，首先通过规范研究对研究问题进行理论演绎和解释，并在此基础上提出理论研究假设。然后通过实证研究为理论假设提供基于现实数据和科学计量分析方法的验证依据。因此，本书的基本逻辑可以总结为"规范研究→研究假设→实证分析"。

1. 规范研究

为了全面理解相关领域研究的最新进展、构建本书的理论框架、凝练研究假设，笔者对国内外的研究文献进行了广泛的搜索、采集、阅读和整理。国内的文献数据库包括 CNKI 数据库、万方数据库，国外文献数据库包括 Elsevier 全文期刊数据库（SDOL）、Journal Storage 数据库、商业资源数据库（Business Source Premier）、PQDT 国外博硕论文全文数据库（PQDT）。同时，也利用社会科学引文索引（SSCI）、Google Scholar 来追踪最新研究文献。所收集的文献资料涵盖技术创新、创新网络、社会网络分析、知识流动、战略管理等相关领域的中英文研究文献。通过对这些研究成果进行全面的阅读、梳理与总结，构建本书的理论分析框架，提出理论研究问题。

2. 实证研究

社会网络分析：为了对协作研发网络进行定量化的研究，运用社会网络分析法的理论思想与方法工具对协作研发网络进行刻画。首先采集自 1985 年以来汽车行业的合作专利数据，将合作专利中的共同申请人信息转化为组织之间的一对一的技术协作关系，并通过网络矩阵对大量刻画一对一技术协作关系的数据进行保存。利用 UCINET 6 软件对网络矩阵中包含的协作关系数据进行定量的结构分析并生成各种网络结构指标。采用 NETDRAW2 软件对网络矩阵所包含的协作关系进行可视化处理，即生成基于合作专利的协作研发网络图谱。通过对比自 1985 年以来的不同时期的网络图谱，对协作研发网络的演化趋势及网络中企业网络地位、技术影响力变化规律进行定性分析。

时间序列分析：为了讨论协作研发网络演化对企业参与技术标准化的促进作用，本书根据时间序列分析法构建时间序列样本数据和时间序列分析模型。该时间序列样本包含 1985～2009 年行业协作研发网络之网络结构时间序列数据、参与技术标准起草的企业数量之时间序列数据、企业参与起草的计数标准数量之时间序列数据。结合时间序列分析模型对协作研发网络结构的动态演化对企业参与技术标准化的影响进行了计量分析。

面板数据分析：为了对研究问题进行计量分析，本书整理形成了大样本面板数据，并以面板数据分析模型为基础模型。在面板样本中以企业为观测对象，结合企业的协作研发网络结构特征数据、专利申请数据、标准数据、企业性质数据，构建了一个横跨 26 年、包括 10635 个观测记录的大面板样本。样本中的协作研发网络结构数据、专利数据、标准数据均是覆盖全行业的长时间周期数据。因此，该面板样本既包含了充分多样化的横截面信息，又涵盖了丰富的动态变化信息。对于利用面板数据模型分析各变量动态变化及其之间相互关系提供了较好的基础。根据理论模型和样本数据的特点，本书选择随机效应的面板数据分析模型为基础计量模型。

计数数据模型分析：在面板数据分析模型的基础上，结合本书样本数据的特征，选用计数数据模型对研究问题进行计量分析。计数数据模型适合于被研究变量为非负整数的数据。而本书的核心被解释变量为企业参与起草的技术标准个数，符合计数数据模型的适用特点。计数数据模型包括泊松回归模型、负二项回归模型、零膨胀的泊松回归模型、零膨胀的负二项回归模型。各个模型适用于不同的样本数据特征。本书综合运用上述四个模型提供更为稳健的实证分析结果。

动态面板数据分析：根据本书的理论推演，在研究协作研发网络通过路径依赖效应提升企业外部技术影响力优势的计量模型中，需要在解释变量中加入滞后变量。由于滞后变量的存在，普通面板数据分析模型无法有效地解决模型中存在的自相关和内生性问题。因此，对该研究问题采用动态面板数据模型，运用差分和工具变量法修正模型的自相关和内生性问题，以提供更有效的估计结果。

第2章

理论基础与文献综述

2.1 协作研发网络的经济与管理理论基础

2.1.1 交易费用理论与协作研发网络

科斯（Coase，1937）明确提出"交易费用"的概念，用来解释企业的本质和企业的边界[33]。此后，基于此核心概念形成了企业边界和治理结构的理论分析框架，并广泛用来分析企业的跨边界活动，如合作、合资、联盟等。交易费用理论的核心观点是企业边界的变动取决于基于市场交易的成本与基于制度交易的成本之间的比较[34]。当通过市场交易组织经济活动的成本低于通过科层组织管理经济活动的成本时，市场机制战胜科层组织机制。如果情况相反，则科层组织替代市场交易对经济活动进行管理可以降低交易费用[34]。

在交易费用理论基础上，威廉姆森（Williamson，1985）提出了影响交易费用大小的几个重要因素，分别是不确定性、交易频率与资产专用性[35]。当交易涉及的资产专用性、不确定性和交易频率越高，则交易费用越高，企业通过科层组织完成该交易的倾向越高；如果资产专用性、不确定性和交易频率较低，则交易费用较低，企业倾向于通过市场完成该交易；当不确定性、资产专用性和交易频率介于中间状态时，则交易费用处于中间水平，此时企业可以采用诸如双边、多边和混合式的中间组织形态治理结构来完成交易[34]。当企业间互信程度较高，且面临的交易不确定性、交易频率都处于中间水平时，企业边界模糊化程度将提高，企业往往选择介于市场和科层之间的中间组织（如战略联盟、创新网络）来完成资源获取活动[36]。

理论界对于边界模糊化的企业间网络如何降低交易费用有深入研究。贾里洛（Jarillo，1988）将企业间网络看作一种有效的监督机制，通过网络组织实现的历史交易活动能帮助企业通过经验累积和信息流动降低后续交易活动中的监督成本与机会主义行为[37]。雅明（Yamin，2004）研究指出，企业间网络能够促进默契知识在企业间的流动[38]，而且能够通过声誉机制约束网络中企业主体的机会主义倾向[39]，从而降低资源获取活动中的交易费用[40]。在技术创新活动中，企业之间采用中间治理结构，构建协作研发网络，能够有效整合各种正式和非正式的组织资源，促进默契知识的流动，增强监督效果，对可能出现的机会主义行为进行更有效的约束，从而提升创新活动的绩效[40]。

2.1.2　企业资源依赖理论与协作研发网络

企业资源依赖理论从动因、模式、绩效等多个方面关注企业间网络这种组织形态。菲弗和萨兰奇（Pfeffer & Salancik，1978）从动因的角度分析了企业间网络，他们认为，企业组织的终极目标是牟利和生存；企业组织的生存依赖于对各种资源的获取与使用；与外部环境中的其他组织发生互动从而获取相关资源是企业赖以生存的重要因素；为了从外部环境的其他组织那里获取资源，企业必须对它们实施一定程度的控制[41]。更有研究认为，随着技术生命周期的缩短，新产品开发的速度和复杂性不断提高，企业在竞争中所面临的不确定性持续提高，这也迫使企业不断改变其创新活动中的组织边界[42]。因为竞争不确定性的加强要求企业之间加强合作，通过整合资源来完成日益复杂的技术创新活动，并加快新产品的开发速度。这种技术合作关系能较好地帮助企业降低创新活动的成本，更快地响应环境变化[43][44]。

资源依赖理论认为，企业的生存和发展离不开创新，而创新以知识资源、技术资源及组织资源的获取、使用和整合为基础[45]。这些资源广泛分布在不同创新主体中，想要实现整合，就必须构建跨企业边界的组织间网络来促进分散性创新资源的流动、碰撞和重组[46]。在这个通过组织间网络来整合外部资源的过程中，网络关系的治理结构为实现整合绩效提供制度安排[47]。总之，资源依赖理论从创新活动的本质特点探讨了组织间网络关系形成和发展的动因，认为创新活动中的组织间网络是一种关系性资产，为企业获取、整合外部资源提供渠道。

2.1.3　企业战略管理理论与协作研发网络

战略管理理论从塑造企业竞争优势的角度分析企业间网络的作用，尤其是以新技术开发和推广为目的的组织间网络在创新活动中的重要性[48]。其中，动态能力理论和选择权理论认为，企业获取长期可持续竞争优势的源泉在于不断整合内外部资源，根据外部环境变化灵活管理企业的业务组合，其关键在于通过联盟、协作等合作方式实现各项资源的协同效应[49]；通过构建组织间网络，将企业组织纳入一个协同演化的生态系统；网络中的主体通过复杂的竞争与合作关系提高资源的配置效率，打造产业价值链，扩大市场规模，提高整体的创新绩效[50]。

从企业动态能力角度看，产业技术生命周期的变化日益迅速，企业必须不断学习和调整以适应环境的变动，仅仅依靠内部资源存在局限性，动态能力的发展受到约束。向其他组织学习、通过联盟和技术合作等方式引入外部优势资源为自己所利用，从而提升自己的竞争优势，成为更优的选择。在这种战略思想的指导下，企业的边界趋于模糊化。无论是有形的企业资源（如人、财、物），还是无形的企业资源（如知识、思想、文化、制度等），都是构成企业核心能力、确定企业边界的要素[51]。对上述各种要素的系统性整合是企业的核心竞争力，也是企业的能力边界。而通过联盟和技术合作等方式实现对外部资源的整合和利用正是企业重塑核心竞争力、改变企业边界以打造长期竞争优势的重要手段。戴尔（Dyer，1996）以汽车行业的生产网络进行研究发现，汽车制造商与配套厂商之间的生产网络促进人力资源在企业之间的流动、配置和整合，对于提升绩效有益[52]。解学梅（2010）将协同创新网络中企业合作伙伴分为不同类型，包括企业、科研机构、中介组织、政府，通过问卷调查发现，这些不同类型的合作关系对于创新绩效发挥不同程度的积极作用，而横向协同创新网络的积极作用更强[53]。

企业选择权理论认为，在不确定性较高的竞争环境中，企业应该以更加灵活的治理结构建立多样化的业务组合来降低风险。战略选择权理论认为，当市场风险较高时，企业首先应该建立一个业务投资组合以分摊整体风险。对于具体的业务投资项目，应该重点考虑其可逆性和灵活性，应该采用更加灵活的投资方式和治理结构来降低风险。此时，与其他企业合资、合作的方式成为更优的选择，因为这种投资方式降低了单个企业的投入成本，一旦业务风险加剧，单个企业可以更加灵活的撤退；而一旦市场日趋成熟，单个企业可以通过追加投资的方式实现更多的投入和更强的控制。因此，选择权理论认为，协作研发网络的优势在于能够帮助企业降低风险、控制成本、加快产品创新、提升市场响应速度[54][55]。此外，协作研发网络还能激发知识和技术的溢出，提升网络主体的整体创新能力，从而系统性地降低创新活动所面临的风险[56][57]。

综合 2.1 节的讨论，交易费用经济学、企业资源依赖理论、企业战略管理理论从不同的视角观察协作研发网络的经济机理。交易费用经济学从制度分析的角度认为，协作研发关系作为一种介于市场与科层组织之间的中间经济制度形态，在组织经济活动中发挥独特的优势。企业资源依赖理论则关注企业内部因素对于企业参与协作研发活动的驱动作用，认为协作研发关系和协作研发网络之所以存在，是为了满足企业内部不断发展的资源需求。企业战略管理理论包括核心能力理论和选择权理论，是企业资源依赖理论的发展。核心能力理论和选择权理论将企业可持续竞争优势的塑造置于环境的动态变化之中，认为企业必须不断更新自身资源以适应环境的变化才能获得持续竞争优势。而协作研发网络作为连接组织内部与外部环境之间的桥梁，是企业与环境交换信息、知识和其他资源的重要渠道，也是企业赢得动态竞争优势的重要战略性活动。

2.2　协作研发网络的社会网络分析

2.2.1　社会网络分析视角下协作研发网络的构成

社会网络分析源于心理学研究，学者们利用实验方法或者类似实验的案例研究法考察群体结构，探究信息和观念在群体中的流动，从而考察精神健康与社会构型如何联系。莫雷诺（Moreno，1934）发明了社群图来考察社会构型，认为可以用点代表个体，用线代表个体之间的社会关系[58]。此后，学者们开始关注社会系统中非正式关系、人际关系的重要性，并将数学和实质性的社会理论结合起来，使得社会网络分析在方法论上逐步完善。根据纳德尔（Nadel，1957）的见解，社会系统的微观单位是社会关系，社会关系相互交织形成一个复杂的社会网络；社会网络中的各个部分通过社会关系的联结机制发生互动[59]。在社会网络分析视角下，协作研发网络本质是关于关系的系统，是协作研发主体在创新过程中形成的各种相互交织嵌入的社会协作关系。由此可知，协作研发网络主要由协作研发主体和主体间关系构成。

1. 协作研发主体

协作研发网络中的行为主体包括：主要参与者——企业，企业成员涉及其上下游企业，如供应商、代理商、服务商，也包括与其有竞争、互补关系的企业。一般而言，企业是提出研发需要的主体，研发经费投入的主体，也是研发成果应用的主体；次要参与者——高校、科研机构、中介服务机构、金融机构、用户和供应商、政府[60]。高校和科研机构主要发挥知识输入和人才输入作用[61]，政府机构是制度创新和政策的供给者，其他如行业协会和中介服务机构等为协作研发提供服务支撑。

2. 主体间联系

根据协作研发主体类型不同，可将主体间联系划分为企业与企业之间、企业与大学之间、企业与科研机构之间、大学与科研机构之间、其他组织之间的联系。主体之间的联系可以表现为不同的形式。企业之间的协作研发联系通常以技术合作、技术合资、合作专利、技术转让、技术特许等形式为主；企业与大学之间的协作研发联系通常以共建研究机构、合作专利为主；企业与科研机构之间的协作研发关系则通常以项目合作、专利合作、技术转让等为主。无论哪种形式，通常都会涉及人员、信息的互动，从而提高协作研发网络的整体效率[62]。

根据网络成员关系的正式性划分，分为正式协作研发关系和非正式协作研发关系[63]。正式协作研发关系的建立以正式契约的建立为标志和保证，明确协作关系中的资源配置方式以及利益与责任分配方式。正式协作研发关系可被视为有形的、具备法律强制性的、稳定而持续性的合作关系。非正式协作研发关系是通过以非正式接触、非正式契约形成，其微观结构就是隶属于不同机构并参与研发活动的人员（如科学家、发明家、工程师、研究者、技术人员等）之间的非正式交流沟通。非正式研发网络超越正式研发网络的界限，在信息流动的主体之间搭建起更为庞大和全面的社会网络关系，为知识流动和扩散开辟重要的途径，并增进研发人员之间的相互理解和信任，从而促进新的正式网络关系的确立。

2.2.2　社会网络分析视角下协作研发网络的重要结构特征

协作研发网络可视为社会网络的一种，其主体置于网络中具备节点度、中心度、关系强度等特性，各主体互相联系展现出整体网络结构特征，如中心势、聚集系数等。

1. 协作研发网络个体结构特征变量

（1）中心度。网络中心性指整个网络的集中或集权程度，即整个网络围绕一个点或一组点来组织运行的程度[64]。在社会网络分析视角下，有两种方法度量网络中心性：一是测度一个节点在网络中处于核心地位程度的中心度；二是用来描述整个网络各节点中心度差异的中心势。对于企业个体中心网来说，一个网络中有多少节点，便有多少个中心度，根据计算方法的不同，中心度又可分为点度中心度、中间中心度、接近中心度三种。点度中心度越高，表示该节点处于网络中心地位，在该网络中拥有较大权力；中间中心度越高，表示其能直接对更广泛网络节点之间的沟通进行控制，从而可以认为该网络节点占据了更加重要的网络要冲位置；接近中心度越高，可认为该企业在网络中传播信息对其他节点的依赖性较小。

（2）关系强度。关系强度是社会网络分析中的一个重要结构特征变量，主要描述网络主体间关系的联结强度，体现行为主体联系频率高低和组织资源对联系承诺程度高低[65]，是主体构成协作研发网络的必要条件，影响着网络成员获取网络资源能力及其所获资源质量。格兰诺维特（Granovetter，1973）、安提亚和弗雷泽（Antia & Frazier，2001）、艾辛格等（Eisingerich et al.，2010）从网络主体间关系强度、互动频率、关系稳定性、关系持续时间和相互信任等方面来描述网络强度[66][67][68]。潘松挺等（2010）从网络主体接触时间、投入资源、合作交流范围和互惠性四个维度来衡量网络关系强度[69]。任胜钢（2010）则认为，可从企业与其他网络主体间联系频繁程度、密切程度和诚信互惠程度三方面来测度网络关系强度[70]。

（3）结构洞。自美国学者伯特（Burt，1992）在其专著《结构洞：竞争的社会结构》中首次提出结构洞后，该理论迅速得到了学术界的广泛关注，并极大推动了网络理论的研究[71]。所谓结构洞，是指两个节点间非冗余的联结关系，具体看来，是社会网络中某个或某些个体和有些个体发生直接联系，但与其他个体未发生直接联系或关系中断，从网络整体看，好像网络结构中出现了洞穴。占据结构洞位置的网络主体控制着非冗余的信息传递通道，有利于及时更新获取非重复信息，并具有信息保持和控制优势。伯特指出，伴随着行动主体中介机会出现将产生社会资本，企业在网络中占据的结构洞越丰富，其拥有的社会资本也越多[71]。在现实中，协作研发网络中的各个企业组织不可能两两都发生协作研发合作关系，即结构洞在协作研发网络中是普遍存在的，占据结构洞的企业将在资源获取和信息控制上获取更多优势。

2. 协作研发网络整体结构特征变量

（1）网络密度。网络密度指网络中节点联结稠密程度，可用来测度网络的完备性，也可表征网络中关系的数量和复杂程度。协作研发网络密度描述了各组织节点间关联的紧密程度，如果网络中所有的组织都存在协作研发关系，便认为该协作研发网络为完备网，也可称为全联结网络。协作研发网络密度的大小依赖于网络中组织节点个数和协作研发联结数，研究一般都采用网络中实际存在联结数与最大可能联结总数的比值来测度网络密度。网络密度作为一种重要的结构特征变量，可显著影响企业行为及效果，更是一种非常重要的战略资源。高密度网络有利于企业与伙伴之间进行速度更快、次数更频繁的信息和知识交换，而且有利于企业和合作伙伴之间加深信任并促进默契知识的转移，因此对企业而言是一种独特的社会资本。

（2）中心势。网络中心势用来描述整个网络各节点中心度差异程度，一般来说，一个网络只有一个中心势。根据计算方法的不同，一般社会网络的中心势又可分为点度中心势、中间中心势、接近中心势三种[72]。点度中心势反映了网络中不同节点的中心度之间的差异，差异越大，则该网络的点度中心势越高。中间中心势测度的是网络中节点之间中间中心性的差异化程度。接近中心势则衡量网络中节点之间接近中心性的差异化程度。

（3）集聚系数。网络聚集一般用集聚系数来测度，反映出网络中节点形成集团化的程度。如果我们将相互联结的两个结点称为邻居，那么聚集系数考察的是连接在一起的集团中的网络节点中有多少共同的邻居。网络集聚程度提升有利于促进网络技术知识创新[73]，集聚系数的高低决定了区域内社会资本的多少，拥有较高社会资本的创新主体与周边创新主体及创新群落更易产生高水平信任，对网络内的"搭便车"行为也有一定抑制作用。

2.2.3　社会网络分析视角下协作研发网络中的影响力测度

1. 中心度

中心度可以衡量个人或组织在社会网络中居于怎样的中心地位，当主体的度数越大，表示其在网络中与较多的行动者有所关联，则越处于网络的中心位置，其拥有的非正式权力与影响力也较多。因此，在协作研发网络中，可用中心度来测量组织节点在网络中的权力与影响力。戴尔和内波卡（Dyer & Nobeoka，2000）从实证角度考察了丰田公司创新网络的演化过程，发现核心企业的特征在于其与网络中所有其他企业有着直接联系，对各联盟伙伴的生产活动进行协调[74]。纽曼（Newman，2005）研究指出，可从与焦点企业发生直接联系的企业个数、焦点企业与其他企业之间的接近程度，以及焦点企业通过自身链接所推动的信息流量等来度量企业在创新网络中的重要性[75]。弗里曼（Freeman，2005）提出，利用企业在技术创新网络中的接近中心性来研究网络的核心节点，并在此基础上，结合信息流进一步提出了更为复杂的网络影响力评价指标[76]。当协作研发网络中的直接相连的主体越多，主体间更接近，距离越短，接近中心性越高，更能快速取得其他主体的各种知识。相比于中心度较高的企业，边缘企业与网络中其他节点连接少，其资源获取渠道较少，对网络中的信息控制力小，因此在网络中的影响力不强，且较难及时组织本网络内的资源和能力来解释和应对行业技术与市场需求演变[77]。

中心度描述了网络主体在网络中可以直接接触的节点数量。连接对象的数量越多，企业可以输出价值观、信念、技术和知识的对象越多。因此，在协作研发网络中，与某企业有联系的企业越多，那么该企业对技术创新网络的影响力越广。

2. 联结强度

自格兰诺维特（Granovetter，1973）将网络关系划分为强、弱联接以来，联接强度逐步成为众多学者的关注热点[66]，它主要用来描述行为主体联系频率高低和组织资源对联系承诺程度高低[65]，广泛用于度量企业在网络中与其他主体建立的技术合作关系的紧密程度，联接强度影响网络成员的资源获取能力和获取质量[78]。

企业所维持的强联结数量越多，其拥有的稳定信息流也越多，易于同其合作伙伴形成共享态度、主张和信念，有利于提升伙伴间的信任水平和合作水平[79]，其在网络中的社会资本优势也越高，在网络中对其他节点的影响力也越大。因此，企业所拥有强联结的数量也可作为企业网络影响力的测评指标之一。戴尔和内波卡（Dyer & Nobeoka，2000）通过研究丰田公司的创新网络演化过程发现，核心企业通过知识传播和吸收途径来对创新网络成员企业施加自己的影响[74]。强联结能提供单一企业无法得到的知识和资源[80]，尤其是获取的嵌入在转移过程中的隐性知识和无形资源。同时，强联系和紧密合作关系可作为一种控制合作企业间机会主义行为的机制，企业间联系强度越大，越有助于控制机会主义行为[81]，对其他网络节点施加影响力。这是由于强联接需要企业花费一定时间和精力来投资特定关系资产，这将锁定合作关系，提高关系转换成本，能减少在交易过程中的投机行为和交易成本，提升合作水平[82]。卡帕尔多（Capaldo，2007）指出，网络中的强联结有助于企业间进行广泛的交流与深度的互动，从而实现对企业组织管理模式与创新活动的间接影响[83]。总之，联结强度作为衡量企业关系紧密性的重要指标之一，其深刻影响企业间的知识信息等传递效率[84]，缩短了创新资源传递的平均路径，提升其与伙伴之间的知识交流共享水平，有利于企业成为信息汇聚的核心节点，增强企业网络影响力。目前，大量研究对联结强度的测度采取问卷方式，大都鉴于前人量表结合访谈，对联结强度进行量化。如潘松挺、蔡宁（2010）借鉴诸多学者的研究成果，结合深入的访谈调研，将企业网络关系强度分为接触时间、投入资源、合作交流范围和互惠性四个维度进行测度[69]；谢洪明、陈盈、程聪（2010）重点参考了国内外高水平杂志上的已使用过的量表，进行必要的修正，作为搜集实证资料的工具[85]。

3. 结构洞

根据结构洞理论，技术创新网络中占据结构洞位置的企业拥有较强的资源优势和信息控制优势[71]，其控制着信息资源流动的通道，作为中介桥梁对其他节点具有较大的控制力和影响力。伯特（Burt，1992）指出，处于结构洞的主体的中介作用将产生社会资本，主体拥有越多的结构洞，其社会资本也越多。现实中，协作研发网络里的节点间不可能两两间都发生合作关系，因此存在结构洞是普遍现象[71]。一方面，占据结构洞的企业有更多的机会探索陌生领域，接触异质信息[86]。英赛德（Insead，2006）分析了加拿大投资银行产业，发现银行所占有的结构洞式的网络资源越多，其绩效越好；并认为原因在于结构洞越多，银行拥有的异质信息越多[87]。另一方面，结构洞位置对企业网络自治非常有利。位于结构洞上的企业控制了原本彼此隔绝的群体之间的沟通要塞，从而强化了其对这些网络群体的影响力[88]，位于结构洞位置上的企业相对而言可以更快、更直接地接触潜在机会，并以此控制更为稀缺的网络资源为自身获取利益[89]。王星莹（2005）开展实证研究认为，处于结构洞中心位置的主体获得了更多的信息和控制优势，从而处于更有权力的位置[90]。总之，结构洞位置所伴随的资源优势、信息控制优势将为企业带来较大的网络影响力，企业所拥有结构洞数量可作为测度企业的网络影响力的重要指标。

2.2.4　社会网络分析视角下协作研发网络的演化

1. 协作研发网络演化动因

社会网络分析视角下，一般都从嵌入性角度探讨协作研发网络演化的动因。企业组织是协作研发网络的主体，其嵌入性主要指成员间联结的经常性和稳定性。企业组织间的合作行为和配对过程形成相互嵌入的网络关系，企业的微观活动影响整个网络的宏观演化。

（1）网络成员间联结关系。鲍威尔等（Powell et al.，2005）认为，创新网络演化的联结机制主要包括积累优势、顺应时势、同质性和多重连结，网络规模的扩张将增强多重联结机制，使网络联结向少数节点聚集，影响网络进化[91]。盖尔和杜塞（Gay & Dousset，2005）研究法国生物科技产业发现，适者更富的优先联结机制推动了创新网络的成长和演化[92]。罗森科普夫和帕杜拉（Rosenkopf & Padula，2008）指出，新组织的加入是网络演化的主要原因，新组织一般优先与网络中有显著地位的组织连结[93]。王燕妮等（2012）认为，企业间关系强度与创新网络绩效的正负相关性是运动变化的，企业间关系强度影响创新网络绩效和网络演化[94][95]。

（2）网络成员间互动。罗珉（2008）认为，组织内部资源是网络演化的驱动因素，企业组织构建联盟的基础首先需依赖自身属性。莫尔多瓦努等（Moldoveanu et al.，2003）从网络特征出发，认为网络信息特性决定成员间的信息互动、转移战略，进而对组织间网络的拓扑结构和演化产生影响[96]。奥兹曼（Ozman，2006）实证发现，企业组织的知识管理将显著影响企业间互动，进而影响网络演化[97]。席林和菲尔普斯（Schilling & Phelps，2007）认为，网络节点的知识吸收能力或复制能力受到网络位置的影响，而节点在网络中互动学习、创造知识从而推动创新网络演化[29]。王飞（2012）指出，生物医药创新网络通过信息、知识在创新主体之间的流动和交换形成技术溢出效应，并进一步刺激网络规模的增长和网络结构的复杂化[98]。

（3）其他。一部分学者试图结合不同因素来解释网络的演化。科卡等（Koka et al.，2006）结合外部环境变化因素和组织战略行为因素，认为环境资源的丰富程度和不确定性将影响企业间合作行为，其中，组织战略导向起调节作用，最终影响网络变化模式[99]。考恩等（Cowan et al.，2007）则认为，网络嵌入性和创新任务性质同时影响网络结构，并推动网络演化[100]。石乘齐、党兴华（2013）认为，知识是创新网络中的权力来源，且存在多种基于知识的权力形成机制，从而导致创新网络的演化动力既有内生的，也有外生的[101]。

2. 演化形态

技术创新网络演化是一个动态过程。目前，学术界认为可将产业生命周期划分为萌芽、成长、成熟、衰退与升级四个阶段，主要采用拟合曲线分析法、经验对比法和计算判断法，对产业生命周期阶段进行判定[102]。国内学者苏江明（2004）认为，产业集群同产品开发一样，有其客观发展规律，并基于集群发展速度与规模等指标将其生命周期归为萌芽阶段、成长阶段、成熟阶段和衰退阶段[103]。左小明（2011）详细分析制造企业在网络协作过程中的成长机理，把企业在协作网络中的发展划分为社会关系阶段、弱连带关系阶段、强连带关系阶段、有效连带关系阶段和协作关系重构阶段[104]。

现有文献基于不同的分类视角或标准，对技术创新网络的形态进行了不同划分。莫尔多瓦努等（Moldoveanu et al.，2003）根据组织间信息分部和信息共同性质，将网络划分为四种不同类型，不同类型将对应演化为小世界网络、大世界网络、一般世界网络和特殊世界网络四种拓扑结构[96]。德米尔坎和迪兹（Demirkan & Deeds，2007）用网络成员、网络成长和网络规模等指标表征网络演化形态[105]。考恩等（Cowan et al.，2007）根据结构嵌入和创新任务性质将网络划分为三种类型，并建模来描述其网络结构特性[100]。王燕妮等（2012）指出，汽车行业创新网络往往形成以汽车制造企业为核心的各种规模各异、合作强度各异的网络结构[94]。

在网络演化趋势方面，鲍威尔等（Powell et al.，2005）和耐特等（Knight et al.，2005）研究指出，网络随着时间推移将逐步显示出聚集特征，网络将演变为由少数节点控制[91][106]。黄玮强等（2011）在企业间知识水平动态互补性基础上，建立企业集群创新网络演化模型，通过仿真分析发现，动态演化过程中的创新网络表现出明显的小世界性，即网络逐步演化出局部密集的子网络，而子网络之间通过弱联系和结构洞相互融合[107]。王飞（2012）从合作创新和集体学习两个维度解析我国生物医药创新网络的生成机制，结果表明，随着地理空间开放度和合作扁平度的变动，生物医药创新网络呈现出从企业内部创新网络、本地化创新网络向全球化创新网络过渡的阶段性变化特征[98]。魏江、郑小勇（2012）指出，集群中的企业创新网络的演化呈现不断开放化、多样化的特点，且往往形成特定的集群文化[108]。

协作研发网络不同于企业个体组织和集群网络，它是为实现特定目标所形成的松散合作安排，较企业而言，其组织更为灵活，较集群而言，其拥有更为明确的协作目标。协作研发网络将伴随着内外部环境的变化而发展，根据不同时期所面临的主要问题及网络成员承担的任务，可将其演化过程划分为孕育、组建、规范、衰退与升级四个阶段。

综合 2.2 节的讨论，总体而言，社会网络分析视角下协作研发网络是一个以新技术创造为目的的组织之间的合作关系网络。这个网络的核心是各个参与者以及这些参与者相互之间的技术交流与合作关系。网络主体被"嵌入"在这张由各种技术交流和合作关系所交织构成的无形网络中，网络主体的技术资源获取和各种技术创新决策无不受到这种无形网络的限制。因此，网络主体在网络中的位置、整体网络的结构特征以及这两者的动态变化对于网络主体的技术创新绩效产生重要影响。社会网络分析尤其注重协作研发网络结构特征及其发展变化，并认为不同的网络结构特征为企业带来不同的战略性技术资源。"结构主义"是社会网络分析的重要特征。

2.3　技术标准的经济理论分析

2.3.1　技术标准的内涵与分类

根据国际标准化组织（ISO）官方网站的定义[109]，技术标准是指由一个公认的机构制定和批准的文件，内容包含细节性技术规范或者其他持续使用的明确规范，如规则、指南或特性定义，其目的在于使进入市场流通的产品或服务达到一定的要求。根据以上定义可以看出，技术标准的实质就是对产品或服务的特性进行统一的规范。一方面，保证产品和服务达到基本质量和安全要求；另一方面，便于不同产品和服务之间相互协同。ISO 对技术标准的定义是国际舞台上参与技术标准化的主体对于技术标准属性的集体表达，具有广泛的指导意义。

我国国家标准 GB/T2000.1—2002《标准化工作指南第 1 部分：标准化和相关活动的通用词汇》对"标准"进行了界定："为了在一定的范围内获得最佳秩序，经协商一致制定并由公认机构批准，共同使用和重复使用的一种规范性文件。"因此，我国的标准具有社会协商的属性，是多个社会经济主体共同行动的成果。标准须经过"三稿定标",包括征求意见稿、送审稿和报批稿。

根据划分标准的不同,标准的分类也有所不同。按照技术标准指导的经济活动的范围,可以将其分为国际标准、区域标准、国家标准、行业标准和企业标准;按照标准的约束性,可将其分为强制性标准和自愿性标准;按内容划分,可将其分为基础标准、产品标准、辅助产品标准、原材料标准、方法标准;按成熟程度划分,可将其分为法定标准、推荐标准、试行标准、标准草案;按照标准的产生过程,可将其分为正式标准(法定标准)和事实标准[110]。

正式标准通常由固定的标准化组织按照一定的程序形成并发布,通常要求标准化组织的成员参照执行。而事实标准,无须经过特定的组织批准和发布,也无须按照固定的程序制定。事实标准是市场竞争的产物,首先由参与市场竞争的企业或企业联盟提出特定的技术方案,并在其产品或服务中贯彻;当相对多数的消费者认可、购买、持有以该技术标准为基础形成的产品或服务时,该技术规范成为行业中的事实标准。比如,GSM 是欧盟认定的正式标准,而在世界市场中由于被众多企业和消费者采纳而成为事实标准。一些高科技企业使用私有协议生产终端产品,由于私有协议不对外披露,一旦私有协议在行业正式标准制定之前成为行业的事实标准,下游配套企业和后进入的厂商以及终端消费者就只能选择购买这些使用私有协议的终端产品。

大卫(David,1987)给出了一种基于标准经济影响的分类方法,将标准分为兼容性和接口标准、最低限度质量和安全标准、品种简化标准和信息测试标准[111]。其中,兼容性和接口标准通常对相互关联的产品或服务之间实现技术协同所必须达到的技术要求进行规定,比如,银行卡与 ATM 机器之间的配套要求。最低限度质量和安全标准对产品或服务所必须达到的最低功能、寿命、安全、质量等技术属性进行了规定,往往成为行业中的市场准入门槛。

2.3.2　技术标准对企业的经济影响

技术标准能够降低企业的运营成本，并提高企业技术创新的收益。斯旺（Swann，1994）指出，标准通过将生产过程固定化、惯例化，能减少生产投入成本[112]。姜彦福、雷家骕和周刚（1999）认为，标准化提供了一个制度性的平台，对原本分离的技术进行整合，从而发挥不同技术的协同作用，提高技术创新效率[113]。胡晓鹏（2005）认为，企业实施技术标准化的最大优势在于能够对规模经济和分工经济进行有效整合，提高企业生产效率[114]。

技术标准通过对产品和服务的规范，降低了消费者在购买活动中所产生的交易费用。市场上的技术性产品对于消费者来说充满技术复杂性，往往难以辨别其质量好坏，这降低了消费者的消费意愿，从而影响企业的绩效。而技术标准将复杂性的技术以简化后的方式呈现给消费者，更好地向消费者沟通产品和服务的性能与质量，从而增强消费者的消费意愿。大卫（David，1987）指出，技术标准对企业的生产流程和产品属性进行规范，并保证在市场上出售的产品和服务满足这一规范，从而使消费者更容易接受[111]。琼斯和哈德逊（Jones & Hudson，1996）认为，标准化降低了产品质量的不确定性，从而减少消费者对产品进行搜寻和评估的成本[115]。

技术标准是对企业技术知识的编码化处理，为企业内部技术知识的积累和传承提供基础。企业的生产研发过程中不断产生大量的知识，既包括显性知识，也包括隐性知识。比如，生产流程的改进，往往在不断摸索中形成，包含大量的显性知识和隐性知识。而涉及生产流程的技术标准将更优的工艺流程和技术手段通过书面文件进行保存并在实际生产过程中加以规范。这不仅是对前人技术知识的总结与编码，而且为后继的改进和创新提供基础。此外，这些存储在技术标准中的信息由于编码的程度较高，可以更加容易在组织内部进行传播和推广，有利于组织学习[116]。

技术标准也能约束技术创新。斯旺（Swann，2000）使用树形比喻形象地说明了技术标准对技术多样性的约束作用[117]。他将技术多样性比作一棵树的树枝，多样性越高则树枝越纷繁，而技术标准能够抑制那些发展潜力不足的技术创新，避免资源过度分散而被耗费殆尽，将更多的资源供给给有更长远发展潜力的树枝并促使其发育成为繁荣的树冠。但是，当标准与专利相结合时，技术标准对技术创新可能产生过度约束。由于技术标准中隐含专利，专利的排他性可以帮助专利持有人垄断市场，排除其他技术创新方案，导致创新之树的凋零。这即为技术标准对技术多样性的过度约束。

2.3.3 技术标准对产业的经济影响

1. 技术标准对行业竞争的经济影响

一方面，技术标准可以有效促进行业竞争。技术标准可以为整个产业的研发活动提供基本的技术框架。一项技术标准可能包含着诸多关键技术点，涉及产业链的不同环节和不同的技术领域。同时，技术标准文件涵盖了大量与产品规格、工艺流程、检查、称重以及度量等相关的信息。这些信息能够指导不同企业根据自身的技术情况进行研发，并引进相应的专利、版权等，促使新技术不断取代旧技术，为不同企业的技术创新提供更高的技术平台。技术标准中包含的知识存量能够降低不同企业获取信息成本的不对称性，帮助这些竞争性的企业处于同一水平上，降低起点的不公平性。技术标准创造的技术体系有利于整合不同性质的技术，发挥其协同作用。其中，兼容性技术标准的引入可以有效改变网络外部性带来的锁定效应，从而打破阻碍竞争的垄断力量。法雷尔和沙龙尔（Farrell & Saloner，1985）、卡茨和夏皮罗（Katz & Shapiro，1985）等较早开始关注标准与市场规模、市场垄断之间的关系[118][27]。兼容性技术标准作为产业技术政策工具，能够有效分化网络产业，降低专利技术私有属性带来的市场垄断，加大平台企业之间的竞争。由于兼容性标准打破了市场的进入壁垒，消费者加入不同技术平台的转换成本降低，迫使平台企业与配套企业集中精力来降低成本，或者提高产品性能，从而吸引消费者。技术标准是推动技术发展的内在因素，在影响技术创新的速度与方向方面发挥重要作用。赵树宽（2004）提出，技术标准化具有加速技术创新扩散、降低产品成本、规范市场结构等特点，能有效提升产业竞争优势[119]。

另一方面，技术标准也可能带来反竞争影响。这种情况往往是由于一个或者几个企业企图将标准带来的收益内在化，它们将自身拥有的技术专利权融入标准当中，迫使采用标准的企业受制于平台企业，从而破坏竞争。特别是在网络外部性发挥重要作用的双边市场上，企业推行网络外部性内部化的收益更大，这时，企业往往会通过定价策略，补贴网络外部性较大的一边市场，从而在另一边市场获利。网络外部性越大，企业在另一边市场的获利程度越高，网络外部性带来的好处将进一步带来"锁定效应"与顾客"转换成本"，从而阻止新的进入者，建立企业的垄断地位。

2. 技术标准对产业技术生命周期的影响

波特（Porter，1980）曾将产业生命周期分为萌芽期、成长期、成熟期及衰退期四个阶段[120]。波普尔和布斯克尔克（Popper & Buskirk，1992）则提出了技术生命周期，认为技术生命周期是产业生命周期的重要影响因素[121]。胡培战（2006）根据产品生命周期理论，将技术生命周期分为科研探索阶段技术、技术开发与应用阶段、产品技术成熟阶段以及衰亡阶段[122]。指出在科研探索阶段，技术标准主要由跨国公司率先进行开发；在技术开发与应用阶段，由于市场尚不发达，产品开发中往往根据自身技术状况制定企业标准，随着市场的逐渐成熟制定更高级别的技术标准；在产品技术成熟阶段，行业中不断有新进入者企图侵蚀在位厂商的市场利润，为了抵御这种进攻，技术标准的主导厂商往往利用技术标准的不断升级拉开差距，维护市场份额；在衰亡阶段，原有技术标准被新标准取代。

赵莉晓（2012）指出，产业技术发展过程类似于生命周期理论生命体出生、成长、成熟、衰退、死亡演进过程，技术系统进化要经历萌芽期、成长期、成熟期和衰退期四个阶段，这些阶段组成了产业技术生命周期[123]。张龙和张运生（2009）以高科技企业为研究对象，根据产品生命周期理论提出了技术标准生命周期理论，认为导入期是高科技企业技术生命周期中最关键的时期，此阶段利用网络外部效应抢先成为事实标准是实现"赢家通吃"的第一步；技术标准成长期没有出现大量新进入者、价格下降等现象，由于"赢家通吃"局面已经形成，市场结构由垄断竞争转变为寡头垄断；成熟期市场需求趋向饱和；在衰退期市场萎缩，企业逐渐退出[124]。

也有学者将行业技术生命周期的发展看作突破式创新与渐进式创新不断循环的过程，而从这个角度技术标准发挥的作用也不尽相同。多西（Dosi，1982）将技术创新的发展过程定义为"技术轨道"（technological trajecotries），并认为技术轨道是由一系列技术范式（technological para-digms）的交替所形成的；技术范式与技术范式之间转换往往通过突变式的、跳跃式的根本性创新来实现，而某一技术范式的稳定发展则通常通过积累式的、连续式的渐进性创新来维持（如图 2-1 所示）[125][126]。

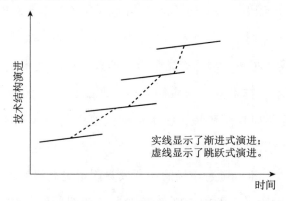

图 2-1　产业技术路径演进

资料来源：于树江等.创新与产业演进的作用机制，转引自曹芳，杨宁宁.产业演进中企业技术创新的路径选择——以信息产业为例［J］.工业技术经济，2007（1）：18-22.

在渐进式演进的状态中，产业中的创新主体通过技术标准对行业的技术发展方向进行集体选择，将市场前景和技术前景相对优化的技术范式确定为行业主流技术规范。由于技术标准的锁定效应，技术标准的存在和使用通常能够调整未来技术的开发路径，同时也是新市场开发和成长的工具[126]。对一项新技术而言，早期阶段市场尚不成熟，由于用户没有达到临界容量，极容易造成技术被锁定在试验阶段，而标准能够帮助扩大用户基础，使企业的用户达到临界容量，以促进产业发展[6]。但当行业技术生命周期处于渐进式演进的末期，面临着跳跃式演进的迫近，旧有技术标准就会使得行业技术发展陷入"路径依赖"的境地，限制、漠视新兴技术的萌发，增加行业进行技术轨道转辙的成本，拖延跳跃式演进到来的时间。总体而言，产业技术生命周期不断缩短。据统计，20 世纪 70 年代，技术创新周期平均为 5 ~ 6 年，80 年代缩短至 4 ~ 5 年，而 90 年代，技术创新的生命周期只能维持在 1. 5 ~ 2 年[127]。这说明旧有技术标准被突破式创新打破的周期日益缩短。

综合 2. 3 节的讨论，对于技术标准的研究总体上认为其既有积极作用，又有消极作用。无论是微观层面针对组织的研究还是宏观层面针对产业的研究，既承认其对创新和经济发展的促进作用，又讨论其抑制创新和进步的一面。虽然关注的宏微观层面不同，这些研究普遍认为，技术标准在创新的早期阶段有利于降低行业和组织内部技术开发与管理的成本，实现资源的有效配置与利用，并通过规模经济迅速提高产量和市场规模；而在创新的后期阶段，技术标准则往往产生"锁定效应"，将一些组织限定在"路径依赖"的轨道上，抑制这一部分组织进行突破式创新的积极性，直至在下一次创造性毁灭到来时被淘汰。因此，该领域的研究以演化经济学的核心观点为基础，认为技术标准对创新和经济发展发挥动态性"双刃剑"式的作用。

2.4　企业参与技术标准化的相关研究

2.4.1　技术标准发展与形成的机理

技术创新与技术标准化之间存在密切交织的相互关系。技术创新是基础，技术标准化是其规范化的延伸和战略性拓展。当新技术不断推出，就产生更多需要进行技术规范的新生事物，从而产生技术标准化的需求。此外，新技术的诞生也给企业带来挑战，如何更好地保护与新技术密切相关的利益？利用技术标准正可以实现企业的长期战略利益。因此，技术创新的不断进步，往往带来技术标准化的螺旋式上升发展[128]。

根据技术标准的不同类型，其形成机制也不同。李远勤和张祥建（2009）认为，技术标准的形成机制主要可以分为市场机制、组织机制、政府主导机制和寡头垄断机制[129]。高俊光和单伟（2011）从形成路径角度提出，技术标准的形成以技术为基础、经济为动力，同时受规制主体影响，是三者综合作用的结果[130]。首先，技术标准的发展离不开技术的进步，在影响技术标准化的众多因素之中，技术是标准的基础。其次，技术标准的形成以经济为动力。在高技术产业中，谁掌握了标准的制定权，谁的专利技术成为事实行业标准，谁将占领竞争的制高点、获取巨大的市场并收割由此带来的超额经济利益。孙耀吾等（2009）认为，技术标准化是从研发、专利技术确立为标准，直至标准采用、产品开发和技术扩散的一个完整过程[131]。研发成果引导和促进技术标准在相应的技术轨道内不断完善，推动产品市场的成熟和产业链的形成。再次，技术标准的发展与形成受规制主体影响。一项技术创新成果的取得，往往耗费研发主体大量资源，而且技术具有容易被模仿而迅速扩散的特点，如果没有规制主体创造良好的法律保护，将产生技术创新"公地悲剧"。专利纳入标准是技术标准化在知识经济全球化时代的重要特征，技术标准化的目标转变为通过知识产权的开发、组合许可使用，从而在全球技术标准竞争中获得竞争优势。布兰德（Blind，2004）系统分析了知识产权对于标准化的重要性[132]。专利通过对以创新为目的的研发活动提供激励，影响资源配置。冯根福等（2006）指出，在信息产业中，专利技术的使用成本不对称，各方都会产生将专利技术形成技术标准的激励，这种情况下，政府可以作为主导力量参与进来，促进统一标准的形成[133]。由于不同的技术特征下，技术标准的形成机制存在着显著不同，下面将就不同产业技术标准的不同形成机制进行深入剖析。

1. 传统产业的技术标准形成机理

在传统产业中，技术标准呈现出后追型特征，后追型技术标准的形成一般建立在成熟的产品生产基础之上，代表了当前技术发展水平。由于传统产业的技术生命周期长，技术主要以单一技术存在，如纺织业。因此，往往出现不同的产品或者技术占据各自的细分市场，彼此之间相互竞争，没有哪一种产品或者技术能够独占市场。在这样的技术特征下，技术标准的形成一般表现为后追型技术标准，只有当技术趋于成熟时，由于存在扩大市场流通需求与产业化需求，出现对技术标准的间接需求或引致需求，此时，通过一定的程序将技术规范化，制定并颁布技术标准[134]。

2. 高技术产业的技术标准形成机理

随着高技术产业的发展，高精尖技术的复杂程度不断提升，产品更新换代速度持续加快，这些产业表现出较强的网络化与系统化特征，如计算机产业、通信产业等。由于信息技术既存在供应方规模经济，又具有需求方规模经济，由此形成网络化产业，消费者享受到的不仅仅是技术产品的内在价值效用，更多来自技术产品的直接或间接网络价值效应。而技术标准能够进一步加强网络型产品的外部性，实现网络效应的互补性。切尔奇和甘达尔（Church & Gandal，1992）从硬件—软件模式角度探讨标准化的形成机制，认为软件种类丰裕性的提高增强对硬件的正反馈，进而驱动硬件的标准化[135]。硬件—软件模式中存在网络效应和竞争效应，如果网络效应占优势，结果形成事实标准；如果竞争效应占优势，就有可能形成多标准共存的局面[135]。在存在网络效应的行业中，用户规模的自增强机制容易使市场和技术路线被迅速锁定，导致标准竞争中出现"赢家通吃"的局面[136]。刘任重和何明升（2007）认为，网络效应中，"先发策略"是标准产业化竞争的主要策略，先行者率先通过影响消费者预期、低价渗透和增强研发力量，借助先动优势，迅速推动自己的标准产品市场占有率达到临界容量，产生正反馈效应，从而确立事实标准的地位[137]。

2.4.2　企业参与技术标准化的动因

参与技术标准化与企业的战略利益密切相关。技术标准在形成的过程中往往以专利技术为基础。当专利技术的排他性与技术标准的市场垄断相结合，能给专利权人即技术标准倡导者带来极大的经济利益。首先是技术标准倡导者可以借此向技术标准用户索取超额租金。由于专利技术的排他性，技术标准用户往往被锁定而别无选择，此时，技术标准所有者即专利权人可以向用户索取更高的价格。此外，专利权人即技术标准所有人可以凭借其已经形成的市场份额、技术垄断地位，阻止新进入企业加入市场，从而抑制竞争[138]。出口公司想要尽力影响跨国标准，因此，主动加入国际层面的标准化活动。葛京和李蔚（2009）认为，企业为了追逐利润、扩大市场份额，企业联盟组织和标准化组织为了降低技术开发风险、解决消费者偏好多样性，政府为了解决"私有标准"制定方面的空白、不足，都有动机参与标准的制定[139]。

"赢家通吃"效应。在网络产业中，网络外部性显著，企业对标准十分依赖，这些企业对标准具有更高的需求。网络外部性使得市场趋向于"赢家通吃"的市场结构。导致市场向一种技术倾斜的因素是直接或者间接的网络外部性。因此，在网络效应显著的行业中，利用网络外部性扩大自身所倡导的技术规范的市场接受度也是动因之一。吴文华和曾德明（2006）在移动通信产业快速技术创新、显著网络外部性以及目标市场全球化等特点基础上，对历代的移动通信标准形成机制进行比较，研究发现技术标准联盟在分散标准化风险、扩大用户安装基础和创造先动优势方面发挥显著作用，促使标准联盟成为移动通信产业标准形成的主流模式[140]。

公司规模不同，参与技术标准化的动力各异。布兰德（Blind，2006）从公司规模的角度对企业参与标准化的动机进行了研究，发现小型和中型公司加入标准化过程的可能性更小，更可能成为免费搭乘者，这是由于标准化过程中将产生大量的固定成本。例如，在企业内部建立标准化部门并雇用高素质的员工来负责标准文件的起草以及与标准化机构进行沟通的各种花销，相比之下，较大公司更有能力去承担这种成本。同时，标准具有公共产品属性，较大公司往往能够实现标准的正外部性内部化，所以标准在大组织内更有价值，大公司参与标准化能够获益更多[141]。

研发实力的差异也导致不同企业参与技术标准化的积极性不同。林克（Link，1983）发现，研发密度对自愿标准过程的可能性具有正向影响[142]。利柯鲁（Lecraw，1984）则发现，研发密度对标准使用具有负面影响，因为非常短的产品周期使标准迅速过时，企业因此有很强的意愿使自己的产品区别于其他竞争对手的产品，因此，高研发密集型企业认为推广标准将影响自己企业的差异化发展战略，同时担心参与标准化的过程会出现技术泄密等问题[143]。米尤斯（Meeus，2002）分析了荷兰公司标准化行为，发现在研发密度和参加标准化可能性之间仅存在相当微弱的关系，而研发强度与加入标准化行为之间没有显著关系，出口强度和参加标准化程度之间没有正向关系，并提出了"感知性"因素对标准化动机的影响，他认为"感知性"因素更好地解释了加入标准化的过程，而且研发与出口强度能够显著解释这些"感知性"因素[144]。布兰德（Blind，2006）认为，高专利密度可能导致较低的参加标准化过程的可能性。通常拥有很大市场份额的公司会试图建立以广泛而复杂的专利组合为基础的事实标准，以保持长期的领导地位，这样的策略自动排除了对正式标准化过程的支持[141]。

2.4.3 企业影响技术标准制定的方式

技术标准可分成正式标准与事实标准。前者是由标准化组织主导的标准化过程，后者是市场主导的标准化过程。在不同类型的技术标准的形成过程中，企业影响技术标准制定的途径也有所不同。

正式标准形成过程中，参与标准化组织的各项活动是企业影响技术标准制定的主要方式。法雷尔和沙龙尔（Farrell & Saloner，1988）分析了标准委员会对技术选择的影响，指出技术标准的形成主要有三种机制，其中之一为组建技术标准化组织及技术标准化委员会，通过委员会的协调作用推出技术标准[145]。莱尔（Lehr，1992）认为，技术标准化委员会较好地集中了行业中的不同声音，从而能够更佳地在不同技术之间进行协调；但是为了更好协调而形成的流程与制度却往往拖延了技术标准出台时间，难以适应日益缩短的技术生命周期[146]。第二种是通过市场竞争决出胜利企业，从而决定主流技术标准。第三种是市场竞争机制与技术标准化委员会协商机制的混合方式。考恩（Cowan，1992）也探讨了市场选择机制和标准化组织对于技术标准形成发挥的不同作用，认为这两种方法均不能避免技术不确定风险，因此最后选择的技术都不一定是最优的[147]。

在正式标准制定过程中，标准的制定往往是基于合作方式提前制定。如乔等（Chiao et al.，2007）收集了60个标准发展组织的大量数据，发现在电子产业中，大部分标准的设定是委员会的形式[26]。在正式的标准发展组织中，公司的代表往往通过参加投票等形式影响标准的制定。已有关于标准化的实证研究表明，市场力量与知识产权在标准竞争中起着决定性的作用[149]。韦斯和西布（Weiss & Sirbu，1990）、贝克尔斯等（Bekkers et al.，2002）、雷斯曼和西姆科（Rysman & Simcoe，2008）在研究合作标准化进程中强调了市场势力和知识产权在决定标准设定结果中的作用[149][150][151]。弗莱明和瓦格斯帕克（Fleming & Waguespack，2007）则认为，要成为工作组领导，应具备较强的专业化技术知识及与标准化组织成员建立良好的个体社会网络[152]。莱波宁（Leiponen，2008）提出，企业参与正式标准的标准化，在正式标准的标准化中影响标准的制定。如提出标准草案、列席技术标准化委员会、提出标准修改议案等。还可以通过参与各种行业协会、联盟、论坛等非正式渠道影响正式标准的制定[11]。

在事实标准的形成过程中，企业主要通过采用各种市场竞争手段扩大自身的市场占有率，以对主流技术标准的形成发挥作用[27]。塔西（Tassey，2000）的研究表明，技术生命周期的缩短要求正式标准创立速度加快[154]。正式标准的滞后使得事实标准的重要性日益加强，事实标准往往由市场中的优势企业制定[155]。在事实标准制定过程中，企业往往参与技术主导范式的竞争，需要通过各种市场竞争策略影响技术标准的形成。参与标准制定的企业往往通过控制核心技术、获得先发优势、提高转换成本、渗透定价、捆绑策略等获得市场规模。核心技术往往具有难以替代性和不易复制的特点，这将大大提升技术壁垒[156]。速度是新产品有效引入的最重要因素，可以尽快获得较大的用户基础。尤其是在网络外部性较强的高技术产业（如 IT 产业），迅速达到市场的临界容量，说明成功晋升产业事实标准[157]。此外，获得用户基础后，可以通过渗透定价（即通过低成本），获取更大的市场规模或阻止其他新进入者加入市场，实现大规模垄断；而捆绑策略可通过捆绑互补产品，从而为企业带来网络效应，建立企业自身的产品生态系统，巩固技术标准的主导地位。由于技术自身发展和演进存在着强烈的途径依赖性[158]，企业往往通过一些方式锁定用户，如提高顾客的品牌忠诚度，增加情感转换成本；而在市场上具有一定地位的企业则会进行产品差异化，降低产品兼容度，增加用户学习与财务转换成本。

2.4.4　技术标准形成中企业影响力的来源

在全球化趋势下，企业协作研发愈加密集，技术标准作为产品或服务的技术规范，是厂商提供相互兼容与配套的产品系统的技术基础。企业之间的竞争已经由产品竞争发展成为技术标准竞争，掌握技术标准意味着掌握着竞争制高点[159]。市场需求多样性是标准竞争的基本条件，这意味着还未形成被市场广泛接受的标准，往往会导致竞争双方开展激烈的争夺，当一方胜出，另一方将毫无选择地服从[160]。这意味着要成为技术标准的制定者，必须具有较强的技术实力、市场实力以及积极参与协同创新以获得互补资源优势。

技术标准已成为竞争的制高点，标准的形成意味着产业技术路径的确定，技术实力是决定企业影响力的重要因素。技术实力强的企业往往更容易成为标准制定者。贝森和法雷尔（Besen & Farrell，1994）基于博弈论，从技术兼容与否的角度讨论了企业对技术标准制定的影响，认为当竞争的两个企业均不兼容对方的技术时，则出现性别博弈的情形，即企业影响力的来源决定于市场的选择及双方的技术实力；当某一方（往往是实力较弱者）对另一方的技术兼容时，优势方为巩固其垄断地位，通常利用专利权与开放标准中的隐含知识打击跟随者[161]。因此，技术实力将大大提升企业成为标准制定者的可能性，同时，私有的技术专利及不易传播的隐性知识又巩固了技术标准的地位。

由于具有较强技术实力的企业往往对市场未来的技术走势有更强的敏感性与洞察力，因此，在市场未形成统一标准前，是否为技术发起人将直接影响技术标准制定中企业的影响力。卡茨和夏皮罗（Katz & Shapiro，1986）论证了垄断技术与技术发起人有关，当市场上只有一个技术发起人，该企业必然会成为标准的制定者；若存在多个，则由市场与政府共同决定[25]。因此，市场竞争程度会影响技术的选择，在一定程度上可能削弱技术实力带来的市场优势。但是，政府对技术标准的影响也起着关键作用，政府往往采用提供公共服务、加大研发投入与建立战略技术联盟等手段，因此，获得政策的支持也是企业影响力的主要来源。

在网络型产业里，用户基础规模与网络效应是影响技术标准形成更为重要的因素[153]。因此，较大的用户基础在网络效应较强的产业中将为企业带来较大的影响力。标准初创阶段，用户基础较大的标准有可能迅速成为实施标准，而用户基础较小的标准则往往适用于特定组织范畴。如果某个标准具有潜在用户基础，也可能通过私有标准的方式进入市场。虽然企业、政府等致力于促进法定标准、联盟标准或开放标准的形成，但当标准丧失用户基础，则可能被新标准取代而退出市场。新标准对旧标准的取代往往通过两种方式：突变式的完全替代与渐进式改良。用户基础即企业的用户基数，在新旧标准竞争过程中，旧技术原有用户基础通常产生"企鹅效应"，拥有者通常采取产品预告或掠夺性定价等战略来阻碍新技术发展。若旧有用户基础出现毁灭性破坏（如战争或自然灾害）或者需求急速上升，将为新技术提供较好的机会。切尔奇和甘达尔（Church & Gandal，1993；1996）对软硬件模式的研究表明事实标准的形成要求网络效应强于竞争效应，若竞争效应强于网络效应，将导致多个标准并行[162][163]。因此，对于旧技术企业来说，要获得企业的影响力，就必须不断创新满足客户需求，对其进行技术锁定，提高用户的转换成本；而对于新技术企业来说，突破式创新、提高用户体验价值与渗透定价将为企业带来更大的网络效应，大大提升标准制定中的企业影响力。

2.4.5　组织间网络与技术标准制定中企业影响力的关系

组织间网络既可包括企业战略联盟、企业生产网络、技术创新网络、技术标准联盟、协作研发网络等正式网络，也可包括企业家网络、研发人员网络等非正式网络。

组织间网络对企业的创新绩效产生影响，从而在一定程度上影响标准竞争中企业的竞争优势。知识专业化与社会分工深化，使得组织间网络成为企业在研发、生产、销售等过程中进行创新的主要组织模式[164]，信息整合与资源共享使得企业间联系异常重要，成为影响企业创新绩效的重要因素。与合作伙伴成为利益共同体有利于企业推广技术、分摊成本、分散创新失败风险。已有研究表明，企业在网络中的社会资本会影响企业技术创新绩效[165]，进而影响企业在技术标准制定中的影响力，而企业创新网络结构是其社会资本的主要来源。阿罗（Arrow，2000）研究表明，社会资本以博弈论的"声誉效应"为理论基础，用来衡量网络成员间的相互影响[169]。

组织间网络提高了企业间的沟通、协作程度，有利于组织在网络成员中推动某项技术标准的接受程度。网络构建有利于企业间进行资源共享和交换，促进知识在各成员中有效整合[74][170]，进而有利于参与合作标准制定的企业共同分享互补优势资源，提高自身技术、生产与营销等运营实力。柯林斯和史密斯（Collins & Smith，2006）以母子公司为例，说明与母公司知识相关度较高的子公司能更好地进行知识转移[171]。因此，与伙伴拥有共同技术背景的企业更易从合作中吸收更多有用知识。它们面向共同的客户群体有利于整合各自的市场反馈信息，共同开发符合市场需求的产品，甚至通过联合定价、捆绑让利等销售手段获得更大的用户规模。由于具有相似的背景知识，其制定的标准更易受到合作伙伴支持与技术兼容，利于构建完整协同创新系统，获得"马太效应"带来的更大用户规模，以提升标准竞争力。

组织间网络关系的社会化和制度化治理模式有利于调整组织之间的不同诉求，从而为组织推广某项技术标准提供社会性和制度化工具。技术标准需要成员间合作研发，参与技术标准合作意味着共享知识，不少联盟标准的失败往往因合作伙伴"搭便车"行为或中途退出而导致。企业内部网络的信任是制度化的基础，对技术标准合作与推广起到良好约束作用。网络可提升成员间信任度，降低知识交易和协作成本，促进知识转移[172]。通过远距离知识搜寻和共同研发，创造宽泛技术知识[173]。企业网络中，成员（经营单位）间往往既协作又竞争。当成员间为争夺资源、市场而展开竞争时，企业利己行为可能会阻碍知识转移与共享[174]。技术标准通常需要成员间合作研发，网络中声誉、前期合作经历等都可为标准研发中合作伙伴选择提供参考，成员往往不愿放弃在网络中的声誉或者采取"搭便车"行为。在内部和谐的企业文化氛围中，采用基于群体绩效的奖励计划，可避免内部知识竞争，增强信任，对知识分享有促进作用[174]。技术标准产生的网络效应往往为各企业带来超额利润，以弥补标准合作伙伴共享知识可能带来的技术外溢风险。在网络中，声誉较高成员也往往更易受到其他伙伴青睐，因而也更易成为标准发起者。

企业间联盟作为一种特殊的组织间网络，是企业参与标准竞争、提升自身地位所经常使用的一种战略手段。科恩梅丹（Cohen-Meidan，2007）研究了网络路由器的 IEEE802.14 与 DOCSIS 技术标准之争，指出众多产业链上下游厂商纷纷加入两大对垒阵营，以推动自身所倡导的技术范式成为行业主流规范。加拉格尔（Gallagher，2012）分析了索尼和东芝之间的蓝光 DVD 技术标准竞赛，发现与互补产品供应商营建良好的技术和标准合作关系，是为某项技术规范拓展市场的有效手段。高旭东（Gao，2014）研究了中国的 3G 技术标准之争，发现在产业发展初期，拥有技术优势的企业与供应商甚至与竞争对手的紧密技术合作，是迅速扩大市场容量、促进产业发展的有效战略手段。

综合 2.4 节的讨论，已有关于组织间网络与企业影响技术标准制定的研究主要关注两个方面：一是组织间网络如何帮助企业增强其技术创新绩效并提高其管理技术标准化活动的效率；二是如何成为一种战略性的竞争手段以帮助企业管理其与行业中利益相关者的关系。这些研究从不同的角度提示，组织间网络对于帮助企业塑造其技术标准竞争优势是有利的。但是已有的研究成果对于该问题的分析仍然没有形成一个系统性的理论框架，对于组织间网络如何影响企业在技术标准化中的竞争地位也持不同观点。同时，该领域的现有研究多数以定性分析为主，往往通过某个技术标准竞争的案例分析，对组织间网络所发挥的作用进行描述性探讨，定量研究相对有限。此外，少数的定量研究也往往将组织间网络看作一个黑箱，对于组织间网络内在的各种特性如何影响企业的技术标准竞争优势涉及不多。因此，在前人研究的基础上，本书打开组织间网络这个黑箱，以定量研究为基本方法，对组织间网络的不同结构特征如何增强企业在技术标准制定中的影响力进行探讨。

第3章

协作研发网络推动企业参与
技术标准化的机理

3.1 协作研发网络的构成

3.1.1 研发活动主体

协作研发网络作为在技术创新过程中形成的正式与非正式协作关系的集合，其协作研发的主体包括企业、高校、科研机构、中介服务机构、金融机构、用户和供应商、政府等利益相关者[60]。

1. 企业

企业是协作研发网络的主导，也是最重要的经济活动主体。这是由于：首先，协作研发的需求一般都由企业提出；其次，协作研发机制的主导建立者通常也是企业；再次，对于协作研发成果，企业承担了更多技术市场转化责任；最后，创新成果的价值体现一般也是由企业通过市场拓展来实现。因此，在协作研发网络中，企业是创新投入、创新活动和收益的主体。

2. 大学及科研机构

大学和科研机构在协作研发过程中发挥重要的知识输入和人才输入作用，推动创新知识扩散和科技成果转移[61]。首先，作为知识输入者，大学和科研院所是协作研发网络的外部知识，尤其是产业基础和前沿研究知识的供给机构；其次，作为人才输入者，大学和科研院所可通过教育、培训及成果转化等方式，推动技术知识在网络中扩散。

3. 政府机构

政府机构作为制度创新和政策的供给者，对于推动协作研发网络发展发挥着重要作用。很多政府机构及其附属公共部门一般在网络的形成期便开始介入，出台相关产业发展政策，鼓励合作创新尤其是产学研合作创新开展。一般来说，政府部门在协作研发网络中发挥作用的途径有两种：一是不直接参与创新活动，而通过制度、规章制定来鼓励和引导其发展，为创新提供条件支持；二是政府附属公共部门和事业单位直接参与技术创新，积极开展合作创新推动相关公共技术发展。

4. 其他

除企业、大学、科研机构和政府机构外，行业协会和中介服务机构也是协作研发网络重要的主体。行业协会是企业参与行业发展重大事件、了解行业动态、接触行业同仁的重要平台，也是政府与企业之间重要的非正式沟通渠道。行业协会的存在有利于协调产业内协作研发网络的竞争行为和发展环境，间接推进创新活动开展，同时，还可为企业提供信息技术及相关培训服务。企业的发展，尤其是高技术企业的发展离不开辅助机构的支持。银行、风险投资等中介服务机构可为网络内企业创新活动提供灵活的资金支持；法律服务机构则可提供法律事务咨询与支持；管理咨询机构指导企业的组织架构与发展战略。总之，在创新网络中，各种中介服务机构都各自发挥着不同的作用，推动网络良性发展。

3.1.2 研发活动主体之间的协作关系

协作研发网络中的主体并非以独立形式参与合作创新活动，而是相互链接形成协作创新的价值网络。根据协作研发主体连接类型，可将协作关系划分为企业与企业协作、企业与高校和科研机构协作、企业与政府部门或行业协会协作等几种类型。

1. 企业与企业协作

在协作研发网络中，企业与企业联结数量和交互联系频率最高，企业与企业间的协作关系最为常见。在整个产业链条中，上游各级供应商、生产制造商企业、下游经销商等互动关系较为频繁，一般也易于形成协作创新关系，共同进行新技术或新产品开发。贝纳吉和林（Benerjee & Lin，2001）研究指出，企业与客户、供应链企业和竞争企业间开展协作能通过价值增值过程促进创新溢出[175]。企业与企业间的协作关系是复杂而多样的，一般可分为正式协作关系和非正式协作关系[176]。正式协作关系一般是企业为实现优势资源互补，降低研发风险，缩短研发周期而与其他企业节点通过合同、协议等方式成立联盟或其他正式合作关系。非正式协作关系则主要指企业间基于友好关系或高层交往所开展的非正式知识技术交流。萨迈拉和比杰罗（Sammarra & Biggiero，2008）指出，非正式协议和正式长期的战略联盟有利于企业开展破坏式创新和渐进式创新[177]。从合作企业类型来看，与客户开展协作研发，有利于及时获取产品需求信息和市场动向，降低创新市场风险。特尔（Tether，2002）、阿马拉和兰德里（Landry & Amara，2002）指出，同客户合作有助于复杂性创新和更有创意的创新产生[178][179]。与供应商密切联结，可获取技术创新的重要产品技术知识或关键信息，提高创新成功率；与竞争企业协作研发，可对目前双方共同面临的技术难题合力攻克，并可建立联盟关系，构建技术创新标准，共享互补性资源。总之，企业与企业间的协作关系是协作研发网络中知识流动的大动脉，承担着显性、隐性知识传播，是技术创新的主体力量。

2. 企业与高校、科研机构协作

高校、科研机构是知识创造和传播的中心，是企业协作研发网络中最重要的创新源。在政策鼓励、技术不确定性提升和研发资金紧缺的背景下，研究组织和企业间合作日益频繁[180]，越来越多的企业选择与高校、科研机构建立协作研发关系，在促进高校知识扩散和科研成果转化、增加创新成功率的同时，提高企业研发能力。一方面，大学和企业间的协作有利于推动知识共享，提升企业创新产出[181]。佩卡瑞宁和哈马科尔比（Pekkafinen & Harmaakorpi，2006）认为，企业与大学构建的协作研发网络可有效降低网络合作风险，减少交易成本，促进创新活动开展[182]。大学在技术创新过程中的作用十分重要，其拥有企业所缺乏的基础性知识和前沿研究资源，有利于探索式创新推进，是突破式创新和新兴产业涌现的强劲动力。曼斯菲尔德和李（Mansfield & Lee，1996）认为，企业与大学间开展协作研发是推动技术创新的重要因素[183]。古尔布兰森和斯梅比（Gulbrandsen & Smeby，2005）指出，企业与高校协作所形成的双向知识流动，有利于双方创新能力提升，可有效实现企业与大学的双赢[184]。另一方面，科研机构能为企业提供有效知识和技术支持，也是推动企业技术创新的重要因素。弗里茨和弗兰克（Fritsch & Franke，2004）指出，企业与公共研究机构建立合作关系有利于创新能力提升，推动研发活动开展，并增加企业专利产出[185]。涅托和圣马尔塔（Nieto & Santamarta，2007）通过实证得出，企业与科研机构开展合作创新可显著提升企业创新绩效[180]。

3. 企业与政府、行业协会等协作

企业与政府开展协作研发，狭义上指政府附属公共部门和事业单位直接参与技术创新，积极与企业开展合作创新，推动相关技术发展。广义上也包括企业加强与政府相关部门机构的沟通与协调，争取得到政府的支持。此时，政府不直接参与创新活动，而通过制度、规章制定来鼓励和引导其发展，为创新提供支持。总之，政府在创新过程中与企业以至整个产业的技术创新发展密切相关[186]。其作为公共部门，通过制定相关的政策和规章制度，促进企业与大学、科研机构等组织的联结，协调整个协作研发网络的运转。

此外，企业与行业协会等建立协作关系也有利于促进企业获取外部知识信息，把握行业发展动态。行业协会在企业与其他同行企业、政府机构间发挥着桥梁作用，能有力推动健康的竞争环境和良好学习氛围的形成，并促进企业间合作交流。

3.2　协作关系形成的动因

3.2.1　资源获取

1. 技术知识资源获取

根据资源基础理论，企业间绩效不同源于所拥有资源的差异。企业的内部资源是其核心能力的主要影响因素，但众多学者的研究表明，外部资源也将显著影响企业绩效。随着经济、技术发展日新月异，产品复杂程度和技术不确定性不断提升，使得企业很难单独依靠自身资源实现创新，企业对外部资源的需求及对伙伴资源的依赖性持续上升。协作创新成为企业开展跨组织学习、获取外部知识和技术资源的有效途径。因为协作关系的建立使得企业获得合作伙伴的经验性知识和技能提供了可能，通过跨组织互动交流，在知识共享过程中实现知识转移，促进知识溢出，从而推动企业整合内外部知识技术，提升技术创新绩效。企业通过外部协作网络获得资源，有利于构建企业竞争力[187]。戴尔和辛格（Dyer & Singh，1998）研究指出，在联盟网络中一些优势资源将超越企业边界嵌入在网络关系中，网络内的知识共享资源将显著正向影响企业绩效[188]。在协作研发网络中，协作伙伴间通过知识共享可使企业获取自身急需的资源，弥补企业短板，发挥网络协同优势，实现企业个体优势和网络整体优势的同步提升。由此，在异质性资源基础上实现优势资源互补、培育新的核心能力成为企业参与协作研发的重要动因。后进的中小企业很难依靠自身资源在激烈的竞争中取得优势，其独自研发任务将受到自身资金、人才、知识基础等多方面限制。与外部组织建立协作联盟，共同推动研发工作成为其实现可持续发展的关键途径[189]。

2. 市场资源获取

获取协作研发网络中的知识技术资源并非企业开展协作研发的唯一动机，很多企业不是出于技术目的而是出于市场目的与其他组织建立协作关系。大量企业想通过协作研发形式拓展产品范围，与合作伙伴开发出新产品合力进入崭新市场；同时，一些国外企业或国内企业试图通过协作形式开发国际市场，实现全球化扩张；还有部分大型企业希望通过强强联合影响和改变市场结构，减少竞争，通过成立联合体提升市场地位，与其他组织抗衡。随着经济全球化推进，越来越多的跨国企业想要进入他国市场，而由于许多国家的市场保护制度，别国企业只有与当地企业进行合作，通过提供先进技术等方式，才能顺利进入市场。即使没有市场准入限制，外资企业单独进入他国市场，由于缺乏对新市场的了解，也很容易面临失败，此时，与当地企业建立合作关系，利用其市场优势（如销售经验和销售渠道），对新产品进行推广，更容易取得成功。因此，企业进入协作研发网络中，获取技术知识资源，实现创新突破并非唯一动机，还有可能是出于市场拓展、降低研发成本及风险的考虑。

3.2.2 风险与成本分担

根据交易费用理论，企业组织的边界归因于市场交易的成本和企业内部组织协调成本的比较。信息技术的快速进步使得企业的内部生产成本和市场协调成本产生变化[190]，既增大了企业内部化的不确定性，也导致了市场交易费用的降低[191]，这使得企业边界也显示出崭新的发展趋势，企业的有形边界趋于缩小，无形边界扩大[192]，且企业外部边界与内部边界逐步模糊[193]。越来越多介于市场交易和层级组织之间的战略联盟与合资企业组织形式出现，即大量企业选择通过协作形式来降低交易成本和技术不确定性带来的风险。

对于技术创新来说，技术的交易市场具有特殊性，在一项技术创新成功前，其经济效益存在高不确定性；同时，技术不同于一般产品，其专用性较高；知识技术的无形性导致对其他组织的价值较难评价，交易过程中存在逆向选择行为；进行一项技术、产品研发通常需要大量 R&D 投入，且知识溢出难以控制，交易过程中存在高机会主义风险。这些特点决定了技术在市场交易过程中具有较高的交易成本，但由于企业资源和能力的限制，以及科层组织僵化不适应快速变化的技术发展环境，企业与其他组织开展协作创新成为当前技术和市场环境下技术创新的最佳选择，一方面实现不同组织间的资源共享，另一方面降低交易费用[194]。

当前，伴随着产品复杂程度和技术难度不断提升，大量企业的研发投入最终未能转化为回报，高创新失败率使得企业分摊研发成本和风险成为迫切需求。市场全球化使得竞争日益加剧，对技术创新的要求不断提升，企业面临更多的强劲竞争对手，创新所面临的成本和风险也持续提升，这都成为制约企业发展的瓶颈。而协作研发网络使得研发成本分摊成为可能，同时，成员间优势资源互补，发挥协同效应，创新失败的风险也随之降低。根据新水桶原理，集聚各个成员最强的技术优势，可实现整体创新能力提升，有效缩短研发周期，降低研发风险。总之，企业与其他组织建立协作关系，加入协作研发网络，一方面可减少交易费用，并分摊研发成本；另一方面可集各家所长，提升创新成功率，降低研发风险，协作研发是企业在全球化背景下发展和维持持续竞争力的最佳选择。

3.3   协作研发网络的演化

3.3.1   协作研发网络的生命周期

生命周期概念来自生物学，描述的是生命体经历一个从出生、成长、成熟直至死亡的发展过程。协作研发网络作为一个有机系统，也存在类似的一个发展变化的过程。相关研究的理论分析认为，协作研发网络的演化过程通常也可以分为萌芽、成长、成熟、衰退和更新这样一系列阶段[101][103][104]。而在不同的生命周期阶段，协作研发网络表现出不同的特点。

1. 萌芽阶段

类似于任何有机体，协作研发网络也有一个从无到有的初生期。在初生期，零星数量的企业、大学、科研机构、中介作为先行者，为了实现新技术的突破，冒着极大的不确定性，相互之间进行搜寻、探索、接触、沟通，然后形成数量很少的一对一的直接协作关系。由于此时进行协作研发的不确定性很高，企业往往通过社会网络进行新伙伴的搜寻和选择，以降低交易成本，此时，协作研发网络的社会性较高。协作研发网络主体管理网络资源能力有限，协作研发伙伴之间仍然不断进行探索、互动、磋商和磨合以逐渐积累信任基础，往往对协作研发关系采用较为松散的治理模式，协作研发网络关系的稳定性和持久性均相当脆弱。此时，协作研发网络往往在特定的局部区域上聚集，以减少交易费用。这些微观经济机制都导致此阶段的协作研发网络整体上而言规模十分有限；网络结构简单，以一对一的链接关系为主；网络的割裂程度较高，各个子网络之间彼此孤立。

2. 成长阶段

在成长阶段，主要特征之一是协作研发网络的规模不断迅速扩大。一方面，经历了萌芽期之后，进入协作研发网络的网络主体已经积累起一定的网络资源管理能力，从而为进行更加活跃的协作关系奠定基础。这些早期进入协作研发网络的网络主体不断突破现有网络规模的限制，加强向外部搜寻合作伙伴的努力。另一方面，早期协作研发网络带来的经济利益对网络外部的组织形成刺激，吸引它们加入协作研发网络，成为网络的新进入者。受到内外部力量的共同作用，协作研发网络规模在成长期迅速扩大。主要特征之二，由于网络主体的网络资源管理能力有限，此时的协作研发关系仍然以一对一的简单结构为主。主要特征之三，少数子网络之间发展出少量的链接关系，子网络与子网络之间开始进行技术协作和知识交流，但是子网络之间的整合趋势不断加强。

3. 成熟阶段

成熟阶段的到来标志着协作研发网络的发育达到高峰期。首先，网络规模容量达到前所未有的规模。本行业中大多数以技术研发为核心竞争优势的企业成为协作研发网络的成员，在网络中通过知识分享和技术合作提升自身的创新能力。甚至关联行业中的企业和其他组织，为了进行技术资源的整合和协调也进入该协作研发网络。网络中主体的背景呈现极大的多样化，既有产业链上、中、下游的企业和其他组织，也有关联产业和技术领域的配套商与客户，当然也包括大学和科研机构。其次，网络结构高度复杂，往往呈现出小世界性。网络主体数量的扩张，意味着网络关系的数量也呈现指数式的增长。而网络关系数量增长的同时，网络关系的分布却往往是非均衡的。少数网络主体成为拥有大量网络关系的网络核心，在其附近形成密度相对较高的子网络。而其他网络主体占据网络边缘地区，甚至在不同的子网络边缘地区架接结构洞，促进整体网络的融合。此时，整体网络的结构高度复杂，网络的小世界性突出，促进整体网络的创新能力达到高峰。最后，网络主体管理网络资源的能力提升迅速，能够构建和管理各种形态的网络结构以实现不同的技术创新目标，网络主体维持网络关系持久性和深入性的能力不断成熟。

4. 衰退和更新阶段

企业参与和构建协作研发网络的核心目的在于增强自身技术创新的能力，不断推出新技术，以塑造可持续竞争优势。但是协作研发网络经历了萌芽期、成长期和成熟期以后，路径依赖的现象日益突出。表现为新的网络关系往往依赖于旧的网络资源。此时，协作网络为企业带来全新知识和技术的可能性日益下降，协作研发网络为企业带来的知识和技术红利不断下降。随着创造性毁灭的日益临近，基于旧有技术路径的协作研发网络在成熟期之后面临着自身创造力下降的内在危险。无法获得预期收益的网络主体往往采取终止旧有网络关系的措施，迫使衰退期的协作研发网络逐步走向解体。同时，积极寻求新一代技术突破的企业又不断在新领域中寻求新的技术合作机会。这给旧有的协作研发网络注入新鲜血液，推动其更新和升级。

3.3.2 协作研发网络演化的动力

不同的学者从不同的角度研究了以技术创新为目标的网络演化的动力，有从网络节点与网络链接的角度，有从经济地理、空间禀赋的角度，有从路径依赖的角度[195][196][197]。这些研究说明，网络的演化受到各个层面上的因素影响，具有系统性和复杂性。总体来说，协作研发网络演化的动力可以分为内生动力与外生动力。

内生动力主要指由协作研发网络自身因素所导致的网络演化。内生动力的分析又可以从经济机制的角度和网络自身结构动力的角度来进行。从经济机制的角度分析，主要关注的是网络主体同时作为经济主体的行为动机之所在，认为网络主体所追求的经济利益导致其网络行为的变化从而带来网络的演化。而网络主体的经济利益诉求涉及对新知识和技术的寻求、对技术不确定性的回避、对风险的分担、对竞争格局的影响等各个层面。

其中，对新知识和技术的吸收是网络主体参与协作研发网络的根本性目的，在其引导下，网络主体不断淘汰缺乏知识红利的旧有协作关系，同时积极寻求带来更高新知识回报的新建协作关系，从而推动网络的更新与发展[199]。从网络结构动力的角度分析，主要关注的是协作研发网络结构演化的路径依赖性。早期形成的网络关系为企业带来学习效应，增强信任基础，使得后继形成的网络关系往往倾向于在旧有基础上不断强化[198][200]。而网络先进入者通过先发优势和路径依赖效应积累优势网络资源，使得它们往往成为网络后进入者进行技术合作的优先选择对象。这种"优先链接效应"也在一定程度上主导了协作研发网络的演化方向[92][197]。

外生动力则是指网络之外的环境因素所造成的网络演化之动力来源。从不同的角度，环境中的外生动力可以分为不同的类型。首先，协作研发网络的存在和发展所依赖的自然条件是外生动力之一。自然条件包括网络主体赖以存在的地理环境、自然资源等。研究指出，协作研发网络具有空间聚集性的特点，其原因在于，通过接近特定的自然资源或缩短组织间距离来减少交易费用，形成聚集经济[201]。其次，协作研发网络所赖以生存的社会经济环境也是外生动力之一。研究指出，组织间的人员流动（如工程师、科学家、研发人员的流动），推动知识扩散，同时吸引组织间的技术和知识网络关系随之发生变化[202]。不同产业存在不同的经济特点，而技术密集性产业更容易催生规模更大、结构更复杂的技术合作网络关系[9]。技术的变革也往往引发协作研发网络演化中的重大转折。例如，格拉斯米尔（Glasmeier, 1991）研究了瑞士钟表制造业在经历重大技术转折时，其生产网络面临的冲击并随之进行调整以适应技术的变革。市场竞争更加激烈的经济体中，企业寻求新技术以维持可持续竞争优势的压力更大，企业参与协作网络的动力普遍更强，从而协作研发网络的发育更加迅速、成熟[203][204]。此外，政策与制度环境也对协作研发网络的发展产生深刻影响，保护知识产权、鼓励技术创新、政府提供政策支持的经济环境中，协作研发关系的建立和管理成本更低，企业参与协作研发网络的动力更强，协作研发网络的发育更具有连续性和稳定性。

3.4 协作研发网络促进企业参与技术标准化的机理

3.4.1 增强企业参与技术标准化的战略意图

协作研发网络及其动态变化通过一系列机制影响企业的内部研发活动与技术资源。这些内部研发活动与技术资源适应这种影响所发生的变化会促使企业有更强的战略动机去参与行业的技术标准化活动，通过这些参与技术标准化活动以推进企业战略目标的实现。

协作研发网络为企业不断输入外部技术知识，这些外部技术知识促进企业自身技术资源增长，使得企业更有能力去参与技术标准化活动。当企业参与协作研发活动时，它们有了技术合作上的外部伙伴。在共同攻克某项技术研发难题时，企业与它的技术伙伴之间需要就各种相关的技术问题进行持续的沟通、信息交换、相互学习[205][206]。这种技术知识层面的交流体现为参与合作项目的人员之间持续进行各种访问、会面、研究、讨论。在这些活动中，企业从它的技术伙伴那里通过人员之间的信息和知识交流，发现并获得外部技术知识。由于各个企业有其独特的技术发展历史、组织制度与管理模式。这些历史性和组织性的因素会使得单个企业内部所保有的技术知识具有独特性，即分布在不同企业内部的知识存在异质性[205]。所以当企业从外部合作伙伴那里发现和获取外部知识时，会从中发现大量不同于自身知识的新知识。这些从外部合作伙伴那里获取的新知识与企业所拥有的自身积累的知识之间发生相互作用。体现为企业中的技术人员会思考、评估这些新知识的价值以及这些新知识如何与已经拥有的知识进行融合[207]。当这种融合通过各种技术尝试和探索，最终得以实现时，企业便实现了对外部异质知识的转化和利用。这种融合的结果往往是新的技术被发现和创造出来[207]。此时，企业便利用外部技术知识实现了自身技术资源的增长。这种增长提高了企业在行业竞争中的技术实力。这种技术实力的增长，不仅仅是对企业自身技术资源的提高，更重要的是，它也深化了企业对外部技术态势的理解，加强了企业对自身技术资源与外部技术资源之间相互关系的理解。这事实上提升了企业对行业技术发展趋势及企业自身在行业技术发展趋势中所扮演角色的理解。方放、王道平和曾德明（2010）认为，具备外部协作研发能力、参与协作研发网络的企业能够更好地认识到技术协作的重要性，对行业各种技术范式与行业技术路径的发展方向有更深刻的理解，从而实现自身技术规范与行业技术路径发展的最优融合[208]。自身技术实力的增长和行业技术情报的丰富使得企业更有能力介入技术标准化的过程中去。因为技术标准化事实上是一个整合行业多样性技术路线的过程。只有具备了突出的技术实力和对行业技术态势的深刻理解，企业才能在这种行业整合过程中发出自己的声音。

协作研发网络使得企业的研发活动不断系统化，从而增强企业参与技术标准化的动力。卡茨和夏皮罗（Katz & Shapiro，1986）研究指出，产品和服务的系统化使得技术标准的产生成为必然。所谓系统化，即指两个或两个以上的单独产品通过一定的互动模式联合起来被使用并市场化。此时就不是对单独的产品进行市场化了，而是对互补品进行市场化，这些互补品构成了一套产品体系。市场竞争也不再是单独产品的竞争，而是产品体系之间的竞争。这种产品体系的市场化会比单独产品的市场化带来更多的价值。但是一旦采用产品体系市场化的竞争策略，产品体系内部产品之间的技术整合就成为必须。没有技术整合，产品体系就失去其作为体系存在的优势，反而可能因为给消费者造成额外成本而失去市场价值。而技术整合即指如何通过一种技术方案使得不同的产品之间可以兼容使用。此时兼容性技术标准就承担起这项技术整合任务。当企业实施协作研发时，也牵涉技术的系统化。因为每个企业有其自身独特的技术系统，包括技术价值观、研发体系、知识系统等。当两个企业相互之间联合实施研发活动时，这些原本独立的技术系统必须相互之间发生接触、互动和交融，才能共同完成研发任务。实施协作研发的企业之间必须开发出一套整合两个企业各自技术系统的新系统来促进技术融合。这时，技术标准往往成为两家合作企业的共同选择。通过制定标准化的技术规范来扫除技术沟通和技术流程合作中的障碍，减少技术合作中方法与思维上的矛盾冲突。此外，标准化的技术规范还使得合作双方投入到协作研发中的知识、技术资源得以兼容和对接。同时，技术标准还有利于合作双方设计兼容化的、可对接的技术开发流程与产品。因此，当企业的协作关系日益多元化，即其所在的协作研发网络日益复杂化时，企业更倾向于通过使用技术标准来对协作研发的投入和流程进行标准化处理，以提高与其所在协作研发网络进行技术对接的程度。

协作研发网络使企业的技术合作关系日益复杂化，这意味着更高的技术合作沉淀成本，从而迫使企业通过参与技术标准化来规避风险。企业的协作研发活动给企业带来各种知识和技术上的收益，但同时也给企业带来各种成本。这些成本既有组织成本，也有市场风险成本。组织成本主要是指为了执行和实施这种协作研发活动，企业必须在组织运作上付出的成本。企业间的协作技术研发过程需要多方面和多单位的同时行动、协调合作以及顺畅的信息交流。这意味着协作双方必须为协作关系的稳定搭建和良好开展，进行各种紧密的组织上的合作，包括利益与责任的分配、人员的投入与互动、沟通的衔接、技术流程的协同与兼容等[209]。这些都是企业必须承担的组织成本。而且这些组织成本具有较高的资产专用性，往往只能在某些特定的技术领域的研发活动中发挥价值。在组织成本之外，还有市场成本。市场成本指的是企业协作研发活动是否能产生可市场化的成果及这些成果是否能为消费者所接受。任何协作研发活动都面临着各种不确定性。协作研发活动有可能遇到技术上的障碍而无法取得期望的进展。即便协作研发活动取得了技术成果，该技术成果是否能市场化生产并取得消费者的青睐还可能存在不确定性。一旦协作研发活动的技术成果不能取得市场的积极反应，企业为协作研发活动的所有前期投入，由于具有较高的资产专用性，将成为沉淀成本无法取得任何收益[210]。例如，佩勒托（Peretto，1996）将研发费用视为企业的固定支出且影响企业创新行为[211]。斯蒂格利茨等（Stiglitz et al.，1987）认为，企业研发投入在本质上即是沉淀成本[212]。当企业的协作研发活动的数量日益增多，企业的协作研发网络日益复杂，企业为协作研发关系所进行的投入就越高，其面临的沉淀成本越高。因此，当预期存在这些组织成本和市场成本时，企业有动力采取各种手段促使协作研发的技术成果能够市场化。而参与标准化活动是比较有效的手段之一[13]。通过制定、提倡、推广技术标准，企业能够推动更多的厂商采用该技术标准。而更多的厂商采用某一技术标准意味着市场上产品和服务的供应中采用该技术标准的数量更多。这将对消费者的心理预期产生影响，使消费者认为该技术标准为更优、更主流的技术标准，从而更愿意选择该技术标准指导下生产的产品和服务[13]。这将降低企业协作研发技术成果所面临的市场风险和组织成本。尤其是，当企业拥有协作研发伙伴，协作研发伙伴共同承担协作研发的组织成本和市场成本。这不仅意味着研发成本和市场风险的分担，也意味着协作研发伙伴之间存在共同的利益。受共同的利益驱动，多个协作研发伙伴都能积极行动、协同一致，通过同一技术标准化手段来降低市场风险。这使得技术标准化活动的参与者和推动者越多，技术标准的推广则越容易。而且多个参与者和推动者共同分担市场风险和技术标准化的成本使得协作研发网络中单个企业面临的成本更低。当企业的协作研发伙伴数量日益增多，其协作研发网络的规模日益变大，密度日益变高，协作研发伙伴之间的利益共同性更加牢固，共同推动技术标准化以降低市场风险的积极性就越高。

协作研发网络与企业对技术标准制定的影响力

协作研发网络帮助企业掌握更多的行业竞争动态，从而刺激其参与技术标准化的意图。企业通过其协作研发网络获取的不仅仅是外部技术知识，也会接触到有关其他企业技术发展动态的信息。在协作研发活动中，企业不仅仅与它的合作伙伴在具体的、特定的合作项目上进行信息共享和技术沟通，还可以通过各种正式和非正式的渠道了解到其合作伙伴在其他技术领域的研发进展。比如，科学家、发明家、工程师、研究技术人员等，他们之间通过非正式的社会交往，如电话、邮件、见面等各种方式，彼此之间相互沟通包括科学技术信息在内的各种信息，并通过这种无形的沟通渠道彼此之间"链接"起来。合作企业的技术人员之间的非正式的社交活动，其沟通的内容远远超过固定的工作范畴，往往会延伸到各种行业技术动态的讨论。阿伦和科恩（Allen & Cohen，1969）认为，没有任何一个研发实验室可以自给自足[213]。为了维持科学和技术发展的不断推进，每个实验室必须从外部进口信息。他们认为，实验室研发人员对信息的获取主要有两条途径：一是通过公开发表的专利和科学文献；二是通过所谓的实验室外部"消息人士"。他们还发现，在组织的技术信息交流网络中存在"社交明星"式的人物，这些"社交明星"们通常比周围同事拥有更多的组织外部信息来源，更加频繁地使用这些外部信息来源，并且利用这些外部信息来源使自己成为周围同事的信息来源。通过这些人际交流，企业从中可以了解到其他行业参与者在各种技术领域的新举动、新进展。当企业的协作研发伙伴日益增多，其接触到的类似的信息源则越多；当企业的协作研发网络密度日益提高，其获得类似行业技术动态信息的速度越快。这些都使企业能够更及时、更深入地了解行业技术发展的趋势。而对行业技术趋势信息的掌握，使企业可以更好地理解其自身在行业竞争和行业技术演化中的角色与地位，从而增强企业的竞争危机感。当企业对行业技术竞争态势的了解及竞争危机感不断提高，其参与技术标准并通过技术标准化来确立和维持其行业地位的动机就越强。

3.4.2　增强企业间技术认同

技术认同，指的是企业所倡导的技术方案、技术规范等为行业中的其他企业或消费者所认可、赞同和支持。技术认同是行业技术路线形成的必要条件，只有达成了技术认同，才有可能形成广为施行的技术标准。技术认同形成的重要表现包括"技术社团"、采用一致性技术规范的厂商群体等[11][12]。这些对于企业影响技术标准的设定有着重要影响。

企业间技术认同代表着技术障碍与分歧的消除，有利于技术标准化。当技术认同形成，多个企业对于特定的研发或生产过程采用什么样的技术规范达成了共识，并将之赋以实施。这意味着这些企业赞同该项技术规范，并且愿意将自身所采用的技术与该项技术规范进行衔接、兼容或统一。实施衔接、兼容或统一的过程，即会消除自身技术手段与该项技术手段之间的排斥与分歧。不同企业所采用的不同技术方案将向该获得认同的技术规范收敛。这事实上逐步统一了不同企业所采用的技术方案，是推动技术标准化的实质性进展。毛崇峰、龚艳萍和周青（2012）认为，技术标准合作的过程是不同认知背景、利益基础、价值取向的行动者共同参与、共同推动的复杂过程。各个行为主体的决策受到各自价值取向、利益取向、认知模式的影响[214]。成功的技术标准合作离不开各个行动主体弥消认知分歧，就彼此的技术价值导向形成共同认识。三位学者研究了我国TD-SCDMA 标准的形成过程，认为大唐移动开放自身所拥有的 TD-SCDMA技术与资料与行业中其他厂商共享，极大地促进了行业内其他厂商对 TD-SCDMA 的理解与兴趣，提升了众多行业厂商对 TD-SCDMA 技术的认知邻近性，从而迅速推动了该技术的标准化进程[215]。

协作研发网络促进合作企业间技术信息的扩散，有利于企业间技术认同的形成。技术标准化是一个以一致性技术规范替代多重相互竞争的技术规范以促进市场规模扩大的过程。在正式标准形成的过程中，如果竞争性的技术标准之间相互没有沟通、互动的可能性，则技术标准之间的技术排斥性没有解决的渠道，一致性的技术标准也难以形成。但是，当企业间建立起协作研发关系以后，合作企业之间必须就自身所采用的具体的技术规范与合作伙伴进行沟通和讨论，这其中也包括企业在生产、研发过程中使用的各种具体技术参数[216]。这事实上是企业在向其合作伙伴分享其自身所采用的技术标准。在这些沟通、讨论的过程中，双方的技术信息分享行为使得自身的技术规范信息向其他企业扩散。在扩散的过程中，分享信息的双方不断就双方的具体技术规范的缺陷与优势、实施方法、应用效果等进行讨论。合作的企业双方也会就如何整合这些不同的技术规范以满足协作研发活动的需要、保证协作研发活动的实施进行讨论。这些不断循环往复的讨论，使得企业自身的技术规范不断地为其合作伙伴所深入理解。这是企业获得其合作伙伴对自身技术规范认同的基础。当企业的协作研发活动日益丰富、协作研发伙伴日益增多、协作研发网络日益复杂，企业越能够向更多的合作伙伴传递和宣传自身的技术规范。这意味着企业所倡导的技术规范将获得更多的合作伙伴的认识和了解。了解者越多，则认同者可能越多。这无疑有利于行业中的企业协调技术冲突，推动一致性的技术标准的产生。当企业之间的技术分歧不断缩小，企业之间对技术的认识渐趋一致，企业之间的技术邻近性则在不断增强。克诺本和奥勒曼（Knoben & Oerlemans，2006）指出，技术邻近性指的是企业之间在某个技术维度上的相似性[217]。科恩和列文塔尔（Cohen & Levinthal，1990）指出，技术上的相似性反过来提升企业对外部知识的"吸收能力"，从而促进企业间技术合作的进一步开展[218]。毛崇峰、龚艳萍和周青（2012）研究了闪联成为3C 国际标准的案例，认为企业间的技术邻近性是技术标准联盟成员选择的关键因素，技术邻近性有助于维护技术标准联盟的稳定性，并推动技术标准的形成和应用[214][215]。

协作研发网络促进企业间共同技术利益的形成，增强企业间的技术认同。企业所倡导的技术规范为其他企业所认识、了解是技术认同形成的前提，但认识和了解并不等于认同。在市场竞争中，只有当企业之间形成共同技术利益时，技术认同才能最终形成并且稳定。而协作研发网络则会促进企业间共同技术利益的形成。其一，协作研发关系的建立使得合作企业之间共同分享协作研发的成果。协作研发成果是双方共同技术投入的结果，成果的取得取决于协作研发的各方能否对各自的技术进行有效的整合。而技术整合的前提是企业与其合作伙伴之间形成技术共识与认同。在这种利益机制的倒逼下，企业更愿意采取积极合作的态度与其合作伙伴进行具体技术细节的沟通、分享与商讨。而且由于这种利益激励的存在，企业与其合作伙伴之间形成技术共识和认同的动力更强、更持久。其二，协作研发关系使得企业与其合作伙伴共同承担市场风险和可能由此产生的沉淀成本。建立协作研发关系之后，企业必须为合作关系投入大量的成本，包括沟通、讨论、协调、利益与责任分配等。而且这些成本往往与该协作研发活动的技术特性密切相关，具有较高的独特性，从而导致这些成本成为专用性程度较高的成本。一旦协作研发的成果不为市场所接受，协作研发的各方企业都面临着较高的沉淀成本。吴文华和曾德明（2006）指出，移动通信行业等高技术行业中技术开发存在长期性和系统性，技术与人力资本投入巨大，而厂商之间的技术标准合作能够降低单个企业面对的市场风险和沉淀成本[140]。因此，市场风险和沉淀成本可能存在的预期会发挥倒逼作用，促使企业尽可能地提高协作研发的绩效。而决定协作研发绩效的关键性因素就是协作各方能否充分协调各种技术冲突和矛盾。理性的企业决策者将尽可能地促进这种技术协调的形成。当技术协调成功时，协作的各方企业往往便就生产和研发过程中的具体技术规范达成了共识和认同。其三，协作研发网络促进企业与其合作伙伴采用共同认可的技术规范，从而实质上促使技术认同的产生。由于上述各种利益机制的激励，企业与其合作伙伴加强沟通和协调，就协作研发过程的具体技术规范达成共识并且实施。一旦投入实施，这种技术规范就成为指导企业进行研发与生产的标准，企业与其合作伙伴事实上成为共同认可的技术标准的使用者和推广者。当协作研发网络中企业的合作伙伴日益增多，合作关系日益复杂，往往意味着采用同一技术规范的企业数量越多，也就是该技术的认同者越多。周青和毛崇峰（2006）认为，协作研发网络通过密集讨论和信息交流可以为网络成员提供激发协作意识、识别共同利益、建立互信的平台，从而巩固网络成员在技术标准化过程中立场的协同性、一致性[219]。曾德明和吴传荣（2009）认为，集群中存在各种合作关系的企业由于建立了长期利益基础，衍生了信誉评价机制，有利于这些企业协同参与技术标准化并提高成功率[220]。

3.4.3 影响企业间竞争格局

协作研发网络的发展变化对行业内竞争格局有深远影响。协作研发网络是企业进行新知识吸收和技术创造的重要渠道。积极参与协作研发网络，在网络中为自己构建有利地位的企业可以相较于其他企业更好地进行知识的吸收和新技术的创造，从而为自己构建竞争优势[221]。随着协作研发网络的演化，当网络结构日益复杂化，网络中的企业在其所占据的网络地位上会出现明显的分化。有处于网络中心地位的企业，也有处于网络边缘地位的企业。同时，网络中也会逐步演化出现局部密度较高的区域，称之为网络集群。大的网络集群与小的网络集群并存，松散的网络集群与整合度高的网络集群并存。处于优势网络地位或网络集群中的企业，往往更能形成技术竞争优势，从而提高自身在技术标准化中的地位[12]。

协作研发网络的发展变化使网络中逐步出现具有网络地位优势的企业，从而影响企业间竞争格局。网络结构日益复杂化，网络中的企业在其所占据的网络地位上会出现明显的分化。有处于网络中心地位的企业，也有处于网络边缘地位的企业。处于网络中心地位的企业拥有更多的合作伙伴，这种企业能从更多的合作伙伴那里分享知识和技术，也能够与更多的合作企业结成技术利益的共同体，即"支持厂商基础"[13]。这种网络中心地位使企业能够整合更多的外部资源，从而能够更快更强更低成本地进行新技术创造，在技术实力上超越竞争对手。同时，拥有更大支持厂商基础的企业，能够对消费者的预期产生正面影响，从而赢得更多的市场[13]。而处于网络边缘地位的企业，由于合作伙伴稀少，往往无法同样有效地获取外部技术知识、整合外部技术资源。因此，在协作研发网络演化中逐步占据优势网络地位的企业往往形成更强的竞争优势。

协作研发网络的动态发展使网络中逐步形成具备竞争优势的网络集群。协作研发网络演化的重要趋势之一，是在局部网络区域形成密集度更高的网络集群。行业整体协作研发网络被几个类似的局域网络集群所割据，整体网络中形成集群分割的局面[222]。在这些局域集群中，网络节点之间的合作关系相对更为紧密和频繁，更容易形成技术社群和技术利益共同体，从而形成较高的技术认同。但集群与集群之间的联系性相对稀疏，此时，整个行业网络中的技术竞争转化为这些网络集群之间的技术竞争。在这些网络集群中，会出现规模较大、密度较高、结构较复杂的优势集群，该优势集群相对其他集群在行业竞争中往往更有实力。

协作研发网络中，占优势网络地位的企业或网络集群的出现有利于技术标准化。当优势网络地位和优势网络集群带来更强的行业竞争力，行业中就出现了优势与弱势企业或企业集群的分化。竞争实力的分化使得行业技术路线的决定更为容易。

占据优势网络地位的企业，相对占据弱势网络地位的企业，往往综合竞争实力更强，从而能够对技术标准化实施更深刻的影响。前者利用优势网络地位，可以更有效、更快地整合外部技术资源进行内部新知识、新技术的创造，从而赢得技术竞赛的先机。前者利用优势网络地位还可以更加广泛深入地获得技术认同。这些都使得占据优势网络地位的企业能够更加有效地将自身所倡导的技术方案渗透到产业技术标准的形成中去。实力差距越悬殊，则竞争性技术标准之间的胜负能够以更快、成本更少的方式实现。

网络集群则可以促进产业技术分歧的整合，减少技术标准化的成本。随着协作研发网络的演化，网络集群形成。各个集群之间提出不同的、竞争性的技术方案。也就是说，网络集群形成之后，对产业中的技术方案进行了初步整合，从原先的各个企业各不相同的技术方案转化为各个集群提出竞争性技术方案，极大地减少了技术分歧，将产业技术路线的选择收敛到各个集群所提出的竞争性技术方案上去。同时，优势网络集群的存在，会使得其所倡导的技术方案拥有更多的支持厂商基础以及用户基础，在技术标准形成的博弈中占据强势地位。优势网络集群可以更轻易地推动自身所倡导的技术方案成为行业技术标准的核心内容，使得自身的技术利益更好地在行业技术标准中体现出来。网络集群之间的力量差距越悬殊，则这种博弈所耗费的时间越短，需要的协调成本更低。上述两方面机制直接降低了行业技术标准形成的时间和组织成本。

综上所述，协作研发网络动态发展，会促使产业整体网络中逐步出现优势企业或网络集群。优势企业或网络集群凭借其更强的竞争实力可以更快地推动多个不同的技术规范逐步向有限的几个技术规范收敛，从而降低技术标准化的成本，加快技术标准化的进程。

3.4.4　协作研发网络结构的动态促进作用

如前所述，协作研发网络演化通过各种机制促进企业参与技术标准化，并加快技术标准化的进程。企业参与技术标准化的成果最终体现为企业在技术标准制定中所扮演的主导性作用和由企业所制定的技术标准的数量。企业在技术标准制定中发挥主导作用，直接影响技术标准制定的最重要途径，即成为技术标准的起草单位。而由企业作为起草单位所制定的技术标准是企业参与标准化的最显著衡量指标。下述内容讨论了协作研发网络对企业参与技术标准起草以及起草的技术标准数量的影响。

1. 网络规模的动态促进作用

企业参与技术标准制定的积极性，从行业层面来看，反映为由多少企业加入到了技术标准制定中去，成为技术标准制定的起草单位。通过标准化组织实施的技术标准化，起草单位通常为有限的几个机构。这些机构有些是企业，有些是大学，有些是政府机构，有些是社会组织。这多家机构抱团成立技术标准起草项目组，在标准草案的构思、撰写和修改过程中不断综合、平衡项目组内部各家机构对标准内容的意见。进入技术标准起草项目组的组织能直接影响技术标准内容的确定。但并非所有参与技术标准化的企业都能成为起草单位。有些企业虽然对技术标准制定有兴趣，但因为缺乏技术实力或行业支持，很难成为技术标准的起草单位。但这些企业可以通过其他途径间接影响技术标准的制定。例如，通过标准化组织制定的技术标准，其制定流程中往往包括"征求行业意见""技术委员会对标准内容的审核"等阶段。标准化技术委员会对标准内容的审核体现"多数化"原则。这些出任标准化技术委员会委员的代表通常是由产业内骨干企业、研究机构派驻的产业资深人士，他们对标准内容的审核实施"投票制"，能够获得大多数委员认可的标准草案才能通过审核。因此，产业中其他企业可以通过其出任标准化技术委员会的代表对技术标准草案的内容实施影响。另外，在"征求行业意见"阶段，标准草案的"征求意见稿"需要发往产业中的其他各大企业寻求反馈，而其他企业可以提出"异议"并要求修改草案内容。这也是其他企业参与并影响技术标准化制定的简介途径。但总的来说，企业参与技术标准制定并发挥主要影响的程度最终体现在企业能否成为技术标准的起草单位。

从产业层面来看，产业整体协作研发网络规模不断扩大，使得越来越多的企业加入协作研发的行列，并在协作研发活动中产生各种技术协同、技术利益保护的需求，更多的企业参与技术标准制定的积极性提高。并且，随着时间的推移，网络中的节点数量不断增长，节点之间的链接不断增多，网络中的协作关系不断增多、增强。这种网络结构的变化趋势，会促使企业之间的知识与技术交流日益频繁和深化，增强企业间技术认同，促进企业间技术利益共同体的形成，从而使得产业内的企业参与技术标准制定甚至影响技术标准制定的成本不断下降。综合作用的结果是，越来越多的企业积极寻求成为并且最终成为技术标准的起草单位。但是，当整体协作研发网络规模较小时，协作研发网络的整体格局较为简单，子网络与子网络之间的力量对比较为均衡。新加入企业往往难以撼动网络中业已存在的优势网络主体对技术格局和产业格局的掌控，而依附于已经存在的子网络周围。而这种依附行为可能深刻地改变子网络之间的力量对比，从而使得弱势子网络中的网络主体难以赢得参与技术标准化所必需的支持基础，从而被挤出技术标准起草单位的行列，表现为参与技术标准制定的企业数量的降低。但是，随着越来越多的新进入者的到来，整体网络中的子网络数量越来越多，网络格局日益复杂，越来越多的网络主体能够赢得参与技术标准制定的支持基础并实质性地影响技术标准制定。即当整体网络规模达到一定程度并继续扩张时，此时将激励更多的企业参与技术标准化并有能力成为技术标准的起草单位。基于上述分析，提出研究假设 H1a。

研究假设 H1a：产业协作研发网络规模与成为技术标准起草单位的企业数量之间呈 U 型相关关系。

企业参与技术标准制定的最终成果是技术标准的出台，这是技术标准制定的产出。因此，企业参与技术标准制定的产出水平，最直接的衡量指标是由企业参与起草的技术标准的数量。企业参与起草的技术标准数量越多，说明企业参与技术标准制定的产出水平越高。越多的企业成为技术标准的起草单位，并不必然意味着出台的技术标准数量越多。通过标准化组织实施的技术标准制定过程的重要特征是"集团化作战"。表现之一是标准的起草单位往往涉及多家单位，这多家单位抱团成立标准起草项目组，在标准草案的构思、撰写和修改过程中不断综合、平衡项目组内部各家单位对标准内容的意见。因此，参与技术标准起草的企业数量的增长并不必然带来技术标准数量的增长。由企业参与制定的技术标准数量增长还受到其他机制的影响。

协作研发网络规模的扩张同样会刺激企业推出新的技术标准。原因之一在于，参与协作研发的网络主体数量越多，由于各个网络主体的知识基础、技术背景各不相同，他们会在协作研发中产生日益丰富、多样化的技术协同需求。这些多样化的技术协同需求来自不同的技术领域，必然刺激企业尝试在日益多样化的技术领域中推出新的技术标准。原因之二，协作研发本身将推动企业技术创新产出的增长。参与协作研发网络的主体数量不断增长时，越来越多的企业创造出越来越多的新技术。这些新的技术创造，有些是对原有技术的改进，有些却是革命性的技术成果，因此很多将涉及新的技术领域的拓展。企业为了保护这些日益增多的新技术领域中的技术，也必然尝试通过这些新技术领域中的标准化来保护自身利益。上述两种机制都带来技术标准数量的增长。但是，当整体协作研发网络规模很小时，与网络规模的微量扩张相伴随的是新进入者往往依附于已有的网络主体，接受现有的技术标准，使得新技术标准的推出陷入停滞。但是随着越来越多新进入者的涌入，网络结构不断丰富化，大量复杂的技术协作关系必然创造出对大量新技术领域的技术协同和技术保护需求。这种巨大的需求必然推动有能力影响和制定技术标准的企业推动更多新技术标准的发布。因此，提出研究假设 H1b。

研究假设 H1b：产业协作研发网络规模与企业参与制定和发布的技术标准的数量呈 U 型相关关系。

2. 网络集聚性的动态促进作用

产业协作研发网络集聚性，是指产业协作研发网络在多大程度上表现出网络关系的局部聚集现象。瓦特（Watts，1999）指出，在很多大型的现实社会网络中呈现局部密度较高的特征[223]。大部分网络主体聚集在某些局部子网络中，这些子网络中的网络主体彼此之间形成相对更加密切的相互联系。这些子网络中的网络主体往往彼此之间相互熟识，互动丰富，从而构成"圈子"或者"派系"式的网络结构，这即是网络集聚性的核心特征。社会网络的演化过程中，网络的集聚性一般呈现逐步提高的特征。

　　产业协作研发网络集聚性的动态变化会从几个方面影响更多的企业参与技术标准制定。首先，产业协作研发网络规模扩大、集聚性不断提高，意味着网络主体数量的增加，网络主体之间联系数量的增长，而且网络主体及其网络关系日益融合成为整合度高的"圈子"式的子网络，则产业中越来越多的组织尤其是企业之间的技术联系更为紧密。更多的企业在协作研发中产生更加丰富的技术协同需求，同时也萌发通过技术标准保护其战略利益的动机。越来越多的企业在集群式的协作研发网络中彼此之间形成更为牢固的共同技术利益基础，从而使得制定技术标准的单位成本更低，而动力更足。这些都激励更多企业参与技术标准化。其次，产业协作研发网络集聚性的提高，使得整体网络不断分割为几个局部高度密集的子网络。这些局部高度密集的子网络内部通过深度的技术协同和知识分享不断地进行统一技术理念和技术规范，使得整体网络中的技术多样性向特定的几条路径上收敛，这极大地降低了企业参与技术标准竞争的成本。再次，产业协作研发网络集聚性的提高，使整体网络从广泛分散不断转化为高度的局部整合，重构了网络中力量格局的对比，使产业中的技术和标准竞争最终转化为几大优势网络集群以及集群中的优势网络主体之间的博弈。优势网络主体往往与其集群中的其他主体结成同盟，共同参与技术标准竞争。这降低了竞争的成本以及技术标准协调的成本，从而激励更多的企业参与技术标准化。因此，提出研究假设 H2a。

研究假设 H2a：产业协作研发网络集聚性与成为技术标准起草单位的企业数量正相关。

此外，协作研发网络集聚性的动态变化也将促使企业推出更多数量的技术标准。一方面，随着协作研发网络规模的不断扩大，局部网络的集聚性逐步提高，网络中"圈子"式的子网络不仅规模增长，而且密度不断提高。此时，网络主体之间的技术合作和技术交流日益频繁、丰富。这必然要求网络主体之间就各种不同的技术背景和知识基础进行对接和协同，于是在更多的技术问题和技术领域中产生技术标准化的需求。另一方面，集群内部网络主体交流密切，技术认同度高，又有利于各个网络主体之间进行充分的协商和讨论，解决技术标准化过程中的各种矛盾冲突与障碍，使得技术标准的制定更加顺利，有利于更多新技术标准的出台。基于上述分析，提出研究假设 H2b。

研究假设 H2b：产业协作研发网络集聚性与企业参与制定和发布的技术标准的数量正相关。

3.5　协作研发网络促进企业参与技术标准化的实证分析

本章前述各节讨论了协作研发网络演化对企业参与技术标准化的促进作用，认为协作研发网络增强企业参与技术标准化的动机，促进企业间技术认同的发展，影响企业间竞争格局的形成，并通过这些机制推动企业参与技术标准化。企业参与技术标准化的最终表现形式为企业成为技术标准的起草单位。基于前述机理分析，本书认为，产业协作研发网络规模与参与技术标准化的企业数量以及企业参与制定的技术标准数量之间呈 U 型相关关系；产业协作研发网络集聚性与参与技术标准制定的企业数量、企业参与制定和发布的技术标准数量之间存在正相关关系。基于这四项研究假设，本书进行了下述实证分析。

3.5.1　模型的构建

前述理论机理分析认为，协作研发网络的演化对企业参与技术标准化有重要作用。具体来说，产业协作研发网络规模与参与技术标准化的企业数量以及企业参与制定的技术标准数量之间存在 U 型相关关系；产业协作研发网络集聚性的提高与参与技术标准制定的企业数量、企业参与制定和发布的技术标准数量之间存在正向关系。

检验两个变量之间是否存在长期稳定的正向关系，可以使用协整模型来进行时间序列分析。协整理论的最早倡导者是英格尔和格兰杰（Engle & Granger，1987）[224]，他们认为，如果变量是非平稳序列，使用最小二乘法进行回归会造成伪回归现象，因此，当变量是非平稳序列时，必须使用其他计量分析方法。他们发展出来的协整理论认为，当非平稳变量序列 X_{1t} 和 X_{2t} 经过 n 次差分后同时成为平稳序列，且这两个变量之间的其线性组合得到一个变量，则认为 X_{1t} 和 X_{2t} 之间存在长期稳定的相互关系[225]。

采用协整分析方法，必须满足协整理论的各项前提条件。本书使用 E – G 两步法来检验变量是否满足协整理论的前提假设。首先使用 ADF 检验法来检验各自变量与因变量是否达到同阶单整，满足同阶单整的条件才能建立协整方程。利用协整方程构建时间序列自变量与因变量之间的长期协整关系，并对方程的残差进行 ADF 检验。只有当 ADF 检验结果说明残差项为平稳序列，则证明因变量与自变量之间的长期协整关系是存在的。

由此构建下述协整分析模型：

$$H_{1a} \quad \ln CYQY_t = \alpha + \beta_1 \ln CUMZLZL_t + \beta_2 \ln WLGM_t + \beta_3 \left(\ln WLGM_t \right)^2 + \mu_t$$

$$(3-1)$$

$$H_{1b} \quad \ln QYBZ_t = \alpha + \beta_1 \ln CUMZLZL_t + \beta_2 \ln WLGM_t + \beta_3 \left(\ln WLGM_t \right)^2 + \mu$$

$$(3-2)$$

$$H_{2a} \quad \ln CYQY_t = \alpha + \beta_1 \ln CUMZLZL_t + \beta_2 \ln AVECC_t + \mu_t \qquad (3-3)$$

$$H_{2b} \quad \ln QYBZ_t = \alpha + \beta_1 \ln CUMZLZL_t + \beta_2 \ln AVECC_t + \mu_t \qquad (3-4)$$

模型（3-1）至模型（3-4）中，因变量 $CYQY_t$ 代表当年参与技术标准化的企业数量。因变量 $QYBZ_t$ 代表的是当年企业参与技术标准化的产业产出水平。自变量 $CUMZLZL_t$ 代表的是当年产业累计专利总量。产业专利总量在一些研究中被认为对技术标准化存在影响，因此在此处作为控制变量列入模型中[226][227]。自变量 $WLGM_t$ 代表的是当年产业协作研发网络规模。自变量 $AVECC$ 则代表的是当年产业协作研发网络集聚性。μ 代表随机扰动项。

3.5.2　变量的测量

参与技术标准制定的企业数量（$CYQY_t$）：通过该企业是否出现在当年技术标准起草单位一栏来确定企业当年是否参与了技术标准化。把当年所有相关技术标准中出现在起草单位一栏的企业汇总，则形成当年参与技术标准化的企业数量。如果某家企业在当年的多个标准起草单位中出现，则只计算一次。

企业参与制定的技术标准数量（$QYBZ_t$）：当年企业参与技术标准化的产出水平。产出水平由当年企业作为起草单位参与制定的所有技术标准总量来衡量。一个标准号对应一个技术标准，同一个企业出现在多个技术标准的起草单位一栏时，仍然按多个技术标准来计数。

产业技术创新水平（$CUMZLZL_t$）：当年的产业累计专利总量，是截至当年产业所累积产生的专利申请计数。本书参照米勒（Miller，2006）提出的方法，计算累计专利时对过去时期的年专利产出按照 85% 的年贬值率折现到当期[228]。专利申请计数包括发明专利、实用新型、外观设计专利的申请计数总和。该变量衡量的是产业技术创新水平。一系列研究认为，技术创新水平与技术标准化之间存在显著的正向关系[226][227]。

协作研发网络规模（$WLGM_t$）：当期产业协作研发网络规模，是本书的核心解释变量之一。网络规模由 UCINET 软件对合作专利矩阵计算所得，衡量的是产业协作研发网络中参与主体的数量。网络规模越大，产业中参与协作研发网络的主体的数量越多。

协作研发网络集聚性（$AVECC_t$）：当期产业协作研发网络的集聚系数，是本书的核心解释变量之一。利用 UCINET6 软件计算每期协作研发网络中各个网络主体的集聚系数（clustering coefficient），然后求其均值，即为整体协作研发网络的集聚系数。集聚系数越高，则协作研发网络的集聚程度越高。

3.5.3 数据的来源、采集与处理

技术标准数据来自中国知网（CNKI）下属《标准数据总库》中的标准文献。《标准数据总库》对国内外标准化组织发布和出版的各种标准进行了收录，该数据库下属子库包括《中国标准题录数据库》（SCSD）、《国外标准题录数据库》（SOSD）、《国家标准全文数据库》和《中国行业标准全文数据库》。其中，《中国标准题录数据库》（SCSD）涵盖了所有的中国国家标准（GB）、国家建设标准（GBJ）、中国行业标准的题录摘要数据，总量达到约 13 万条。该库所收录的国家标准主要为中国标准出版社出版的、国家标准化管理委员会发布的相关国家标准，占国家标准总量的 90%以上。而《中国行业标准全文数据库》收录了各个行业相关主管部门发布的各种现行、废止、被代替以及即将实施的行业标准。

本书从《标准数据总库》中采集了汽车产业历年来所有中国标准和国际标准题录的数据，按照《中国标准文献分类法》来确定是否为汽车产业标准。《中国标准文献分类法》按照不同专业划分一级类目，总共分为 24大不同一级类目。不同级别的类目按照由总到分的逻辑设立。一级大类目下设立 100 个二级类目。一级大类目以单个大写的英文字母命名，二级类目以双数字命名。其中，一级分类"T"目录下所有标准属于"车辆"标

准。因此，本书从《标准数据总库》中采集了所有中国标准分类号以"T"开头的标准的题录数据。历年来，"车辆"目录下的中国技术标准总数为2811 条，而收录了起草单位信息的有 1751 条。这些技术标准的题录信息构成了本书技术标准的数据来源。题录信息中包括标准中英文名称、标准号、中国标准分类号、国际标准分类号、发布单位、发布时间、起草单位等信息。当企业出现在起草单位一栏时，则认为该企业参与制定了该标准。

如图 3 – 1 所示，汽车产业参与技术标准制定的企业数量大体上呈现波动上升趋势。20 世纪 70 年代中期至 80 年代中期的上升幅度不明显，但 80年代后期开始出现显著上升趋势。在 2000 年前后出现了大幅度下滑态势，但随后开始恢复增长趋势。2000 年左右，世贸协议签订后，外资企业大量进入中国汽车产业，对汽车产业的技术创新和技术标准化活动产生了很大冲击，但可能正是因为竞争加剧的原因，几年后汽车产业参与技术标准制定的企业数量开始以更快的速度增加。因此，从总体上来说，过去 30 多年中，我国参与技术标准制定的年汽车产业企业数量保持在上升通道上。

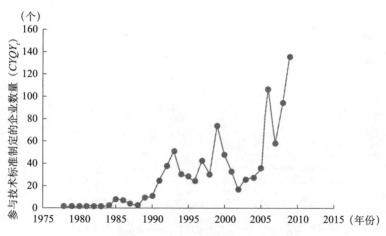

图 3 – 1　汽车行业参与技术标准制定的企业数量

资料来源：数据来源于 CNKI《标准数据总库》，经作者整理形成该图。

如图 3 – 2 所示，每年企业参与制定的技术标准数量也呈现波动上涨趋势。由企业参与制定的第一项技术标准于 1978 年发布。1978～1982 年，每年企业参与制定和发布的技术标准的总量较小，且变化不大。从 1983 年开始出现了明显上升的趋势。20 世纪 80 年代后期开始，每年企业参与发布的技术标准数量的增长速度迅速提高，此后呈现不断波动上涨的趋势，尤其是在 2000 年前后出现了大幅度的下滑。2000 年之前，中国制定的汽车产业技术标准数量猛烈飙升，这极有可能是因为境内厂商预期关贸总协定签订之后外资企业将大量进入中国市场，因此提前开展各种技术标准活动以应对可能到来的更加激烈的竞争。而 2000 年之后，在短暂的、深幅度的调整之后，汽车产业每年制定的技术标准数量恢复上升势头，但增长幅度低于 2000 年之前。总的来说，过去 30 多年中，汽车产业企业参与制定和发布的技术标准的产出水平保持在向上增加的轨道上，从一个侧面反映了企业参与技术标准化的水平不断提高，成果不断丰富。

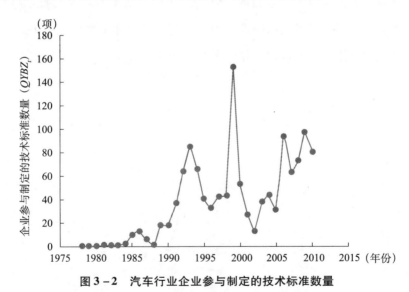

图 3-2　汽车行业企业参与制定的技术标准数量

资料来源：数据来源于 CNKI《标准数据总库》，经作者整理形成该图。

累计专利总量（$CUMZLZL$）数据来源于在中国知识产权局登记的汽车行业专利文献。本书使用的专利总量数据来源于"国家重点产业专利信息服务平台"。该信息服务平台由国家知识产权局牵头建设而成，为十大重点产业提供公益性的专利信息服务。这些重点产业包括汽车产业、钢铁产业、电子信息产业、物流产业、纺织产业、装备制造产业、有色金属产业、轻工产业、石油化工产业、船舶产业。信息服务平台上已经对专利文献的产业归属进行了划分。本书逐年统计了汽车产业的专利申请总量，包括发明专利、实用新型专利、外观设计专利。

如图 3 - 3 所示，汽车产业专利的年申请总量总体上呈现逐步上升趋势。1985 ~ 1999 年，这种上升趋势是温和的。但是从 2000 年以后，年专利申请总量呈现加速度上升趋势。2000 年成为显著转折点的原因，极有可能是因为之后中国加入了关贸总协定，外资企业以更大的规模、更快的速度进入中国市场。政府保护对于中国汽车产业的效应日渐降低，而市场竞争不断加剧。面对这样的态势，中国汽车产业的各个参与者，尤其是企业提高了对技术研发的关注和投入，技术研发成果不断涌现。为了在更加激烈的竞争中更好地保护自身技术资源，企业纷纷加大了知识和技术专利化的程度，从而带来了专利申请总量的迅猛上涨。

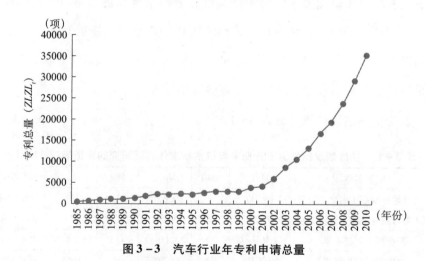

图 3 - 3 汽车行业年专利申请总量

资料来源：数据来源于《国家重点产业专利信息服务平台》，经作者整理形成该图。

本书同样采用在中国知识产权局登记的汽车产业合作专利来构建产业

协作研发网络，专利文献来源于十大重点产业专利信息服务平台。按照社会网络分析法的思想，将合作专利视为合作申请单位之间的合作关系，并将原始合作专利信息制成协作研发网络矩阵，然后使用 UCINET 软件对网络矩阵进行处理并获得各项网络结构测量指标[229][230]。为了生成网络结构变量的时间序列，以 3 年为窗口期，按照社会网络分析法的思想，使用滚动法构建汽车产业协作研发网络的时间序列[29]。如以 1990 年、1991 年、1992 年三年的合作专利提取出合作申请人及其合作申请关系，构建 1991 年合作专利网络；类似的，以 1991 年、1992 年、1993 年三年的合作专利为基础构建 1992 年合作专利网络；最后形成 1991~2009 年 19 个阶段的合作专利网络。采用 3 年窗口期滚动法构建协作研发网络的原因在于，当年提出的合作专利申请往往是过去几年中某项持续开展的协作研发活动的物质成果。在 3 年窗口期滚动法所生成的协作研发网络中，某一年的合作专利将在 3 个连续时期的网络中体现为协作研发关系，更好地体现了合作专利所代表的协作研发关系的时间持续性。罗宾逊和斯图尔特（Robinson & Stuart，2007）认为，3 年窗口期滚动法构建的企业间网络更好地反映了企业间经济活动的持续性[231]。席林和菲尔普斯（Schilling & Phelps，2007）也采用了 3 年窗口期滚动法构建企业间网络[29]。

各变量的描述性统计见表 3-1。

表 3-1　协作研发网络促进企业参与技术标准化实证研究的变量描述性统计

变量名称	变量代码	单位	Mean	Min	Max	Std. Dev.
参与技术标准制定的企业数量	$CYQY_t$	个	30.6875	1	136	33.2764
企业参与制定的技术标准数量	$QYBZ_t$	项	36.75	1	153	36.16361
产业技术创新水平	$CUMZLZL_t$	项	22211.33	434	95754.74	25480.02
协作研发网络规模	$WLGM_t$	NA	381.7917	92	1565	401.3299
协作研发网络集聚性	$AVECC_t$	NA	0.596333	0.391	0.879	0.138989

资料来源：数据来源于 CNKI《标准数据总库》和《国家重点产业专利信息服务平台》，经作者整理形成该表。

3.5.4　回归结果与分析

本书采用 E-G 两步法来分析协作研发网络与企业参与技术标准化程度的长期关系。如前所述，使用 E-G 两步法必须满足的前提条件是模型中的变量达到同阶单整。

模型中各变量 ADF 检验结果见表 3－2。各变量的水平检验皆不显著，但一阶检验的结果皆高度显著。由此判断模型中各变量均非水平平稳变量，而是一阶平稳变量，达到了变量同阶平稳的要求，因此，可以继续进行下一步协整方程的回归分析。

表 3－2　各变量 ADF 检验结果

变量	ADF 检验值	检验形式	10% 临界值	5% 临界值	1% 临界值	结论
$\ln CUMZLZL$	− 0.978570	(c, t, 3)	− 3.261452	− 3.644963	− 4.467895	不平稳
$\Delta \ln CUMZLZL$	− 7.865860 ***	(c, 0, 0)	− 2.638752	− 2.998064	− 3.752946	平稳
$\ln WLGM$	− 0.969953	(c, t, 0)	− 3.248592	− 3.622033	− 4.416345	不平稳
$\Delta \ln WLGM$	− 5.328527 ***	(c, 0, 0)	− 2.642242	− 3.004861	− 3.769597	平稳
$\ln AVECC$	− 2.758313	(c, t, 0)	− 3.248592	− 3.622033	− 4.416345	不平稳
$\Delta \ln AVECC$	− 5.236841 ***	(c, 0, 0)	− 2.642242	− 3.004861	− 3.769597	平稳
$\ln CYQY$	− 2.678946	(c, t, 0)	− 3.215267	− 3.562882	− 4.284580	不平稳
$\Delta \ln CYQY$	− 6.242213 ***	(c, 0, 0)	− 2.621007	− 2.963972	− 3.670170	平稳
$\ln QYBZ$	− 2.315526	(c, t, 0)	− 3.215267	− 3.562882	− 4.284580	不平稳
$\Delta \ln QYBZ$	− 5.951192 ***	(c, 0, 0)	− 2.621007	− 2.963972	− 3.670170	平稳

注：Δ 表示一阶差分；检验形式中 C 表示是否含常数项（C 为是，0 为否），t 表示是否含趋势项（t 为是，0 为否），第三位字符表示滞后的阶数；*** 表示该检验值达到 1% 水平显著，** 表示该检验值达到 5% 水平显著。

资料来源：数据来源于 CNKI《标准数据总库》和《国家重点产业专利信息服务平台》，经作者整理形成该表。

表 3－3 说明了协作研发网络规模（$\ln WLGM$）对企业参与技术标准化的影响。模型 3－1 的回归结果表明，产业的累计专利总量（1.574206 > 0）与参与技术标准化的企业数量显著正相关。协作研发网络规模与参与技术标准制定的企业数量之间的关系较为复杂。网络规模一次项系数为

负，而二次项系数为正，网络规模与参与技术标准制定的企业数量之间呈U型相关关系。即网络规模的增长首先与参与技术标准制定的企业数量负相关并形成底部，然后转化成为正相关关系。这意味着研究假设 H1a 被证实。模型 3 - 2 的回归结果表明，产业累计专利总量（1.702290 > 0）与企业参与制定的技术标准数量显著正相关。协作研发网络规模与企业参与制定的技术标准数量之间呈 U 型相关关系。即协作研发网络规模的增长首先与企业参与制定的技术标准数量之间负相关并形成底部，然后转化为正相关关系。这意味着研究假设 H2a 被证实。

对比模型 3 - 1 与模型 3 - 2 的回归结果可以发现，累计专利总量（ln-*CUMZLZL*）的边际增长所对应的企业参与制定的技术标准的数量（ln*QYBZ*）的边际增长幅度要强于参与制定技术标准的企业数量（ln*CYQY*）的边际增长幅度。其中，网络规模的这种效应更加明显。而网络规模（ln-*WLGM*）边际变化所对应的企业参与制定的技术标准的数量（ln*QYBZ*）的边际变化幅度要大于参与制定技术标准的企业数量（ln*CYQY*）的边际变化幅度。这意味着，协作研发网络规模的扩张，相对而言，更多地增加了企业间进行多方面、多领域技术协调的需求，从而更多地带来技术标准数量的增长。

表 3 - 3　协作研发网络规模影响企业参与技术标准化水平的协整方程

变量	模型 3 - 1	模型 3 - 2
被解释变量	ln*CYQY*	ln*QYBZ*
C	11.14653 (7.716291)	14.82146 (9.528694)
ln*CUMZLZL*	1.574206 *** (0.333402)	1.702290 *** (0.411711)
ln*WLGM*	- 6.755629 ** (3.146506)	- 7.963920 * (3.885557)
ln*WLGM*^{2}	0.468872 * (0.242275)	0.534113 * (0.299181)

续表

变量	模型 3 - 1	模型 3 - 2
R-squared	0.753737	0.589010
Adjusted R-squared	0.716797	0.527362
F 统计值	20.40466 ***	9.554334 ***
样本区间	1991 ~ 2009	1991 ~ 2009

注：** 表示该检验值达到 1% 显著性水平，** 表示该检验值达到 5% 显著性水平。括号中的是标准差。

资料来源：数据来源于 CNKI《标准数据总库》和《国家重点产业专利信息服务平台》，经作者分析形成该表。

表 3 - 4 汇报了协作研发网络集聚性对企业参与技术标准化水平的影响。模型 3 - 3 的回归结果说明，产业累计专利总量与参与技术标准制定的企业数量在 1% 水平上显著正相关。较高的累计专利总量往往与较高的参与技术标准制定的企业数量相对应。而协作研发网络集聚系数与参与技术标准制定的企业数量也在 5% 水平上显著正相关。意味着协作研发网络集聚性提升时，参与技术标准制定的企业数量也增长。研究假设 H2a 得到验证。模型 3 - 4 的回归结果与模型 3 - 3 类似。产业累计专利总量和协作研发网络集聚系数都与企业参与制定的技术标准数量显著正相关。协作研发网络集聚性增强时，产业中企业参与制定的技术标准数量也相应增长。研究假设 H2b 得到验证。

在两个模型中，协作研发网络集聚性的边际效应大于产业累计专利总量的边际效应。这说明协作研发网络集聚性增强对企业参与技术标准化的刺激作用强于基于专利的动机。企业参与技术标准化既是为了保护专利技术，但更多的是为了技术协作的需要。对比模型 3 - 3 和模型 3 - 4 发现，协作研发网络集聚性对企业参与制定的技术标准数量的边际效应要大于对参与制定技术标准的企业数量的边际效应。这说明协作研发网络集聚性在鼓励更多企业参与技术标准化的同时，更加突出地拓展了企业参与技术标准化的领域。

表3-4　协作研发网络集聚性影响企业参与技术标准化水平的协整方程

变量	模型3-3	模型3-4
被解释变量	$\ln CYQY$	$\ln QYBZ$
C	-3.758379 *** (0.948834)	-2.086526 * (1.180471)
$\ln CUMZLZL$	0.829992 *** (0.114505)	0.707396 *** (0.142459)
$\ln AVECC$	1.426232 ** (0.610209)	1.933799 ** (0.759178)
R-squared	0.728764	0.540528
Adjusted R-squared	0.702932	0.496769
F 统计值	28.21173 ***	12.35233 ***
样本区间	1991~2009	1991~2009

注：*** 表示该检验值达到1%显著性水平，** 表示该检验值达到5%显著性水平。括号中数据为标准差。

资料来源：数据来源于 CNKI《标准数据总库》和《国家重点产业专利信息服务平台》，经作者分析形成该表。

表3-5汇报了模型3-1至模型3-4残差序列的单位根检验结果。各模型残差序列均在1%的显著性水平上通过了 ADF 检验。这说明协作研发网络规模（$\ln WLGm$）与参与技术标准化的企业数量（$\ln CYQY$）之间的 U 型关系是长期稳定的。也说明协作研发网络集聚性（$\ln AVECC$）与企业参与制定的技术标准的数量（$\ln QYBZ$）之间的正向关系是长期稳定的。

表3-5　各模型残差序列的单位根检验结果

模型	ADF 检验值	检验形式	10% 临界值	5% 临界值	1% 临界值	结论
模型3-1	-4.293115 ***	(c, 0, 0)	-2.638752	-2.998064	-3.752946	平稳
模型3-2	-4.741155 ***	(c, 0, 4)	-2.655194	-3.029970	-3.831511	平稳
模型3-3	-3.511325 ***	(0, 0, 0)	-1.608495	-1.956406	-2.669359	平稳
模型3-4	-3.399519 ***	(0, 0, 0)	-1.608495	-1.956406	-2.669359	平稳

注：Δ 表示一阶差分；检验形式中 c 表示是否含常数项（c 为是，0 为否），t 表示是否含趋势项（t 为是，0 为否），第三位字符表示滞后的阶数；*** 表示该检验值达到1%显著性水平，** 表示该检验值达到5%显著性水平。

资料来源：数据来源于 CNKI《标准数据总库》和《国家重点产业专利信息服务平台》，经作者分析形成该表。

第 4 章

企业对技术标准制定的影响力及其来源

4.1　企业对技术标准制定的影响力的界定

影响力是现实世界最普遍的存在之一。正是由于影响力的存在，很多人类世界的分歧、矛盾、冲突得以弥消和统一，各个层面、各个领域中的决定得以达成并执行。技术标准作为一种重要的经济、社会、技术协调机制，其制定牵涉各个主体的各个层面上的利益，从而不可避免地存在各种分歧、矛盾、冲突。因此，技术标准的制定也离不开影响力的作用。追求经济利益最大化的相关主体会竭尽所能对技术标准的制定实施影响以确保自身经济、技术利益得到保证。本节重点讨论的是企业对技术标准制定的影响力的本质内涵是什么，通过什么样的形式表现出来。

4.1.1　企业对技术标准制定之影响力的内涵

在行为理论中，对影响力的定义是主体 A 有能力影响、改变主体 B 的行为，使主体 B 的行为符合主体 A 的希望[232]。这种能力往往是无形的、潜在的力量，主体 A 可以拥有这种影响力，但却不去使用[233]。

行为理论对于影响力的分析认为，影响力之所以存在，是因为"依赖性"的存在[232]。即 A 之所以能够影响、改变 B 的行为，是因为 B 对 A 有依赖性。这种依赖性的根源在于 A 在一定程度上控制了 B 想要获取的物质性或非物质性的资源、利益。那么 A 在多大程度上能够影响 B 的行为，取决于 B 认为 A 在多大程度上控制了这种资源的获取。这种控制力包括 A 是否占有 B 所想要获取的这种资源或者利益，以及 B 认为是否存在其他的替代性方法来获取该资源或者利益。如果替代性的方法存在，且实施的成本较低，即便 A 占有了该资源，A 也无法对 B 的行为实施影响。

行为理论的上述分析是个体对个体以及个体对群体的影响力。本书研究对象更为抽象，是企业作为一种组织对技术标准制定的影响力。而技术标准制定不是个体行为，而是群体行为，也是一种社会经济技术行为。也就是说，技术标准制定所包含的不是单个企业如何在技术规范上进行选择，而体现的是社会经济活动中一批利益相关者如何通过群体博弈和决策来确定行业技术路线的选择。在这个过程中，希望对技术标准制定实施影响的企业必须能够影响和改变其他组织或组织群体的行为，以达到将自身意图灌输到技术标准中的目的。因此，企业对技术标准制定之影响力的本质是一个组织改变其他个体和群体的行为以实现自身意图的能力。

企业对技术标准制定之影响力的内涵即为：企业 A 影响、改变企业 B 或企业群体之行为使自身意志体现在技术标准中的能力。这种能力也经常是潜在的、无形的。这种潜在的、无形的能力之所以得以构建，是因为企业 B 或该企业群体对企业 A 有依赖性。而依赖性产生的根源是因为企业 A 对企业 B 或某个企业群体想要获取的物质性或非物质性资源、利益实施了控制，而且企业 B 或某个企业群体很难通过替代性渠道获取该资源或者利益。

在技术标准制定的情境中，使得依赖性产生的资源、利益，可以是有形的也可以是无形的，可以是物质性的也可以是非物质性的。物质性的资源或者利益可以包括技术、专利、市场份额、利润等。如果企业 A 控制了其他企业或企业群体想要获得的技术资源、专利所有权等，则企业 A 对其他企业或企业群体具有影响力。这种影响力有可能使得其他企业和企业群体在标准制定的过程中采取企业 A 所希望看到的行为，如赞同、支持企业 A 所倡导的技术规范。如果企业 A 控制或部分地控制了其他企业或企业群体所希望占有的市场份额、利润等，企业 A 也可以迫使其他企业和企业群体在技术标准制定的过程中与企业 A 的意图保持一致。非物质性的资源或者利益可以包括认知、价值观、远景等。例如，企业 A 所倡导的技术规范和由此而塑造的未来行业蓝图，可以触动其他企业和企业群体对行业发展趋势的认知，改变其他企业和企业群体对行业态势的理解及行业远景的预期，使得其他企业和企业群体在技术标准中表现出对企业 A 的赞同和支持。

4.1.2　企业对技术标准制定之影响力的表现

如前述定义，企业对技术标准制定之影响力往往是无形的，但是这种影响力又是可以观察的。在现实经济世界中，往往可以通过对影响力结果的观察来确定这种影响力是否存在。而焦点企业对技术标准制定之影响力的结果表现为其他企业和企业群体在技术标准制定的相关决策中遵循了焦点企业的意图，最终使得焦点企业的利益体现在技术标准内容中。

由于技术标准形成的模式不同，企业发挥其影响力并最终取得结果的表现形式也不同。经济活动中既有以市场竞争为基础而产生的产业主导性技术标准，又有通过标准化组织制定的、对成员有强制作用的正式标准。事实上，这两种技术标准形成模式相互作用、相互推动。法雷尔和沙龙尔（Farrell & Saloner, 1988）指出，标准的形成机制有三种，分别是以委员会机构为核心的标准化组织制定标准、市场竞争形成标准以及两者的混合模式；而在混合模式中，市场竞争机制在标准化组织作用的基础之上发挥对技术标准形成的影响；且当利益协调相较于利益冲突而言更重要时，混合机制中更倾向于以标准化组织的作用为重[145]。王程韡和李正风（2007）

认为，传统经济理论仅仅关注市场竞争在技术标准形成中的作用是存在不足的，并进一步指出，技术标准形成的过程是一个经济竞争与社会主体博弈综合作用的结果，是一个包含两个循环的分层演化过程——产业组织循环与社会磋商循环。前者是市场竞争力量等推动技术标准的形成；后者是社会各方利益相关者，如企业、企业联盟、政府、标准化组织等对产业主导技术标准形成进行博弈的循环[28]。因此，企业对技术标准制定发挥影响的途径既可以是产业组织循环，也可以是社会磋商循环，其表现方式也各有特点。

事实技术标准不需要法律的承认，是指在市场竞争中赢得市场认可，并成为事实上广泛采用的或在产业中取得主导地位的技术标准。以市场竞争为机制形成产业主导性技术标准，塑造其事实标准地位的是市场对该技术规范的认可。而市场对该技术规范的认可，体现为该技术规范所控制的市场份额即用户规模的大小。市场份额越高，用户规模越大，该技术规范作为事实技术标准的基础越牢固[25][27]。因此，在事实技术标准形成过程中，或者说产业组织循环中，企业对产业技术标准制定的影响力即体现为该企业的产品和服务所占据的市场份额。

完全基于市场竞争机制形成技术标准存在市场失灵的陷阱[234]。以竞争性协调为核心的正式标准形成机制发挥不可或缺的作用[28]。正式技术标准是社会各利益相关者通过标准化组织所制定的、具有强制效应的技术标准。正式技术标准的制定机制强调的是各产品和服务供应商、使用者、政府及其他利益相关者之间的竞争与合作、谈判与协调、互赢与共存[28]。因此，正式技术标准的形成过程体现为各社会经济力量在法定的标准制定制度框架之下的博弈[234]。对该标准制定制度的使用成为各利益相关者对技术标准制定实施影响的途径。虽然各标准化组织对技术标准出台的制度和流程规定不尽相同，但总体上，正式标准形成的制度机制主要体现为利益相关者提出技术标准制修订草案，标准化组织设立标准化委员会对技术标准制定修订草案进行审核、修订和发布。标准化组织出台技术标准之流程的各个阶段都涉及技术标准内容的形成，是各方利益博弈的核心所在。所以企业对正式标准制定实施影响，主要体现为该企业参与标准化组织的各项标准制定、修订工作，承担标准化委员会的职责，对技术标准草案内容的形成发挥作用。

由于产业技术标准的形成是复杂的社会经济过程，包括相互影响的产业组织循环和社会磋商循环两个子系统，因此，即便是正式技术标准形成中，市场竞争机制和社会博弈机制也同时发挥作用[28]。如图 4 - 1 所示，两个子循环是技术标准形成的两种重要途径和机制。两个子循环相对独立，又相互作用。相对独立的原因在于各自推动技术标准形成机制不同，在产业组织循环中以市场份额的竞争为主，而在社会磋商循环中以各利益相关者利用制度手段进行博弈为主。这两个循环又相互作用，产业组织循环中产生的广为市场接受的技术规范往往成为社会磋商循环中各方利益博弈的焦点；而社会磋商循环中各方利益博弈的结果往往推动产业组织循环中市场竞争的升级或竞争结果的确定[28]。因此，企业在市场竞争中所形成的对技术标准制定之影响力，同样在正式技术标准形成的社会磋商机制中发挥作用。前者为企业在后者的利益博弈中提供部分动力与能量。两个子循环相互作用，共同推进产业技术标准的确立。

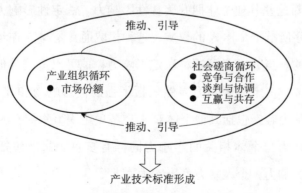

图 4 - 1　产业技术标准形成的二元循环系统

4.2　企业对技术标准制定的影响力的来源

如前所述，企业对技术标准制定之影响力是一种能力，即改变标准制定过程中其他企业或企业群体的行为并使得自身利益在技术标准内容中得到体现的能力。这种能力并非凭空获得，而是需要通过多重途径、多重方式来积累和获取的。这种能力产生的源泉或者说基础，被称之为企业对技术标准制定之影响力的来源，而产生这种影响力的源泉存在多样性。

4.2.1　影响力的多重来源

行为学在分析影响力的来源时，认为与组织结构相关的影响力有多重性质不同的来源，如强制性影响力、奖赏性影响力、法定影响力、信息影响力[235]。强制性影响力指的是组织中的个体 A 可以对其他个体造成负面作用，从而能够迫使其他个体采取 A 所期望看到的行为。比如，A 可以导致其他个体失去其所重视的工作，则 A 对这些个体具有强制性影响力。奖赏性影响力指的是组织中的个体 A 可以对其他个体造成积极作用，从而个人能够诱使其他个体采取 A 所期望看到的行为。比如，个体 A 可以为其他个体带来升职或加薪，而且升职和加薪正是这些其他个体所关心的利益所在，那么 A 对这些其他个体拥有奖赏性影响力。法定性影响力指的是组织通过法定程序所赋予个体 A 的权威，这种权威通常是与 A 在组织中的法定地位相联系的。当 A 具备了这种法定影响力，他可以迫使其他个体从事某些工作或任务。法定性影响力当然包括了强制性影响力和奖赏性影响力，但还包括其他内容，包括其他个体对 A 在各项组织事物拥有权威的认可。

行为学认为与个体相关的影响力同样有多重源泉，包括专家型影响力、认同性影响力、个人魅力型影响力[235][236]。其中，专家型影响力指的是个人由于具有专业素养、特殊知识或技能而具备的影响力。这种影响力使得其他个人将其视为学习的榜样、参照的模板或寻求信息与帮助的对象。比如，施工过程中出现的问题，人们会倾向于向专业工程师寻求咨询和帮助，则该专业工程师具备了专家型影响力，可以影响或改变他人对事物的看法和行为。认同型影响力指的是人们对个人 A 所具备的个人资源、能力、人格特征的认可、尊敬、赞美、钦佩。当这些情绪存在时，其他个人渴望模仿个人 A，具备与个人 A 同样的资源、能力、人格特征，并愿意为取悦个人 A 而付出行动。比如，乔布斯由于其个人超凡的才能而赢得了大量"果粉"的钦佩，使得这些"果粉"成为苹果公司产品的忠实客户。个人魅力型影响力实际上是认同型影响力的延伸与发展，它指的是个人 A 由于具备了极有吸引力的人格特征和人际沟通能力而获得其他人的拥护与追捧。而个人魅力型影响力之所以能够吸引大量追随者，是因为个体 A 能够为大众描绘一个充满吸引力的远景，愿意承担风险，从事其他人不敢于从事的事物，能够保持对追随者心理的高度敏感并构建良好的领导者——追随者互动关系。

　　本书借用行为学对影响力来源的界定并根据技术标准制定的情境进行了相应的界定。与个体发挥影响力不同的是，技术标准制定是组织对其他组织发挥影响力的过程。但两者之间也存在类似。与个体相关的影响力是在没有制度确定个体法定地位高低的情景中，个体之间凭借自身的能力与特征发挥竞争性的影响力。类似的，技术标准制定是一群组织在没有制度确定其法定地位高低的条件下，组织之间凭借自身实力对其他组织或组织群体实施竞争性的影响力。标准竞争研究的先驱夏皮罗和瓦里安（Shapiro & Varian，1999）认为，企业成功制定标准的源泉在于对 7 种关键要素的占有：用户规模、产品系统、知识产权、创新能力、先发优势、生产规模、品牌与声誉[237]。综合各种研究成果，本书对技术标准制定中的企业影响力来源进行了下述几个方面的划分：企业技术优势、企业市场优势，以及其各子项目（如图 4 - 2 所示）。

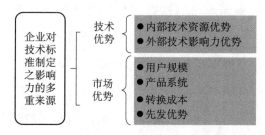

图4-2　企业对技术标准制定之影响力的多重来源

如图4-2所示，企业对技术标准制定之影响力的来源可以分为两大类：技术优势和市场优势。技术优势是指与其他企业相比，企业自身所拥有的内在的与外在的技术实力比较优势。源自这些内外技术优势的影响力，使得企业在同行中具有技术上的声望，可以影响和改变行业中其他企业在技术标准制定中的行为，并使自身意图体现在技术标准内容中去。市场优势是指与其他企业相比，企业所拥有的市场份额、销售业绩的比较优势。源自市场优势的影响力，使得企业能够赢得消费者支持，从而影响技术标准制定中其他企业或企业组织的行为，并使自身意图在技术标准内容中得以体现。

技术优势又可进一步分为内部技术资源优势和外部技术影响力优势。内部技术资源优势指的是企业组织内部所拥有超越其竞争对手的各种与技术相关的知识、惯例、技能等。外部技术影响力优势指的是存在于企业组织外部、可为企业组织所利用的各种与技术相关的社会资本，如在产业中的技术声望、技术认同度、所主导的技术或标准联盟等。因此，可以说，内部技术资源优势所塑造的影响力在本质上类似于行为理论中的专家型影响力，是基于自身的专业知识和技能优势而获得的影响力。不同于用户基础理论讨论的市场对某企业所倡导技术规范的支持，外部技术影响力优势主要指的是企业所倡导的技术规范在厂商群体中所获得的支持与采用。因此，前者是从市场需求的角度审视，而后者是从厂商供给的角度进行分析。另外，外部技术影响力优势所塑造的企业对技术标准制定的影响力更类似于认同型影响力，是基于其他主体对某个主体的认同情绪而产生的影响力。但是组织间这种认同情绪的产生，更多的是基于各方利益的协同性，即具备技术影响力优势的企业其所倡导的技术规范能为其追随者带来利益改进。其中机理将在后面详细分析。

本书认为，考察企业的技术优势，既要关注其内部技术资源（internal resources），又要重视其所拥有的组织间技术关系资源（relational resources）[233][238]。传统意义上讨论企业的技术资源时，更多考虑的是企业在组织内部通过学习和创造积累起来的各种知识、技能，是企业能够完全控制和掌握的资源。但是，参与市场竞争，影响产业技术路线，意味企业必须与产业中的其他参与者发生各种互动，既有竞争性的互动，也有互助性的互动。尤其是后者，企业与其他厂商之间的合作、协同关系，如协作研发、战略联盟等，往往极大地拓展企业在产业中的市场渗透力和技术竞争地位。张泳和黄柳婷（2013）认为，技术上的优势是企业将其自身技术规范发展成为产业主流技术标准的重要因素之一，是否成功还取决于该技术的用户规模等其他因素，而推行特许协议、战略联盟等技术输出战略可以扩张用户规模，巩固该技术规范的市场竞争力[239]。因此，在技术活动领域，企业是否拥有良好的组织间关系网络和社会资本，是企业技术优势的重要组成内容，是企业试图影响产业技术路线选择所必须依赖的重要资产。

市场优势则可细分为用户规模、产品系统、转换成本和先发优势四个方面的因素所塑造的企业对技术标准制定的影响力。如果企业在这四个方面具备优势，则能够以超越竞争对手的速度占领市场，从而主导市场格局，使自身所倡导的技术规范成为主流技术规范。这一方面将使得其所倡导的技术规范成为产业中的主导性事实标准，也极大地推动着该技术规范上升成为行业或者国家的正式技术标准。总的来说，市场优势意味着企业在产业竞争中占据重要市场份额，使之成为市场最重要的认同对象，从而也具备了类似的"认同型影响力"，只不过这种"认同型影响力"来自市场中的消费者。

4.2.2 来源于技术优势的影响力

如前所述，企业对技术标准制定之影响力的来源可以分为技术优势和市场优势。其中，技术优势从以下几个方面提升企业对技术标准制定的影响力。

从宏观的角度，演化经济学和创新系统理论都指出，产业技术的发展方向不仅仅由需求和市场决定，技术供给是产业技术路径演化中的另外一个核心因素[19][126]。多西（Dosi，1982）指出，推动产业变革和经济增长的"技术"，其内涵是指一系列理论知识和应用性知识、方法、流程和经验的集合。这种技术发展的方向并非是随机决定的，而是受到指引的、一个有意识的选择性过程。组织中的科学家、工程师们对于未来科技蓝图的理解和愿景是发挥这种指引作用机制之一，是将科学转化为生产和销售的以塑造产业技术范式的机制之一。而那些能够对科学和技术未来发展趋势进行前瞻性、革命性思考的组织往往能够推动突破性技术的发明与市场化。这意味着，从产业技术轨迹的演化来看，拥有独特的技术优势的企业，能够对知识、方法、流程进行革命性思考的企业，是推动和引导产业技术范式实现突破性升级的驱动机制。而产业技术范式的具体表现即为主流技术标准。因此，技术优势是企业参与塑造产业技术标准必须依赖的资源之一。

从微观的角度，企业资源依赖理论和动态能力理论都指出，企业所拥有的技术资源和运用这种技术资源的动态能力是企业在竞争中，包括在技术标准竞争中，超越竞争对手的力量源泉[252][283][284][285]。唯有这种技术资源和技术能力是独特的、不易复制的、嵌入程度高的，企业才能在长期内形成可持续竞争优势[252][253]。在技术标准竞争中，企业拥有的核心专利技术、富有远见的战略性技术眼光以及广泛的技术协作关系和战略联盟，构成跨越企业边界的、内外整合的技术能力体系。而这种高度整合的技术能力体系，由于具备较高的因果模糊性和嵌入性，是难以被竞争对手直接复制和模仿的[252]。反映在技术标准竞争中，企业所倡导的技术规范的竞争优势难以被其他技术规范所取代，从而巩固其产业优势技术规范的地位。

4.2.3　来源于市场优势的影响力

如前所述，市场优势是塑造企业对技术标准制定之影响力的另外一个重要来源，它的本质是市场对企业所倡导的技术规范的支持程度，反映的是经济运行中市场需求方面对技术标准制定的作用。市场优势从以下几个方面提升企业对技术标准制定的影响力。

拥有市场优势的企业，拥有更广泛的用户基础，从而在事实上赢得更多消费者对该企业所倡导技术规范的支持[118]。更多的消费者购买某企业的产品和服务，意味着更多的消费者认为该企业的产品或服务更好地优化了消费者效用。而产品或服务能够实现这样的市场效果，往往是因为该企业所采用的技术方案、技术规范等更好地突出了产品的设计优势、功能优势、质量优势等。因此，消费者对产品和服务的支持，很多时候归根结底是对该企业所使用的技术方案、技术规范的支持。更重要的是，当消费者购买了该企业的产品和服务，往往意味着消费者放弃了对使用非兼容性技术规范的其他企业所生产的产品和服务。也就是说，消费者的购买行为即是对该企业的技术规范的支持，也是对其他竞争性企业的非兼容性技术规范的排斥。这也有利于该企业巩固其所倡导的技术规范在消费者中所获得的支持并抑制竞争性非兼容技术规范，从而推动自身倡导的技术规范成为行业主导性技术标准[245]。

拥有市场优势的企业，往往通过各种产品系统策略，构建有利于该企业的市场生态系统，进一步赢得更多消费者对该企业所倡导技术规范的支持。大量产品单独看来并不会产生任何价值。但是当这些单独产品被联合起来使用就会产生极大的市场价值，如家庭影碟机与碟片、汽车与交通保险、自动提款机与银行卡。这些是互补性极高的产品的典型代表。像这样两个或两个以上的单独产品通过一定的互动模式可以联合起来被使用并市场化。此时，就不是对单独的产品市场化了，而是对互补品进行市场化，这些互补品构成了一套产品体系。市场竞争也不再是单独产品的竞争，而是产品体系之间的竞争[246][247]。面对产品体系，消费者在购买时会考虑到必须接下来的一段时间中购买该体系中的各种互补品。理性的消费者在选购决策时必然要考查该产品体系未来在市场上的普及程度、价格水平和质量。一旦使用了该产品体系中的某一单独产品，消费者往往需要投入大量的时间和精力去学习如何使用相应的互补产品。此时，一旦消费者考虑转换到其他竞争性的产品体系中去，就会面临较高的转换成本[248]。在这样的情况下，那些眼下市场普及程度更高、互补品的供应更稳定的产品系统将更受消费者青睐。这意味着眼下市场普及率较高的产品体系未来将普及率更高。如此就形成了互补产品体系市场占有率的正向反馈机制[29]。从而使得采用产品系统策略的企业所倡导的技术规范在未来赢得更多的消费者对该产品体系和技术规范的支持，也就增强了该企业对产业主流技术标准形成的影响力，并且发挥对竞争对手的非兼容性技术规范的抵制作用[162]。拥有市场优势的企业，往往通过采用增加消费转换成本的策略，进一步巩固消费者对该企业所倡导的技术规范的支持。业已拥有市场优势的企业，已经为自身所倡导的技术规范赢得了市场的支持。但是面对竞争对手的进攻，业已拥有市场优势的企业必须巩固消费者对自身技术规范的忠诚度。策略之一就是通过设计具有一定独特性的技术规范来使消费者在受到产品和服务的吸引的同时，使他们为学习使用这些产品和服务时投入一定的时间和精力成本，并因此而形成使用产品或服务的行为惯例[248]。一旦消费者考虑重新选择使用不同技术规范的产品或服务，理性的消费者会预期面临着重新学习的过程，这既是消费者将面临的"转换成本"[248][249]。由于转换成本的存在，不少消费者会选择继续使用业已熟悉的产品或服务，即继续支持业已熟悉的技术规范。这有利于企业抵御竞争对手对自身市场份额的侵蚀，从而巩固自身技术规范所活动的市场支持，并强化自身技术规范的行业主流地位[162]。

在市场优势上拥有先发优势的企业，往往可以利用网络效应、产品系统、转换成本等策略，在接下来的竞争过程中，迅速扩大自身所倡导的技术规范的用户基础，并排斥竞争性的、非兼容的技术规范，从而赢得市场中的主导技术规范地位[245]。因为有前述各种策略可以巩固和壮大企业业已形成的市场份额，这意味着，最先形成市场优势的企业，比其竞争对手有更多的优势，可以更快地扩张自身市场份额，从而长期形成正向反馈机制，不断强化其市场优势[250][251]。某企业的市场优势在长期不断得到强化，即意味着其竞争对手的市场优势在长期可能不断被削弱。也就是说，在市场优势上拥有先发优势的企业，往往可能在行业竞争中形成长期市场优势并排斥竞争对手，从而巩固其自身所倡导的技术规范的市场支持，有利于该技术规范在长期内占据产业主流技术标准的地位。

4.3　企业技术优势之内部技术资源优势

如前所述，企业技术优势包括企业内部技术资源优势和技术影响力优势。前者是内在的，而后者是外在的；前者描述的是企业自身技术实力的强弱，而后者定义的是企业的外部技术力量的高低；前者从单个组织的角度观察其技术实力，而后者则从组织间的角度关注企业与行业中其他参与者之间的相互关系。因此，总的来说，本书认为，考察企业技术优势，不仅需要考虑其自身的技术实力，还要考虑它在行业中与其他参与者之间的相互技术关系。这种组织间的技术关系也是企业参与技术竞争、技术标准竞争必须依赖的资源。

4.3.1 企业内部技术资源优势的界定

企业资源是企业赖以生存、发展的所有物质性或非物质性的条件，是企业实施其战略以提高经营效率和效果的所有隐性或显性的资产[252][253]。只要是能够为企业创造价值、产生经济租金的事项都是企业资源[252][253]。根据这个定义，企业资源包括内部资源和外部资源两大类。其中，内部资源包括企业文化、企业品牌、企业组织资源与制度、设备、厂房、人力、知识、技术、信息等。这些纷繁芜杂的企业内部资源在整体上又可以概括为三大类：实物资源、人力资源、组织资源[254]。

在当今世界知识经济的竞争中，作为企业内部资源之一的技术资源是企业长期生存和发展的生命线。技术资源主要指的是企业在其经营与发展过程中积累起来的与自身产品和服务开发密切相关的各种技术成果。企业技术资源已经成为企业参与市场竞争并塑造可持续竞争优势的重要资源基础。

企业技术资源是实物资源、人力资源、组织资源的综合体[254]。实物性技术资源指的是企业内部各种物化的技术投入、过程与成果，如工作技术规范、流程技术规范、内部技术培训资料、内部技术成果报告、技术设备、实验室、专利等。人力性技术资源指的是企业内部所有为技术进步做出贡献的人力资本，如生产技术人员、工程师、研发人员、科学家及内在于他们脑海中的信息、知识、能力等。组织性技术资源则指的是所有得以使企业技术价值创造得以实现的各种业务流程、工作方法与惯例、监督与激励制度设计、文化导向等，如独特的研发流程、更加鼓励学习和知识分享的研发工作绩效制度等。一般认为，组织性技术资源能够促使实物性技术资源与人力性技术资源更好地结合并发挥作用，从而为企业创造更高的技术成果。而这些新的技术成果又通过组织内部的学习、分享和传承转化为企业内部的累积性技术资源。

技术资源可以是有形的，也可以是无形的[254]。有形的技术资源，最常见的是一个企业在其生产经营过程中所形成的各种技术规范、流程规范、技术经验总结性文件、专利等。其中，专利被各种研究视为代表企业技术实力和技术成果的最优物质性技术资源。其主要原因之一是，专利经过权威机构审定，在技术独创性和新颖性上有一定的保证。原因之二是，取得法律保护的技术专利可以保证企业所具有的其独特的技术优势不被竞争对手无偿窃取，这将激励企业将其最有价值的技术资源申请专利。原因之三是，专利申请将产生各种公开的专利文献，使得企业的内部技术资源物质化、外部化，这使得通过专利测度和评估企业技术资源成为可能。有形的技术资源最大的特点之一是，它们通常被标准化了，可以通过媒介广泛的传播，因此是流动性、被复制可能性较高的技术资源。

而无形的企业技术资源，其类型更为多样化。企业技术人员在技术工作中彼此之间形成的各种通用技术术语、技术型问题的沟通方式、解决技术问题的思维方式、积累性个人化的技术经验、搜寻外部知识的方式与能力、吸收和消化外部知识的能力等都是无形的企业技术资源。这些无形的技术资源的最大特点之一就是它们通常不会表述在纸质文件上，而存在于人们的脑海中，表达在人们的沟通中，并可以通过人际交往相互传递。这些无形的技术资源的第二大特点是，不同于物质性技术资源，它们是非标准化的产物，是个人化的、人性化的产物，融合着个体的主观理解与判断。也正是因为如此，这些无形的技术资源通过人际沟通才能更好地传播，这类技术资源也因此而经常被称为"默契知识"。相对于有形的技术资源而言，这些非物质性的技术资源流动性较弱而资源镶嵌性较高，更难被复制和模仿。

企业内部技术资源优势是一种比较优势，反映的是企业之间在技术资源占有上的相互比较关系。企业技术资源描述的仅仅是企业在技术性的知识、技能占有上呈现出的状态。而企业内部技术资源优势要描述的是某企业相对于产业中其他企业在技术资源上的竞争地位。企业内部技术资源优势的比较对象不一样时，其技术资源优势所反映的该企业竞争地位也不相同。当某 A 企业比 B 企业拥有更多的、更强的技术资源，则企业 A 相对于企业 B 具备了技术资源优势。企业 A 所具有的这种技术资源优势会支撑企业 A 生产出技术上优于企业 B 的产品和服务，从一个方面形成一对一的竞争优势。而从另外一个角度观察，当企业 A 所拥有的技术资源水平高于产业的平均水平，则企业 A 相对于产业中大部分企业具备了技术资源优势，此时企业 A 掌握的是一对多的技术资源优势。显然，从后面这种角度来观察企业内部技术资源优势，能更好地体现该企业在产业整体技术格局中的竞争地位。

企业内部技术资源优势，是技术资源数量和质量上的综合性优势。当某企业 A 相对于其他企业所拥有的技术资源的数量越多，如科学家和工程师的人数越多，则通常认为企业 A 相对其他企业拥有的技术资源优势越强。但是，技术资源的数量衡量的只是技术资源优势的一部分，它不能反映技术资源本身的性质。决定企业内部技术资源优势的更重要的一部分是技术资源的质量。当企业 A 所拥有的技术资源质量相对于其他企业更好时，如企业 A 拥有产业内最顶尖的科学家和工程师，则企业 A 所拥有的技术资源优势更强。因此，当讨论企业内部技术资源优势时，仅仅使用数量上的相对指标是不够的，应该综合性地运用数量和质量相结合的比较性指标来衡量企业的技术资源优势。

4.3.2　企业内部技术资源优势的形成

企业内部技术资源优势的形成是一个长期的技术创造过程，受到组织内外各种因素的影响，既包括组织内部在技术资源积累上所做出的各种努力，也包括组织所在的经济、社会、政治环境对企业技术资源的发展所产生的各种影响。内部的影响因素主要包括为技术研发而产生的各种投入，如人员投入、组织资源投入；外部的影响因素主要包括与企业技术活动相关的外部网络资源和社会资本。其他外部因素，如企业所在的产业特征、地域特征等也会影响企业的技术资源优势的形成。

　　企业技术知识与技能优势的创造，首先是其内部资源投入的生产函数。在知识和技能的创造中，人员投入、资本投入、知识投入是重要的生产要素，而专利、新产品等是新技术产出的重要载体。其中，研究已经证实，人员投入与专利产出高度正相关[255][256]。正是生产人员、技术人员对业务流程的摸索、试验、改进推动了生产技术经验的积累和传承；正是研发人员对基础科学知识和研发方法的创造性组合不断推出新的生产方法和新产品。这些有形的、无形的知识和技能产出最重要的物质化表现形式即为专利。投入要素在技术开发过程中相互结合、转变，经过一系列变化过程最终成为创新产出。这些变化过程中往往涉及对投入要素的重新组合，或者以新的模式将这些投入要素联系起来[257]。因此，不仅投入要素本身会影响企业技术资源产出和积累的水平，投入要素的整合方式也会产生作用。而投入要素的整合方式受到一系列制度性组织资源的深刻影响，这些组织资源包括企业内部与技术相关的流程管理制度、学习制度、监督激励制度等。例如，企业的研发流程管理制度将决定研发人员以何种模式组建团队、构建团队成员的沟通和协调机制以完成研发任务，从而影响研发效率。克拉泽等（Kratzer et al.，2006）对 44 个研发团队的实证研究发现，协调和沟通机制的多样性对研发团队的创新绩效有正向影响。企业是否倡导学习型组织的文化价值导向，深刻影响研发人员对新知识的获取、吸收效率，从而影响他们的工作绩效[258]。阿莱格里等（Alegre et al.，2008）研究了组织学习能力对产品创新绩效的影响，认为组织文化是否鼓励试验探索、敢于尝试新事物、对话和参与式决策有重要影响。企业中创新活动的激励和监督制度，决定了是否能够挽留高素质的研发人员，从而影响企业新技术产出的数量和质量[259]。阿比等（Abbey et al. , 1983）研究了半导体产业研发活动，认为鼓励优异工作业绩和冒险性尝试的激励制度能创造更高的创新绩效。因此，总的来说，人员、资本、知识等生产要素是企业新技术创造的原料，而企业的各种制度性组织资源是提炼熔炉，决定生产要素的组合方式[260]。两者都对技术创新产生重要影响。

企业内部技术资源优势的形成还取决于该企业与外部环境的互动。企业组织的技术体系呈现典型的系统耗散性，必须不断与外界环境交换信息和能量才能运转[261]。从技术创新的角度来说，企业自身技术体系与外界环境之间最重要的互动体现为它们之间就技术性知识进行的沟通和交流。当企业与行业中其他厂商、大学、研究机构、社会团体、消费者等市场主体进行各种信息沟通和技术合作，并从中吸收和整合新知识、新观点、新价值观时，企业自身的技术体系会获得更多的知识性投入要素，得以进行更高效率的创新，促进自身技术资源的积累。这些外部知识来源都成为企业在技术开发活动中的网络资源和社会资本[262]。大量研究已经指出，企业与其他厂商之间进行的技术合作，如技术战略联盟、协作研发等，都是企业获取互补性知识和技术资源，提高自身技术创新绩效的有效手段[263][264]。此外，企业的地域特点也是影响技术资源创造和积累的重要因素。研究指出，知识溢出往往存在局部溢出效应（localised knowledge spillovers）[263][265]。即知识传播，尤其是默契知识的传播，倾向于在空间上存在局限性，往往在一定地理空间上呈现聚集的态势。这意味着，企业与其他知识主体之间的地理距离会影响其对新知识的搜寻与获取；位于集群中的企业和个体享受更高的集群知识外部性，在获取知识尤其是默契知识上更有优势，从而创新绩效更高[266]。魏江和魏勇（2004）研究了产业集群中的知识溢出机制，指出人员流动、技术知识溢出、管理信息溢出、设备转移等都是集群知识溢出的重要途径，为集群中的企业带来显著的知识收益[267]。产业特征也对企业的技术资源优势形成产生影响。高技术产业相对于传统产业来说，对知识和技术创造的要求更高，企业竞争优势的生命线往往在于其知识和技术创造的水平。因此，高技术产业的企业相对其他产业的企业往往在新知识的获取和创造中投入更多的资源，技术创造水平更高。

4.3.3　企业内部技术资源优势与企业对技术标准制定的影响力

企业内部技术资源优势使企业在产业中发挥专家型影响力和认同型影响力，从而帮助企业增强对技术标准制定的影响力。

内部技术资源优势使企业成为产业技术典范，对产业技术标准内容的确定具有标杆作用，增强企业在技术标准制定中的"专家型影响力"。当与产业中其他企业相比较，企业 A 具备了更强的技术资源，如技术人才、专利等，企业 A 成为产业中该技术领域的领头人，企业 A 被认为是该技术领域的"专家"，是产业中其他厂商想要获得技术输出或技术帮助的对象，企业 A 因此而具备了"专家型影响力"。当牵涉需要对产业技术发展中的相关关键领域形成技术标准时，企业 A 作为该领域中的"行业专家"，必然成为技术标准内容与细节敲定的咨询对象或主要推动者，因此而对技术标准制定发挥了"专家型影响力"。林强、阳宪惠和姜彦福（2000）研究了现场总线技术的国际标准竞争，认为虽然各竞争阵营中厂商众多，但对 IEC 标准化组织的技术标准形成最具影响力的都是产业中长期奉行技术领先战略、最具实力的企业[240]。唐馥馨、张大亮和张爽（2011）通过对浙大中控 EPA 标准进行案例研究发现，正是浙大中控在工业以太网领域多年积累起来的领先性技术实力，使得浙大中控一开始即成为 EPA 国家标准和国际标准的起草单位之一[241]。孙耀吾、贺石中和曾德明（2006）指出，在 1994～1998 年的两次浏览器标准战中，Netscape 公司和 Microsoft 公司都是凭借其深厚的技术实力和专利积累打败其竞争对手，确立自身技术规范，成为产业主流技术标准[242]。

内部技术资源优势使企业成为产业竞争中的主要参与者之一，这将促使具备内部技术资源优势的企业成为技术标准制定中的主要利益相关者之一，增强企业在技术标准制定中的"认同型影响力"。当企业 A 比产业中其他厂商具备了更强的技术实力，在某个技术领域中具备深厚的专业知识和技能，它成为产业中该技术领域的主要参与者之一。当牵涉需要对相关关键领域形成技术标准时，企业 A 成为不可绕开的利益相关者，其他厂商更加认同企业 A 在该技术领域的利益基础、地位与发言权。由于获得了这些认同，企业 A 能对技术标准制定发挥更多的影响力。

4.4　企业技术优势之外部技术影响力优势

4.4.1　企业外部技术影响力优势的界定

技术标准制定是产业内厂商集体博弈的结果。企业要影响技术标准的制定，将自己的意图渗透到技术标准的内容中去，使自己的技术利益得到体现和保证，就必须能够影响产业中其他厂商的行为，使更多的厂商支持自己。这是企业必须具备技术影响力的背景与根源。

技术影响力指的是企业所倡导的技术方案被行业中其他厂商所认识、理解、赞同、接受甚至采用。当企业具备技术影响力时，受其影响的其他厂商赞同、认可、采纳该企业所倡导的技术方案，甚至使用同样的技术方案进行研发和生产，并与该企业在技术标准制定中保持统一的立场。当某企业具备这样的技术影响力时，受其影响的其他厂商往往与该企业在技术竞争和标准竞争中结成同盟并相互支持。同盟体往往集体行动以促使共同利益和战略意图在技术标准内容中得到体现和保证。姜劲和徐学军（2006）认为，产业技术路径的创造有明显的"聚集"现象，即创新主体通过新的组织或制度形式相互认同、彼此接受，组成新的技术创新聚集体[268]。正是这种"聚集体"对产业技术路线的确定产生集体选择作用。

技术标准的形成正是产业技术路线发展的重要内容。技术标准形成过程中正是这些具备影响力的企业推动了产业中的创新主体之间的认同与聚集，从而在产业技术路径确立过程中发挥更加重要的作用。

技术影响力存在两大特点——外部性资源、关系性资源。技术影响力在本质上类似行为学中所讨论的各种影响力，其反映的是某主体（厂商）对自身以外的其他主体（厂商）的作用，因此具有外部性，是一种外部性资源（external resources）[269]。技术影响力作为一种外部性资源，反映了企业对产业中其他厂商技术立场的左右能力。当能够影响、改变的其他厂商数量越多，则这种影响力所波及的范围越广；被影响的厂商与施加影响的企业之间的盟友关系越紧密，则这种影响力的强度越高。而影响的范围越广、影响的强度越高，则施加影响的企业可以调动的盟友资源越多，即其外部资源越丰富。这些外部资源包括施加影响的企业可以从被影响厂商那里获得的各种产业竞争与技术相关的信息与知识，以及技术竞争和技术标准竞争中被影响厂商对施加影响的企业的认同与支持。

技术影响力的第二大特性是它作为一种关系型资源而存在。技术影响力讨论的是某主体（厂商）与其他主体或群体（厂商或厂商群体）之间的相互关系，因此而具有关系属性，是一种关系性资源（relational resources）[270][271][282]。既然技术影响力是一种关系性资源，它的主要内容是关于企业与其他厂商或厂商群体的互动关系。既然是一种互动关系，技术影响力的形成和发展的动力来自互动双方的自身特性与需求。具体来说，技术影响力在一对主体之间是否能够形成以及如何发展，取决于施加影响的企业与被影响的厂商或厂商群体在技术方案选择上各自所采取的立场与意图。当互动双方在技术立场和意图上相互共鸣、相互需要时，技术影响力则自然形成。技术立场和意图上的相互共鸣与相互需要，建立在互动双方对彼此技术意图深入理解的基础之上。这种深入理解往往必须经过长时间的相互交流与沟通才能形成。因此，技术影响力作为一种关系性资源，往往建立在施加影响的企业与被影响的厂商或厂商群体之间，通过各种正式和非正式的方式，经过较长时间发展彼此间的交流和沟通才能形成。一旦形成，则因为构建在彼此深入理解、相互信任的基础之上而较为牢固。

类似于技术资源优势，技术影响力优势反映的是企业对其他厂商或厂商群体施加技术影响的能力的比较优势。技术影响力考察的核心对象是单个企业向外部辐射自身技术意图的能力。而技术影响力优势则将单个企业与其他厂商的同样能力进行比较，区别强弱。比较的对象不同时，技术影响力优势也不相同。企业 A 倡导的技术规范所获得的来自其他厂商或厂商群体的支持多于、强于企业 B 所获得的支持时，企业 A 相对于企业 B 获得了技术影响力优势。而当企业 A 倡导的技术规范所获得的支持多余、强于产业平均水平时，企业 A 相对于产业中的很多企业具备了技术影响力优势，而且这是一种处于产业上游水平的优势地位。因此，前者是一对一的相对优势，而后者是一对多的相对优势，反映的是不同的竞争地位。

技术影响力优势主要可以从两个方面来测度：广度和强度。技术影响力的广度优势指的是被影响的厂商规模之相对优势。支持企业 A 倡导的技术规范的厂商数量多于其他企业时，企业 A 则相对于其他企业获得了技术影响力之广度优势。企业 A 倡导的技术规范获得其他厂商更加强烈、积极的支持时，企业 A 相对于其他厂商获得了技术影响力之强度优势。为了将自身意图贯彻到技术标准制定中去，企业所获得的支持者相对越多，支持者的支持强度越高，企业在技术标准中的发言权越大，则成功的可能性越高。

4.4.2　企业外部技术影响力优势的形成

如前所述，企业外部技术影响力优势指的是某企业所倡导的技术规范得到来自其他厂商的相对更多、更强的认同甚至采纳。技术影响力优势形成的前提条件之一是企业的技术资源优势。此外，还取决于企业塑造技术影响力的战略性行为。一般而言，企业外部技术影响力优势的塑造可以在两个层面上进行：观念与利益。对观念施加影响，得到的是价值观、感情上的认同；而对利益施加影响，得到的是立场与行动上的支持。

企业的技术资源优势是企业外部技术影响力得以形成的前提。企业自身的技术规范要获得更多其他厂商的认同，其前提条件之一是该技术规范有其特定的技术先进性。而企业能够开发出先进性技术规范的前提是该企业在相关领域中积累了丰厚的技术经验、知识与技能。这些技术经验、知识与技能的集中物质性体现即为企业所拥有的专利。企业在专利数量和质量上的优势是企业构建其产业地位、塑造产业影响力的基础。拥有强势专利的企业可以在专利许可、交叉许可、技术合作等各种情境中为自己争取更强的谈判能力。贝克尔斯等（Bekkers et al.，2002）研究了欧洲 GSM 标准竞争的案例，认为飞利浦、摩托罗拉、爱立信等企业正是首先凭借其强大的专利资源控制了当时的市场结构和产业主流技术规范[150]。

通过影响认知来塑造技术影响力，指的是企业通过各种方式宣传自身所倡导的技术规范以及技术愿景，并赢得其他厂商在观念上的赞同和认可。毛崇峰、龚艳萍和周青（2012）指出，企业与其他厂商之间在技术认知上的不断靠近有利于彼此之间形成协同化的技术立场。企业可以通过多种方式来向其他厂商传递自身的技术理念，宣传自身的技术方案，并赢得赞同和认可。这些方式包括通过各种行业协会、行业商品交易会、行业技术大会或竞赛等平台或窗口展示自身的技术实力、技术方案与技术愿景，吸引观念相似的其他厂商前来与之进行沟通和交流。莱波宁（Leiponen，2008）研究了移动通信领域第三代合作伙伴计划（3GPP）推动的标准化过程，发现企业在行业协会中的会员身份有利于该企业对产业技术标准的制定实施影响，因为参与行业协会为会员企业提供了分享、讨论各种技术方案的机会[11]。当然，企业也可以通过技术特许、技术转让、技术合作等方式将自身的技术方案向其他企业推广并获得采用。采用同样技术方案的其他厂商必然在观念上形成对该技术方案的赞同和认可。

其他厂商观念上的赞同和认可所塑造的技术影响力，带来的是价值观、感情上的支持。这种支持往往体现为这些表达认同情绪的厂商愿意向其他厂商传播、推广这种技术方案。这种口口相传的沟通方式中，包含更多情绪与默契知识的传播，更容易感染受众，达到更好的传播效果。通过这种赞同厂商向潜在赞同厂商传播的方式，企业间接地增强产业中其他厂商对自身技术方案的认知度和认同度，也就提升了自身在产业技术标准制定中的获得支持度。

通过影响利益来塑造技术影响力，指的是企业通过构建与其他厂商之间的共同技术利益来获得其他厂商对其所倡导的技术方案的实质性、行动上的支持。企业可以通过多种方式来塑造这种来自其他厂商的实质性的支持，包括企业间技术特许、技术转让、技术合作、协作研发、技术或标准联盟等。技术特许和技术转让指的是企业将自身技术出售或转让给其他厂商采用。在吸引其他厂商购买或采用自身的技术后，购买或受让厂商事实上参与到了该技术路线中，并就该技术路线进行了各种资本和人力投入，从而该技术路线是否能成为产业主流技术标准成为双方的共同利益线。企业与其他厂商进行技术合作、协作研发时，也会通过合作关系共享各种技术资源和技术方案，这也构成了双方的共同利益基础。企业参与技术联盟和标准联盟时，往往在联盟成员之间共享各种技术资源，并在重大、关键的技术性问题上对外一致行动。比如，联盟成员之间形成共同的专利池，成员之间共享专利技术，但在对外出售、转让专利技术上采取一致立场和共同行动。因此，参与技术联盟或标准联盟的企业往往也和其他联盟成员结成了利益共同体。张米尔和姜福红（2009）研究了标准联盟及其专利池的运行机理，认为专利池有效集成了企业间的互补技术、促进相互授权、降低交易费用，有利于整合产业中的上下游厂商[272]。两位学者以我国AVS标准联盟为例，指出这些上下游厂商既是该技术规范的制定者，也是该技术规范的采用者，还可以免费利用专利池中的相关专利，分享外部企业缴纳的专利许可费，牢固的利益基础促使它们成为该技术规范的最早采用者和推广者。

当企业和其他厂商形成一致利益基础以后，受共同利益的驱使，该企业所倡导的技术方案往往会得到来自这些厂商的更强力的支持，以确保共同利益在产业的技术标准内容中得到保护和体现。这种支持不再停留在感情上的认可和口头上的赞同与传播，而会体现为实质性的、行动上的帮助与支持。比如，其他厂商与该企业共同开发符合其共同利益的新技术，并就这项新技术申请联合专利，然后双方共同推动这项技术的市场化，利用双方已有的销售渠道来推广这项新技术，扩张这项新技术的用户规模和安装基础，巩固双方的共同技术路线在市场上的占有率。余江、方新和韩雪（2004）研究了通信行业的标准制定过程，并指出在标准竞争中实力领先的厂商往往推动企业联盟以支持其所倡导的技术规范的推广，其机理在于整合利用联盟成员多重生产能力和销售渠道的网络效应迅速推动用户规模的最大化、减少消费者对技术风险的预期[273]。厂商还可能和该企业一起积极参与某项技术标准的起草，利用自身的关系资源与该企业一起扩大共同技术方案在标准化过程中获得的支持，将共同关心的技术利益推动成为行业技术标准。张米尔和姜福红（2009）指出，在 AVS 发展成为国家标准和国际标准的过程中，标准联盟的成员厂商在标准草案的提出、修改、申报、审批过程中共同进退、分工协作、及时协商与协调，极大地推动了AVS 的标准化进程[272]。因此，通过影响利益而塑造的技术影响力往往为企业创造来自其他厂商的更牢固、更稳定、更强劲、更实质性的支持。

4.4.3　企业外部技术影响力优势与企业对技术标准制定的影响力

企业外部技术影响力优势使企业在产业中发挥"认同型影响力"，赢得来自更多厂商的支持，从而增强企业在技术标准制定中的影响力。

外部技术影响力优势意味着企业所倡导的技术规范更为其他厂商认可、接受甚至采纳，提升企业在技术标准制定中的"认同型影响力"。傅家骥、雷家骕和程源（2003）认为，产业技术路径的发展与形成体现为行业中的厂商采取一致的或近似的技术体系与标准、技术手段与工具[243]。张泳和赵昱虹（2012）认为，试图主导产业技术标准形成的企业必须利用各种资源和手段去影响行业中的其他厂商，使它们向其所倡导的技术规范转换[244]。具备技术影响力的企业则能更好地推动这种技术选择的进程，更强地塑造这种技术选择的方向。其原因在于，技术影响力的本质是企业对产业中其他厂商技术立场的影响力。当产业中更多的厂商认同并且采用企业 A 所倡导的技术规范，按照这种技术规范进行研发、生产、销售，这即是企业 A 厂商支持基础的提升。采用一种技术规范意味大量的专用性资产投入、沉淀成本和转换成本。企业 A 的厂商支持基础越广泛、越牢固，这些专用性资产投入、沉淀成本和转换成本会将这些厂商群体与企业 A "锁定"在同样的技术路线上，则企业 A 所倡导的技术规范在产业中的技术利益共同体越广泛。这也意味着当牵涉相关技术领域的标准化时，企业 A 会获得更多、更强的来自其他厂商的认同与支持，从而提升它在技术标准制定中的影响力。唐馥馨、张大亮和张爽（2011）分析了浙大中控 EPA 标准成为国家标准和行业标准的过程，认为浙大中控在技术研发阶段实施了与其他厂商和高校进行联合技术研发的策略，在技术成熟以后实施了对厂商免费开放的策略，从而迅速扩大了 EPA 标准的产业影响力，夯实了浙大中控 EPA 标准的事实基础，也为其成为国家标准和行业标准发挥了重要助力[241]。林强、阳宪惠和姜彦福（2000）指出，由于技术标准竞争的风险巨大，技术实力领先的企业参与技术标准竞争时应注重组织创新以提升所倡导的技术规范的采用容量，成立行业基金会组织广泛吸纳产业厂商参与以传播和统一产业技术范式是有效的途径[240]。

外部技术影响力优势为企业带来更多社会资本，有利于增强其对技术标准制定的"认同型影响力"。具备技术影响力优势，意味着企业 A 所倡导的技术规范在同行中获得了高度的认可甚至采用。这些认可或采用同样技术规范的厂商可能广泛地活跃于各种行业协会与论坛、企业联盟、甚至技术标准化委员会中。这些持支持立场的厂商可能在各种技术场合中向其他厂商和组织推广、宣传企业 A 所倡导的技术规范，从而为企业 A 带来更多的赞同者和支持者，并形成一个认同、支持企业 A 的网络化的支持厂商基础，从而强化企业 A 在产业中的"认同型影响力"。这些认同者和支持者在牵涉就关键领域形成技术标准的事件中时，往往会支持企业 A 所倡导的技术规范，使企业 A 获得更多的盟友从而对技术标准制定形成更大的影响力。

第5章

协作研发网络增强企业内部技术资源优势

5.1 企业内部技术资源优势的不同类型

5.1.1 企业多元化经营与技术资源组合

自第二次工业革命以来，企业多元化经营的趋势不断发展。表现为大量企业在原有的业务范围之外拓展新业务，企业的产品和服务的种类日益多样化。围绕着不断开发出来的新类型产品或服务，企业甚至组建特殊的下属机构单独负责其生产与销售。在大型企业中，这些下属机构逐渐发展成为分子公司，而大型企业转化成为在一系列业务领域中经营的企业集团。这种转变背后的历史原因之一，在于第二次世界大战之后，企业面临动荡的经济环境，意识到消费者的消费偏好在不断变化和分化，传统单一的产品模式已经不能满足消费者的需求。历史原因之二，在于经过两次工业革命的洗礼，企业的生产技术和知识基础不断发展，企业对于如何利用各种生产技术有了更深入的理解。企业发现用于生产某种特定产品的生产技术在其他类型的产品生产中同样可以发挥价值，这使得企业的多元化产品模式在技术上成为可能。

历史转变的结果是很多企业发展成为在两个或两个以上的业务领域运

营的组织，而这些两个或两个以上的业务领域可以相互之间存在联系，也可以相互之间不存在联系。前者被称为相关多元化，后者被称为非相关多元化[274]。已有的研究通常认为，相关多元化优于非相关多元化[274][275][276][277][278]。原因在于，相关多元化为企业的资源共享提供了可能，而非相关多元化却不能实现这种收益[274]。非相关多元化提高了对企业各种资源，如人力资源、财务资源的要求，甚至造成企业资源配置的扭曲，从而降低企业的经营绩效[279]。郎和斯图斯（Lang & Stulz, 1993）对 1978～1990 年的美国上市公司多元化进行了数量分析，利用业务单元数和 Herfindahl 指数测量企业多元化程度，发现从事多元化的企业相对于聚焦型企业具有较低的 Tobin's q 值[280]。相关多元化经营为企业创造的价值主要来源之一为范围经济。所谓范围经济，是指当企业的产品和服务的多样性增加时单位成本在降低。产生范围经济的原因首先在于企业内部的多项业务单元可以共享各种组织资源，从而降低单位业务单元的成本，如共享采购体系、物流体系、销售体系等。

还有一部分研究认为，企业的相关多元化经营所带来的收益远远不止范围经济，而更多的是为企业带来长期的、战略性的收益。马基迪斯和威廉姆森（Markides & Williamson, 1994）认为，范围经济仅仅提供的是短期的"资产摊销"式收益[276]。事实上，相关多元化经营还可以为企业提供"资产改进"（asset improvement）、"资产创造"（asset creation）和"资产裂殖"（asset fission）式战略性收益。"资产改进"指的是企业在某个核心业务领域学习和积累起来的知识可以帮助它提升同时存在于其他核心业务领域中的战略性资产。"资产创造"指的是企业利用目前业务领域中积累起来的知识和经验在全新的业务领域中创造全新的战略性资产。"资产裂殖"则指的是当企业通过相关多元化经营在新的业务领域中积累起新的知识和技能，这些新的知识和技能将反过来提升企业在现有业务领域中的战略性资产。要实现后面三种长期的、战略性的收益，企业在相关多元化经营中拓展、创造新业务领域的过程中所积累起来的知识和技能资产比结果性资产更重要[276]。总的来说，企业相关多元化所带来的战略性收益，本质上都是学习效应。主要思想在于，认为企业在相关多元化过程中基于不同业务领域以及新、旧业务领域积累起来的知识和技能可以交叉扩散，从而带来各种业务领域绩效的提高。

选择权理论（option perspective）从技术生命周期的角度来解读企业业务多元化的机理，认为在熊彼特式技术创新的时代，企业必须随时关注未来战略性业务领域的开拓。消费者偏好的迅速改变、技术生命周期的缩短、创造性毁灭的逼近无不迫使企业更加积极地参与战略性新兴业务的拓展[281]。而新形势下对新业务的拓展面临着较高的技术不确定性和市场风险，使得企业不得不建立业务组合（business portfolio）来应对。根据环境的变化、不确定性降低的程度，决定对某项战略性业务的投入程度，从而为企业的战略决策赢得更多的灵活性。企业实际上就是以业务组合为基础建立了战略性业务期权[281][282]。因此，选择权理论与相关多元化理论都认同战略导向在企业多元化经营与新业务拓展决策中的关键因素。在这个过程中，对任何一项战略性新业务的搜寻、筛选、评估、开展都需要企业倚赖其已有的主要业务中积累起来的核心能力，而新业务的开展将为企业吸收、创造战略性资产，构建未来的核心竞争力，从而对当前核心业务既是补充，也是提高。

出于范围经济或战略性利益的考虑，企业进行业务的相关多元化意味着企业必须围绕其各个业务领域投入各种技术资源、积累技术性知识和技能。各个不同业务领域之间采用的技术资源，既有共用的部分，也有互异的成分。这些不同类型的技术资源也构成了企业的技术资源组合[283]。有些类型的技术资源用于现有核心业务的开展，而成为企业的核心业务技术资源。而其他一些类型的技术资源用于战略性业务的拓展，则成为企业的外延性业务技术资源。企业对这些技术资源组合的优化配置，提升各技术资源的整合性运用中的协同效应，正是企业构建长期竞争优势的基础，包括企业在技术标准竞争中的优势[283]。如第 4 章理论分析所言，当企业在多元化业务领域的技术资源组合相对其他厂商或厂商群体而言在总体上形成相对优势，其便在行业中具备了"认同型"影响力，对技术标准制定具有更大的话语权。因此，提出研究假设 H3。

　　研究假设 H3：企业内部技术资源优势与企业在技术标准制定中的影响力正相关。

5.1.2　核心业务技术资源优势的界定

　　普拉哈拉德和哈梅尔（Prahalad & Hamel，1990）在谈及他的企业核心能力理论时认为，企业的核心能力是企业所拥有的最主要的资产，这种最主要的资产可以从本质上界定企业在何种领域和市场上从事生产、经营和竞争活动，它决定了企业从事多元化经营的深度和广度[284]。也就是说，核心能力直接决定企业在整个产业的哪些领域内提供产品和服务，把企业与他的竞争对手之间的市场定位异同清晰地勾画出来。

　　核心业务技术资源发挥上述类似的作用。企业在何种领域和市场上参与竞争，由其所具备的核心能力所决定。而企业生产该特定领域的产品和服务所必须运用的各种技术手段，由其所拥有的核心业务技术资源决定。核心业务技术资源指的是企业在其主要经营领域的生产、经营和竞争中所积累起来的与技术相关的各种有形和无形的资产。核心业务技术资源是企业的核心能力中与技术相关的那一部分，而核心业务技术资源是核心业务得以形成的技术基础。也正是核心业务技术资源的存在，使得企业可以与它的竞争对手相互区分，表明它与竞争对手在所从事的与业务相关的技术领域上存在的差异。

　　核心业务技术资源是在长时间的企业发展、市场竞争过程中形成起来的，因此它具有明显的历史性和积累性。任何一个企业的发展都要走过初创、兴起、蓬勃发展、衰落的过程。在这个过程中，企业往往根据已有的、被证明能够创造价值的经验和惯例来进行技术学习和创造。科恩和巴卡迪亚（Cohen & Bacdayan，1994）认为，这种根据惯例进行的技术学习和创造确实能使组织在一定时间段、一定环境中更好地应对外部扰动并进行更优决策[286]。但是斯图尔特和波多尔尼（Stuart & Podolny，1996）认为，这也使企业的技术学习和创造不断趋向于以当前知识和技术领域为半径的邻近区域中开展、积累，这即是组织的利用式学习（exploitative learning）[287]。在这个长期的过程中，为提供符合市场需求的产品和服务，企业不断地在该领域的半径中创造新的知识与技术，这些新的知识与技术能够生产出更受欢迎的产品和服务，使企业基于该技术领域的主要业务不断发展、不断清晰。杜跃平、高雄和赵红菊（2004）认为，这种顺沿已有技术轨道所进行的渐进式创新帮助企业建立自己的核心技术体系，成为该领域的产业技术专家；还帮助企业不断在其主要技术和业务领域中提升研发、生产、市场等方面的规模经济与范围经济，强化企业的核心竞争力。这些不断被企业创造出来的知识和技术在组织内部通过各种方式传承和积累，如通过技术文件的储存与传递、人际间的"传帮带"的方式等[288]。这些积累起来的知识和技术带来"学习效应"，使随后的技术创造有着日益丰厚的基础，也使随后的技术创造时间更短、效率更高。但是知识和技术积累所带来的学习效应是存在有效期的。知识和技术会随着时间的推移而逐渐被丢失。更重要的是，市场环境的巨变和创造性毁灭的存在，可能使过去的知识和技术在新的市场竞争环境中被淘汰并失去价值。因此，核心业务技术资源的历史性和积累性都是有局限的。

但是，也正是因为核心业务技术资源的历史性和积累性，企业因此而往往被"锁定"到特定技术路线上，形成"路径依赖"[159]。企业在前一阶段所形成的技术资源会激励企业在后一阶段继续选择相同的技术路线。这种选择从某种意义上来说是理性的，因为这种选择可以让企业享受"学习效应"[218]。即企业在后一阶段进行技术创造所付出的成本更低，能够以更高的技术创造效率与对手竞争。这种路径依赖现象的存在使得大部分企业在一段时间内的主要业务领域是相对稳定的，其所拥有的核心业务技术资源也是相对稳定的。以过去和现在的惯例为核心所进行的利用式学习也会使组织陷入"核心僵化"或"竞争力陷阱"的困境[289]。随着市场环境的变化、创造性毁灭的到来，企业不是被淘汰，就是经历痛苦的转型期，以改变其主要业务领域和核心业务技术资源，才能继续生存下去并参与市场竞争。在改变旧有的业务领域、旧有的核心业务技术资源的同时，企业必须做的是探索新的市场和业务、形成新的技术资源，以至于形成新的主要业务和核心业务技术资源。因此，路径依赖和技术锁定现象也是动态存在的。

经典的企业资源理论和企业能力理论在讨论企业竞争优势时，通常认为，当该企业表现出了比其竞争对手更强的市场竞争力时，该企业便具有了竞争优势[252][253]。当讨论到如何量化竞争优势时，参照对象的选择是关键。当 A 企业相对于 B 企业表现出更高的盈利能力，则 A 企业相对于 B 企业具有竞争优势。当某企业表现出了超过产业一般水平的盈利水平时，该企业相对于产业中的其他竞争者来说就具备了竞争优势。因此，竞争优势是一个相对的概念，其衡量的是企业与企业之间的竞争关系，也反映出企业在整个产业中的竞争地位[252]。

核心业务技术资源优势体现的是类似的逻辑。核心业务技术资源优势同样衡量的是一种相对竞争态势，它反映了企业与企业之间在核心业务技术资源占有状态的区别与差距。而这种区别与差距对于塑造企业的核心竞争力和产业地位产生重要影响。

核心业务技术资源优势具有下述特性：一是比较性。核心技术优势体现的是某企业对其核心业务技术资源的占有程度相对于产业中其他厂商或厂商群体的差异。这既体现了该企业在技术实力上处于产业上游或下游，也体现出该企业相对于其他竞争对手的技术实力。二是动态性。核心技术优势会随着企业自身技术积累的发展和行业竞争环境的变化而变化。因此，企业的核心技术优势具有时间动态性。三是内外综合作用。核心业务技术资源优势不仅取决于企业自身的技术资源保有程度，还取决于产业中其他竞争对手的技术实力发展态势。如果企业自身的技术实力在增长，但其增长速度低于其竞争对手的增长速度，则该企业在产业中所拥有的核心业务技术资源优势有可能在一段时间内变化为劣势。

5.1.3　核心业务技术资源优势与企业在技术标准制定中的影响力

核心业务技术资源是企业研发活动的投入要素，也是企业研发活动的重要成果体现。而企业参与标准化，并对标准的制定实施影响，是其研发活动的外部延伸，也是企业塑造其产业地位的重要战略性行为[6]。因此，核心业务技术资源优势与企业标准制定影响力两者之间存在着密切的关系。

按照资源决定论和企业核心理论的思想，企业所拥有的资源和能力都是为了支撑企业实施其战略规划、实现战略价值。标准化活动影响的是企业相对行业中其他竞争对手、上游供应商、消费者等多方面主体相对地位的构建，因此具有极其重要的战略价值。企业的技术资源尤其是核心业务技术资源应该支撑企业实施相应的标准化策略，实现战略意图。这主要体现在下述几个方面。

核心业务技术资源优势增强企业参与标准化活动、影响标准制定的动力。具有核心业务技术资源优势的企业，相比产业中其他竞争者往往在研发活动上投入了更多的资源，也形成了更多的技术积累。这些资产都成为该企业在发展过程中的沉淀成本，具有高度的资产专用性。如果产业内通行的技术标准与该企业的技术规范相矛盾，使得该企业的产品和服务无法进入市场，这些已付诸使用的沉淀资产通常是较难转为它用的。而具有核心业务技术资源优势的企业将相比其他弱势企业面对更高的沉淀成本。面对这样的情况，如果企业被迫转向其他业务领域，其前期所付出的研发投入和形成技术积累往往难以转而运用到新的业务领域。企业必须重新开始在新的业务领域进行探索和学习，而重新学习的过程也是要耗费时间和人力成本的。这笔成本成为企业的"转换成本"。而拥有核心业务技术资源优势的企业由于相对其他弱势企业而言，前期的技术积累更加丰厚，既是资产也是成本。因为更加丰厚的技术积累往往使得企业在过去所形成的路径依赖现象更为严重，而当要实现核心业务转型时，克服路径依赖所必须付出的成本相对越高。当预期有高额的转换成本存在时，企业理性的选择是从一开始即采取措施使得自身所使用的技术规范成为产业内通行的技术规范，这就极大地增强了企业参与标准化活动并对标准制定实施影响的动力。

核心业务技术资源优势增强企业对标准制定的话语权。拥有核心业务技术资源优势的企业往往是产业技术竞争的领导者。从企业核心能力理论的角度看，它们展示出运用知识和信息创造新技术超出产业一般水平的能力。这种能力不仅是对自身资源的有效的、独特的整合，而且包括对外部技术信息的发现、吸收与转化能力。因此，具有核心业务技术资源优势的企业对于其主要业务的产业发展脉络和未来发展趋势有着更多的信息和知识，这使得企业在参与产业标准化活动时，相对于其他竞争者对标准技术规范的细节有着更加深刻的洞察力和话语权。而且由于其具备超出产业一般水平的核心业务技术资源，在正式标准的形成过程中，往往更加倾向于吸收该企业的意见。因此，提出研究假设 H4。

研究假设 H4：企业核心业务技术资源优势与企业在技术标准制定中的影响力正相关。

5.1.4　外延性业务技术资源优势的界定

外延性业务技术资源是相对于核心业务技术资源而存在的。如果说企业核心业务技术资源指的是企业在其主要经营领域的生产、经营和竞争中所积累起来的与技术相关的各种有形和无形的资产，外延性业务技术资源则指的是企业在其主要经营领域之外所形成的与技术相关的各种有形和无形的资产。核心业务技术资源支撑的是企业在主要业务领域的各种经营活动，而外延性业务技术资源是企业在其非主要业务领域中开展各种经营活动的基础。

在创造性毁灭日益频繁的时代，产业的技术发展路线面临着极大的不确定性。对于产业中的企业来说，它们所面对的是一个日益充斥着极大技术风险和市场风险的竞争环境。这种产业技术风险对企业战略性行为的影响日益显著。汤普森（Thompson，2011）认为，技术不确定性会导致企业增加垂直并购以保护组织的核心业务[290]。但是也有其他的研究认为，技术不确定性会降低企业的垂直并购行为倾向。选择权理论（option perspective）就认为，当一种技术方案所面临的不确定性越高，企业就越倾向于为该技术方案安排一种更为灵活的、相对较低投入水平的机制，如以技术合作代替垂直并购[281][291]。当随着时间的推移，相关信息日益全面和准确，该技术方案所面临的不确定性开始降低，企业可以通过增加各种资源投入并将业务集中到该技术方案上来，使企业迅速地针对该技术方案积累知识和技能，发掘学习曲线的潜力，从而获得相对其他厂商更加深入和丰富的该领域技术资源，甚至获得先发优势。总而言之，这种灵活性机制使得企业可以规避技术在早期所面临的不确定性，拓展企业灵活选择的空间，使企业在技术竞争中把握更多的主动性。技术所面临的不确定性越大，这种灵活机制的价值越大。

一旦企业按照选择权理论所预期的那样应对技术不确定性，企业就会对自身的技术发展路线进行战略性的架构，即构建"业务组合"。这种战略性的架构通常会导致企业在多个技术方案或技术领域中开展研发、生产和经营活动，这一系列不同领域的业务相对企业而言就是"业务组合"，企业可以根据情况的发展调整对这些不同领域业务的投入程度。也就是说，对于这些不同技术领域内的业务或者以不同技术为基础的业务，企业的投入程度是不同的。不确定性程度较低、技术成熟度较高、市场比较稳定的技术领域往往成为企业当前的核心业务领域，为企业带来当期稳定的市场份额和利润。企业在这部分业务领域积累形成的技术资源称之为核心业务技术资源。而不确定性程度较高、技术不成熟、市场不成熟的技术则往往成为企业当下进行战略性探索的业务，企业对其的投入程度相对较低，这部分研发、生产与经营活动则成为企业的外延性业务领域。企业在这部分业务活动中集聚而成的技术资源称之为外延性业务技术资源。

企业参与灵活性更高的技术投资活动，往往意味着企业不是单独承担该技术项目的攻克任务，而是与其他厂商合作共同开展。企业通常通过联合研发、合资研发等各种协作研发的"混合治理模式"来开展这种技术合作活动，因为"混合治理模式"能使企业与合作厂商分担技术投入成本、技术不确定性以及市场风险，从而为企业提供更高的资源投入上的灵活性[292]。同时，"混合治理模式"融合了市场交易的灵活性和组织制度管理的协调优势，有利于企业在维持灵活性的同时实施对研发活动的有效管理[54]。但是，采用这种以协作研发为目的的"混合治理模式"，要求合作双方对共同的技术资源投入实施有效的对接、协同和管理。这意味着企业一旦参与协作研发，就必须投入相应技术资源增强自身对合作厂商技术资源的理解和洞悉，加强技术资源投入，以保证自身技术资源在技术规范、技术流程上与合作厂商相协同、匹配和兼容。在这个过程中，企业也必然积累各种如何与外部技术资源实现对接的知识和技能，这部分知识和技能也成为企业的外延性业务技术资源之一。

还有一部分外延性业务以及外延性业务技术资源是基于企业的"产品系统"战略所形成的。如家庭影碟机与碟片、汽车与交通保险、自动提款机与银行卡。这些产品相互之间成为"互补性产品"。像这样两个或两个以上的单独产品通过一定的互动模式联合起来被使用并市场化，称之为"产品系统"战略。当企业与其合作伙伴厂商共同推行"产品系统"系统战略时，企业与其合作厂商之间所提供的产品和服务的关联性大幅度提高。这要求企业与其合作厂商所提供的产品和服务在技术上必须是兼容的、标准化的。因此，企业在自身的核心业务领域之外必须进行一定程度的投入，提升对与自身核心业务高度关联的其他互补产品的认识。这一部分投入所创造的技术资源也成为企业的外延性业务技术资源，使企业能够更好地与互补型产品的供应商进行协同和联合。

总而言之，企业的外延性业务技术资源体现为企业对外部技术动态的经验、知识和技能，使企业与外部技术态势、产业技术路线的动态性发展变化相协调。企业通过其核心业务技术资源优势塑造自身独特的竞争优势以超越竞争对手，而外延性业务技术资源使企业在技术上与产业中其他的参与者相关联、相协调，以发展和巩固企业可以调动或影响的外部技术资源。

外延性业务技术资源优势则强调的是企业外延性业务技术资源的比较优势。比较的对象是产业中的其他厂商或厂商群体。当企业 A 所拥有的外延性业务技术资源强于企业 B 时，企业 A 相对于企业 B 则拥有了外延性业务技术资源优势。当企业 A 的外延性业务技术资源强于产业平均水平时，企业 A 相对于产业中平均水平以下的企业群体拥有了外延性业务技术资源优势。后者能够更好地体现产业整体竞争格局中企业 A 在外延性业务技术资源上的比较优势。外延性业务技术资源优势，应该是质量和数量上的综合优势。即要比较企业外延性业务技术资源在数量上的占有程度，比如专利的数量，又要比较企业外延性业务技术资源在质量上的占有程度，比如是发明专利还是非发明专利。因此，外延性业务技术资源优势是一个复合型的相对优势。

5.1.5　外延性业务技术资源优势与企业在技术标准制定中的影响力

与核心业务技术资源优势不同，外延性业务技术资源优势给企业在标准制定中带来独特的优势。核心业务技术资源优势使企业在标准制定中成为产业的"领域专家"，成为企业核心业务技术资源所在技术领域的技术学习和输出的来源，是该领域技术发展和产业技术路线确定不可绕开的利益相关者。这增强了拥有核心业务技术资源企业在技术标准制定中的话语权和权威性。而外延性业务技术资源优势，使企业与产业未来的技术发展动态和外部厂商的技术利益更好地协同，从而扩大企业在产业中的利益同盟队伍，有利于企业在技术标准制定中获得更多、更强烈的支持。

外延性业务技术资源优势增强企业对产业技术发展趋势的洞察力，提高企业在技术标准制定中的信息优势，有利于企业促进自身利益在技术标准中的体现。当企业参与各种投入程度更低、灵活性程度更高的协作研发活动并因此而积累外延性业务技术资源优势，这一部分外延性业务技术资源往往是关于产业未来技术发展方向的战略性探索，具有较高的前瞻性。基于这种外延性业务技术资源所形成的对未来技术发展方向的预期，使企业能够更好地就自身技术发展路线进行战略规划，规避风险，保证自身技术发展路线的延续性和存续性。这种对未来趋势的洞悉，提升企业参与技术标准制定的信息优势，有利于企业凭借这种信息优势将自身技术利益更好地融合在技术标准内容中去。

外延性业务技术资源优势使企业能够更好地与其他厂商进行技术协同，巩固共同技术利益基础，有利于企业在技术标准制定中获得更广泛、更牢固的支持。外延性业务技术资源是企业组织所形成的关于如何将自身核心业务技术资源与外部技术资源相关联、相协同的那一部分知识和技能。企业在这方面所积累的优势能够帮助企业更好地协调、维持、管理它与合作厂商在研发、生产等活动中的技术合作关系。对技术合作关系进行良好的管理，双方在技术上遭遇的障碍、矛盾、冲突可以得到尽快的、更好的化解。企业与它的合作厂商之间的技术合作关系因此而更加稳固，双方由于合作关系而形成的共同技术利益基础得到更好的发展。这种由于技术合作而形成的共同利益基础为企业在技术标准制定中赢得更稳定、更牢固的来自其他厂商的支持，从而强化其对技术标准制定的影响力。方放、王道平和曾德明（2010）认为，企业在其核心领域拥有的技术资源优势固然能增强其对技术标准的控制权，但多开发与其他关键技术密切联系、可以用以交叉许可的专利，也有利于提高企业与拥有其他关键专利的厂商进行技术标准谈判的实力[208]。因此，提出研究假设 H5。

研究假设 H5：企业外延性业务技术资源优势与企业在技术标准制定中的影响力正相关。

5.2　协作研发网络促进企业对外部知识的利用

5.2.1　协作研发网络促进企业对外部知识的获取

企业构建协作研发网络，寻求与其他厂商的合作技术创新，从根本上来说是为了寻找和利用自身所不具备的外部技术资源，即技术的"外部获取"。为了达到这一目的，企业不仅向与其直接合作的其他厂商进行信息和知识的沟通，还通过合作厂商的合作厂商网络搜寻和获取来自陌生领域、陌生对象的信息与知识。这种外部知识的搜寻与获取在两个相互交融的层面上展开：正式信息沟通与非正式信息沟通。前者是指通过正式合作关系的正式组织流程所进行的信息沟通，而后者指的是通过非正式的社会关系所进行的人际信息沟通。

正式的协作研发契约框架下所确立的各种协作机制是企业向其伙伴厂

商获取知识的正式途径。在合作双方确立协作研发契约之后，双方必须为协作研发活动共同投入各种资源，包括实验室、设备、人员、协作流程设计、权利与责任的分工体系设计、激励和监督机制设计等[293]。从获取知识的角度看，在这些无形的、有形的资源中，协作人员是最重要的知识来源之一。大量的知识和技能是存储在研发人员的大脑中的，尤其是默契性知识。在协作契约框架下，企业自身的研发人员能与其合作厂商的研发人员进行深度的、广泛的信息和知识交换。由于得到了正式组织的正式许可，企业自身的研发人员更容易从合作伙伴厂商的研发人员那里获得商业秘密性程度更高、商业价值更高的信息和知识。尤其是，在获得了正式组织的正式鼓励之后，企业自身的研发人员与合作伙伴厂商的研发人员之间的人际交往和沟通更顺利、通畅，在这样的气氛中，合作伙伴厂商研发人员更愿意分享默契性知识，企业自身的研发人员更容易从中获取默契性知识。但是双方研发人员就正式协作契约所允许的信息和知识进行交流，取决于协作契约框架下对协作研发流程、权利与责任的分工、激励和监督等制度进行了良好的设计。有了协作研发流程和各种协作组织制度的良好设计，双方协作研发人员才能展开正常的协作研发工作，在正常的协作研发工作中进行良好的分工与合作。有了良好的分工与合作，合作双方才能就各种技术信息通过各种正式方式，如设计方案、技术文件、专利文献等，进行分享和交换。当正常的技术信息正式沟通机制建立起来之后，企业的协作研发人员才能从其合作伙伴的协作研发人员那里获得正式契约所允许分享的信息和知识，且这些信息和知识往往是更加深入、价值更高。

企业必须为其协作研发活动投入各种研发人员，而活跃在企业协作研发网络中的研发人员之间往往进行各种非正式的人际间信息沟通活动，这即是非正式信息沟通。这些研发人员之间的信息沟通实际上构成了一个人际间的、非正式的信息沟通网络。如同现今企业拓展研发网络是为了探取新知识、新技术，研发人员之间形成非正式的社会关系网络同样以拓展新信息来源为目的。阿伦和科恩（Allen & Cohen，1969）认为，没有任何一个研发实验室可以自给自足。为了维持科学和技术发展的不断推进，每个实验室必须从外部进口信息[294]。他们认为，实验室研发人员对信息的获取主要有两条途径：一是通过公开发表的专利和科学文献，二是通过所谓的实验室外部"消息人士"。他们还发现，在组织的技术信息交流网络中，存在"社交明星"式的人物。这些"社交明星"们通常比周围同事拥有更多的组织外部信息来源，更加频繁地使用这些外部信息来源，并且利用这些外部信息来源使自己成为周围同事的信息来源。为了解释研发人员之间信息交流的必要性，"集体发明"（collective invention）这一概念被用来描述信息流动的外溢效应[223]。集体发明意指竞争个体之间在信息的相互暴露的过程中相互给予正面反馈，从频繁而积极的反馈中激发新想法、新知识，从而进行快速的发明和知识积累。

然而，知识在非正式网络中的流动不是单向而是双向的。"信息贸易"被用来描述知识流动的具体过程，即不同企业甚至相互竞争企业之间的员工向对方进行非正式信息提供，期望的是未来将得到同等价值的信息回报。因而，知识流动以信息换信息的方式进行，虽然可能存在时滞。卡特（Carter，1989）指出，参与信息贸易的企业通常倾向于选择能够提供最有用的信息作为回报的伙伴[295]。因此，企业通常对与接近技术发展前沿的企业建立关系更感兴趣。施拉德尔（Schrader，1991）曾举例说明某个参与生产流程的员工可能会向竞争企业中的同行寻求沟通，而该竞争企业使用类似的生产设备，这种沟通可以帮助该员工预测和避免在生产流程中可能出现的技术性问题[296]。竞争性企业中的同行如果认为此信息对自身所属的企业没有损害，则会提供帮助并期望将来得到同等的回报和支持。英格拉姆和罗伯茨（Ingram & Roberts，2000）对悉尼酒店业进行研究，发现经理人之间的非正式网络关系对于酒店的收益有显著的正面影响，而且竞争酒店的经理人之间的非正式网络关系所发挥的此种效应更明显[297]。原因之一在于竞争性酒店在利益领域上的重叠促使他们进行深度和质量更好的信息贸易。

但是也有研究认为，非正式的沟通中的信息质量不如正式沟通中的信息质量高。施拉德尔（Schrader, 1991）认为，非正式研发网络的信息贸易中存在信息筛选[296]。布雷斯基和里索尼（Breschi & Lissoni, 2001）进一步认为，非正式信息沟通中，并非所有的信息都得以流动[298]。例如，隶属于不同网络的工程师们聚集在暂时性的网络中进行交流时，会在保持对原属网络的忠诚的条件下进行粗略信息而不是具体知识的交换。这两位学者根据他们的研究总结道，通过非正式接触进行的知识共享不会超过对无关紧要的观点的交换，而且非正式接触对于与客户分享知识来说更重要，而在与竞争对手分享知识的活动中其重要性相形见绌。

当企业的协作研发网络日益发展变化，协作关系日益增加，网络结构日益复杂，协作研发网络中无论是正式信息沟通还是非正式信息沟通也随之日益丰富。协作研发网络的规模和结构发展，往往意味着与企业发生直接技术合作的其他厂商数量在增加，同时，这些厂商所拥有的合作厂商数量也在增加。此时，企业通过协作研发网络可以直接接触并获取知识的信息源的数量在增加，同时通过间接接触获取知识的信息源数量也在增加。信息源数量的增长往往带来企业可以获取的知识的数量和多样性的增长。企业协作研发网络的发展往往体现为网络密度的提高。密度提高意味着企业与其他厂商之间的合作关系从一对一模式向多对多模式发展。多对多的协作研发模式往往会在网络中形成小的合作厂商集群。由于彼此间接触更频繁、更紧密，且信任度更高，企业从集群中可以获得大量深入的技术信息。因此，协作研发网络的发展，通常会使企业获取外部知识的渠道更加丰富，获取知识的速度更快、知识质量更高。

5.2.2　协作研发网络促进企业对外部知识的转化与整合

接触、获取到外部知识之后，更重要的是，企业能够将这些外部知识为自己所利用。要实现对外部知识的利用，企业必须能够首先理解这些陌生的外部知识，并将这些外部知识转化为符合自身思维模式、知识惯例的形式，并将之与企业现有的内部知识基础进行结合。企业协作研发网络及其动态发展能从多个方面促进这种转化和整合的发生。

协作研发网络中的协作研发关系建立在正式契约框架的基础之上，能够为企业从合作厂商那里整合外部知识提供正式的、稳定的、持续性的渠道。企业对陌生的外部知识加深理解，并将其与内部知识基础相融合，需要投入时间、人员和其他组织资源。企业研发人员必须逐渐掌握这些外部知识所采用的各种惯例与术语，才能理解这些外部知识，这是所谓的"知其然"。企业研发人员还必须了解这些外部知识得以架构起来的思维范式和逻辑结构，能将外部知识与内部知识所具有的各种结构和逻辑进行对比和参照，才能掌握差异产生的原因，并且找到办法弥合内部知识与外部知识的系统性差异，这是所谓的"知其所以然"。只有在"知其然"并且"知其所以然"之后，企业才能学会如何将外部知识与内部知识基础相整合。这些学习过程都需要时间和频繁的交流，需要克服各种内部组织惯性和路径依赖性[299]。基于正式契约的协作研发关系为这种持续的、长期的、频繁的内外知识基础之间的交流提供了稳定的制度基础。随着这种持续的知识学习和转化过程不断延伸，企业与合作厂商之间在思维模式、知识基础、技能惯例上日益接近，逐渐形成共同语言。这也有利于企业增强对外部知识进行转化和整合的效率。莫尔曼等（Mohrman et al., 2003）对 10家技术型公司的超过 1200 名工程师的知识行为进行了研究，认为复杂产品创新网络中各个成员企业的工程师之间所进行的知识共享、对知识的系统性整合和利用、对新的技术方案的大胆尝试对经营绩效有重要作用[300]。

协作研发网络拓展企业的外部知识来源，有利于发展企业知识基础和技术系统的开放性，从而提升转化整合的能力。企业在协作研发网络中的合作伙伴往往是多重的。合作伙伴厂商各有其专业领域和自身技术发展历史，因此，企业的合作伙伴厂商往往在不同的知识和技术领域中拥有优势。企业形成多链接的协作研发网络以后，与知识基础和技术系统各异的不同厂商合作，从中引入的也是大量异质性外部知识。为了理解、处理和转化这些性质各不相同的外部知识，企业必须在内部建立其开放性更强的、协调性更强的、兼容并蓄性的知识管理流程和制度。在知识和技术的外部获取活动中积累起来的这些知识与技术的组织和管理知识，反过来能够帮助企业建构一个开放性的技术系统，这个开放性的技术系统能增强企业搜寻、处理、选择、协调、整合外部技术知识的能力，提升企业的技术创新绩效[301]。这些用来构建开放性技术系统的组织和管理知识与技能，实际上成为企业吸收能力的重要组成部分，对于企业吸收、整合和转化外部技术知识发挥关键性作用[218][302]。

协作研发网络结构的发展变化，往往意味着企业所在网络环境的复杂化，有利于推动企业不断改进其对外部知识进行整合的技术与制度手段。随着协作研发网络规模的不断扩大，企业可以选择的合作厂商不断多样化，企业接触到的外部知识也不断的多样化，企业所面对的知识体系冲突与整合的问题也日益增多。这对企业自身选择、管理外部协作研发关系的能力不断提出更高要求。这种外部压力使得企业不断地学习和改进其内部知识、技术、制度系统，以提高对日益多元化的外部知识的适应能力和整合能力。随着协作研发网络的动态发展，如果企业所处网络环境中协作关系日益密集，企业往往参与多个合作伙伴之间形成多对多的协作研发关系。在这种多对多的协作研发关系中，企业会不断积累关于协调、同步各个厂商之间的多元化技术系统的技术和管理知识，以及分享、深化、整合多方知识和技能并使之更优结合的能力[303]。而如果企业所处网络环境中的协作关系变得疏松，企业往往是与更为陌生的厂商合作，所接触到的外部知识的异质性程度更高，这会驱使企业不断提升搜索、理解异质性知识的能力[304]。无论是多方协同能力的增长还是搜索、理解异质知识能力的增长，都能帮助企业更好地实现对外部知识的转化和整合。张伟峰、慕继丰和万威武（2003）认为，创新网络提高企业在社会经济环境中的嵌入性，提升了企业对外部资源和要素进行整合的能力，有利于企业推动行业技术路径的收敛，塑造新的技术范式[305]。

5.2.3　协作研发网络促进企业利用外部知识进行新技术的创造

协作研发网络作为企业获取和整合外部知识的重要渠道，其对企业的技术创新产出有重要作用。不少研究显示，采用协作研发等外部知识获取方式，企业新技术产出明显提升[306][307]。

通过协作研发网络获取外部知识，可以弥补企业的知识缺口，推高企业技术创新的产出。在高技术行业，技术生命周期日益缩短，快速进行新技术创造并将之市场化成为企业参与竞争的生命线。快速的新技术创造对企业的知识存量提出了高要求。企业必须能够快速地整合各种异质性知识，甚至是跨领域性知识，进行新技术创造[302]。但每个企业有其资源限制，只能在有限的专业领域中积累起知识和技能优势。快速整合各种异质知识以进行新技术创造的竞争压力使得企业通过外部知识获取行为来弥补自身知识存量的不足，而协作研发是一种主要的外部知识获取渠道。通过建立协作研发关系，搭建协作研发网络，企业和其合作厂商共同投入各自的优势技术资源，这些也往往是互补性资源[302]。当这些资源在协作研发关系架构下整合在一起时，企业可以利用的知识存量得到扩展和补充，弥补其新技术创造所带来的知识投入缺口，从而缩短其新技术创造所需的时间，提高新技术创造的效率[308]。

此外，通过协作研发网络吸收和整合外部知识还可以间接地作用于其内部知识基础和吸收能力，从而提高企业自主创新能力和新技术产出。企业从协作研发网络中获得的外部知识，不仅被迅速地投入新技术的开发活动以提高技术创新的效率，而且能够对企业整合、运用知识的能力产生积极影响，从而在长期促进企业新技术创造产出的提升。一系列研究显示，企业内部研发活动之边际产出会经历一个从递增到递减的变化过程，尤其是当企业的内部研发投入达到较高水平之后，技术创新边际产出递减的现象更为明显[309][310][311][312]。其中的原因是多方面的，一方面，当企业的研发投入增长到一定规模，企业不得不创造日益复杂、严密的标准化、制度性手段来加强对研发活动的管理，这往往增加研发活动的成本，降低研发活动的效率[313]。而当企业通过协作研发活动来取代内部研发活动之后，企业采用"混合型"制度手段对研发活动实施管理，有利于减少内部研发活动所带来的制度成本，从而提高研发活动的效率[314]。另一方面，随着企业内部研发活动投入水平的增长，企业在内部知识基础上陷入路径依赖，企业内部知识基础的价值被逐渐开发和利用殆尽，这在长期降低了内部研发活动的边际产出。豪斯曼等（Hausman et al.，1984）研究指出，即便是最近、最新的内部研发活动，企业从中创造的新技术产出也在降低，这从根本上暗示了内部研发绩效的弱化[315]。而当企业采用协作研发方式与外部厂商合作进行研发活动之后，企业可以通过协作研发网络从不同领域的合作厂商那里吸收异质性知识，并将之与内部知识基础相整合。新鲜知识血液的流入，带来新旧知识之间的碰撞和整合。在这个开放内部知识基础的过程中，企业也逐渐积累起如何管理和利用开放性知识系统的制度性知识与能力。企业采用协作研发网络进行外部知识获取和整合所带来的上述制度性成本的降低、异质技术知识与制度性知识和技能的增加，提升了企业的综合性运用和创造新技术的能力，从而提升研发活动的新技术产出。

　　而协作研发网络的动态变化，增强企业利用外部知识进行新技术创造的及时性和灵活性。企业的协作研发网络是动态发展的，协作研发网络中企业的合作厂商在变化，企业与合作厂商的合作紧密性也在发生变化，企业所置身的网络结构也在发生变化。协作研发网络中企业既可与旧的合作对象在长期协作研发关系中加深对共同研制的技术的深化与推广，也可从新的合作对象那里获取新的异质知识。企业既可加深对已有协作研发关系的投入程度以确保关键性新技术在合作关系框架下顺利推出，也可在技术价值开发殆尽后或市场不确定性极高的情况下降低旧有合作关系的紧密程度并逐渐从中退出。在退出的同时，也可将资源转移到技术价值和市场价值更高的协作研发关系中去，加深该协作研发关系紧密性，并积极推动价值更高的新技术的诞生。当企业的协作研发网络演化为有限的、合作关系紧密性较高的形态时，有利于从合作厂商那里获取更为深化、细致的外部知识和技能，提高新技术推出的速度。而当企业的协作研发网络演化为松散的、合作关系紧密性较低的形态时，有利于企业从合作关系中获取异质性程度较高的知识与技能并推动革命性新技术的创造。因此，协作研发网络的动态变化增强企业研发活动的灵活性。

5.3 协作研发网络促进企业核心业务技术资源优势的发展

5.3.1 利用式创新与企业核心业务技术资源优势

如前所述，核心业务技术资源指的是企业在其主要经营领域的生产、经营和竞争中所积累起来的与技术相关的各种有形和无形的资产。企业核心业务技术资源优势则界定了企业与企业之间在核心业务技术资源占有状态的区别与差距。这种区别与差距直接影响到企业在标准化活动中的地位。而企业的协作研发网络能够帮助企业构建和发展核心业务技术资源优势，从而增强企业在标准制定中的影响力。

核心业务技术资源为企业当前的核心业务服务，是企业在当前的市场竞争中赖以获取竞争优势的主要资产之一，有明显的历史性、积累性、稳定性。所谓历史性，是指企业核心业务技术资源的行程依赖于特定的历史发展过程，受到企业发展过程中特定历史条件的影响，具有鲜明的特定历史阶段特征。所谓积累性，是指企业的核心业务技术资源形成并非一蹴而就，而是在较长的历史过程中不断投入、吸收、创造、沉淀而成。所谓稳定性，是指企业的核心业务技术资源一旦形成，就会在一定时期内保持相对稳定的态势；改变通常都是基于已有基础的补充式、发展式改变，而不是颠覆式的改变。

核心业务技术资源的这些特点，意味着企业是通过较长时期内不断的、渐进式的技术创造来积累其核心业务技术资源并创造核心业务技术资源优势。这种渐进式的技术创造也被称为利用式创新（exploitative innovation），即利用现有的知识对现有技术、产品和服务进行发展和改进[316]。刘春玉和杨蕙馨（2008）认为，利用式创新不断地将企业在过去形成的知识与技术进行归纳并融入企业的"知识池"，在"知识池"中加以固化和提升。此时，企业创新活动的方式不断标准化，新技术、新产品的推出速度和模式趋于稳定和成熟，这些都有利于企业在其核心业务领域中的规模化生产、劳动分工、学习效应的发挥，从而鼓励企业稳定其核心市场领域[317]。

当主要基于利用式创新促进企业核心业务技术资源发展、塑造企业核心业务技术资源优势时，企业通过外部资源获取知识和技术的模式应该与之相匹配。作为外部知识获取的重要来源，企业协作研发网络的特定结构可以更好地促进利用式创新的开展。由于利用式创新着重对现有知识和技术进行改进，因此，利用式创新需要互补性更高、相关性程度更强的知识要素投入，需要一定数量创新主体之间进行更加频繁、密切、深入的知识和技术互动。这些都意味着，企业应该构建一个更具一定规模的、较为密集的、高强度的协作研发网络为自己的知识和技术需求服务。

5.3.2　网络规模与企业核心业务技术资源优势

基于利用式创新促进企业核心业务技术资源的增长以达到构建核心业

务技术资源优势的目的，意味着企业的外部知识获取策略必须与之相匹配。协作研发网络作为企业外部知识获取的重要手段，其网络规模的特点影响着利用式创新的效果。企业协作研发网络的网络规模与利用式创新、核心业务技术资源优势之间的关系又是复杂的。

企业协作研发网络规模指的是企业所构建的协作研发网络中有多少数量的合作伙伴。网络中的合作伙伴多，则企业协作研发网络的规模大。而规模的大小从几个方面影响利用式创新的绩效：其一，与合作伙伴进行协作研发，企业能迅速获取自身所不具备的技术资产。通常，这些从外部获取的企业资产与企业自身技术资产之间有较高的互补性，相互整合之后可以发挥协作效应。合作伙伴数量越多，企业可以获取和整合的互补性的技术资产越多，协同效应的发挥空间越大。这极大地提高了企业整合自身现有技术资产和外部现有技术资产、围绕自身核心业务加快利用式创新的速度和效率的可能性，从而有利于企业核心业务技术资源的快速增长。其二，合作伙伴数量越多，企业获得所需知识的渠道越多。利用式创新往往要求对于已有知识进行重新组合，这个创新的过程中通常需要引入新的视角、思路和方法[319]。合作伙伴数量越多，企业接触到不同视角、思路和方法的机会越多，越有利于利用式创新的实现。

但是，企业协作研发网络中合作伙伴数量的增长也会带来负面效应。协作研发伙伴数量的增长，网络规模的扩大，意味着各种成本的增加。其一，交易费用的增加。协作研发活动是一种中间治理模式的资源交易活动，进行协作研发的双方虽然可以通过中间治理模式在一定程度上降低机会主义风险和制度成本，但仍然必须付出一定程度的治理成本，包括事前事后的各种谈判、签订契约、执行契约、监督契约实施的各种成本，而且这种成本随着企业协作研发伙伴数量或者说协作研发关系数量的增长而增长。其二，组织费用的增加。为了从协作研发关系中获取预期中的创新成果，企业必须为其投入各种人力、财力、管理资源。协作研发网络规模的扩大、协作研发关系数量的增长，要求企业必须在多个协作研发关系之间有效地配置资源。这提高了对企业资源配置能力的要求，增加了组织的管理成本。其三，网络资本治理成本的增加。协作研发网络规模的扩大、协作研发伙伴数量的增多，虽然从一个侧面意味着企业的社会资本增多，但也意味着企业必须为关系这些不同的网络资源付出成本。这些成本主要包括如何协调和平衡不同协作研发伙伴之间的不同利益诉求。当利益冲突问题不能很好解决时，企业不仅付出网络关系的治理成本，还承担着协作研发活动半途夭折风险。上述各种成本都成为企业参与协作研发网络的费用，当企业不能有效管理这些成本时，都有可能威胁企业协作研发活动实现其预期的创新成果。

企业的协作研发网络通常从小型规模逐渐向大型规模演变。企业的协作研发伙伴数量逐步增长，协作研发关系数量不断增加。在这个演变的过程中，企业构建的协作研发网络给基于利用式创新的核心业务技术创新带来的收益与成本都在上升。如图 5-1 所示，在早期网络规模较小的情况下，即图中直线 E 的左侧，由于网络规模扩张给企业核心业务技术创新带来的边际收益高于其边际成本，此时，企业的核心业务技术创新产出位于上升通道中；当边际收益与边际成本在某个网络规模临界值，即点 A 处相等时，网络规模扩大给企业核心业务技术创新带来的净收益达到顶点，即点 B；

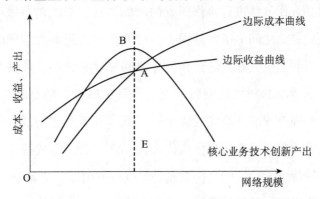

图 5-1　网络规模与企业核心业务技术创新产出之间的倒 U 型关系

随后随着网络规模的继续扩大，其给企业核心业务技术创新带来的边际成本超过其边际收益，即直线 E 的右侧，此时，网络规模的进一步扩大会与企业核心业务技术创新产出的递减相伴随。

基于以上分析，本书提出研究假设 H6。

研究假设 H6：企业协作研发网络规模与企业核心业务技术创新产出之间存在倒 U 型关系，即在企业协作研发网络规模小于临界值的区域中，企业协作研发网络规模与企业核心业务技术创新产出正相关；而在企业协作研发网络规模大于临界值的区域中，企业协作研发网络规模与企业核心业务技术创新产出负相关。

5.3.3 网络关系强度与企业核心业务技术资源优势

企业核心业务技术资源优势的构建主要源自其利用式创新成果的不断积累，协作研发网络关系强度的提升对于利用式创新产出有积极作用。协作研发网络关系强度是指企业与其协作研发伙伴构建的协作研发关系的密切程度。这种关系越密切，则关系强度越高。企业协作研发网络关系强度从下述几个方面发挥对利用式创新以及企业核心业务技术资源优势的促进作用。

其一，协作研发关系越密切，企业与合作伙伴之间越容易构建信任关系。企业与其合作伙伴进行协作研发的时间越长、交流越频繁、合作成果越丰富，它们彼此之间的了解越深入，对彼此的价值和利益导向理解越透彻，这些都有利于企业和它的合作伙伴之间建立稳固的信任关系。而对于企业核心技术领域的利用式创新来说，其肩负持续、稳定的开发新技术、新产品以维护和巩固成熟市场的使命[10]。为了保证能够持续、稳定地推出利用式创新的成果，企业与其协作研发伙伴之间必须形成持续、稳定的合作关系。这种持续、稳定的合作关系必然以双方的互信为基础。

其二，协作研发关系越密切，企业与合作伙伴之间能够在互信的基础上更加有效地进行互补性资源的整合。企业利用协作研发网络进行利用式创新以发展和巩固其核心业务的优势。这要求企业能够围绕自身的核心业务技术资源优势，通过整合合作伙伴的互补性技术资产，来不断延伸和拓展自身的核心业务技术资源，从而构建核心业务技术资源优势。但是，来自不同企业的资源之间的整合需要解决各种矛盾、冲突，协作各种利益诉求。更为密切的合作关系创造良好的互信氛围，能够帮助企业与其合作伙伴通过更为建设性的方式解决资源整合过程中的各种问题，提高利用式创新的效率。

其三，协作研发关系越密切，企业与合作伙伴之间越能够就各种信息和知识进行深入的分享。利用式创新往往是对现有知识和技术重新组合，这要求创新主体对相关知识的范式、结构和发展趋势有着深入的理解[319]。而这种认知成果通常表现为默契知识，知识的黏滞程度较高，简单的编码化难以促进其传播[318]。而企业与其协作研发伙伴进行频繁的、持久的、密切的沟通，更有利于双方就默契知识进行深入的交流、碰撞和重构，从而推动企业从外部吸收默契知识，促进核心业务领域中利用式创新成果的涌现[320]。知识分享双方的关系越密切，互信度与互惠度越高，默契知识传播的效果越佳[321]。

当然，企业协作研发网络中协作研发关系的密切程度，是一个逐渐变化的过程。随着时间的推移，在不断的协作研发关系的实践和探索中，企业与其合作伙伴之间的关系强度逐渐增强，并给它们的合作关系带来日益显著的积极效应。基于上述分析，本书提出研究假设 H7。

研究假设 H7：企业协作研发网络关系强度与企业核心业务技术创新产出正相关。

5.3.4　网络闭合度与企业核心业务技术资源优势

企业塑造其核心业务技术资源的竞争优势难以仅仅通过某一项技术或

某一个产品来渗透和扩大市场，广泛采用的策略是通过一系列互补性产品及支撑产品开发的一系列高度相关的技术来占领市场。这种竞争策略要求企业及其互补性产品和相关性技术生产厂商之间进行广泛的多头对多头的协同，才能满足各方同时通过协调性的利用式创新推动相关性技术和互补性产品的升级换代。企业与其合作伙伴之间的协作研发网络必须与之相适配才能更好地促进协同，而一定闭合度的协作研发网络结构有利于企业核心业务领域利用式创新的效率提升。

协作研发网络的闭合度是指网络中的企业与其合作伙伴之间在多大程度上形成封闭式的合作圈，在网络结构上体现为封闭式的网络回路（network closure）。在极端的情形中，完全封闭式的合作圈中的主体两两之间都存在合作关系，在网络结构上体现为高密度的协作研发网络[322]。企业协作研发网络的闭合度在一定程度上有利于企业在其核心业务领域中的利用式创新。其一，闭合度高的协作研发网络中，企业与其合作伙伴之间存在多对多的直接联系，有利于基于信任进行更好的协同。多对多的直接联系使得企业与其多个合作伙伴之间完全彼此熟悉，两两之间互为合作伙伴，有利于共同信任机制的构建。在这种共同信任机制的基础上，企业更容易搭建一个多方合作平台。这个多方合作平台可以有效地促进企业及其多个合作伙伴之间就一系列相关性技术、互补性产品的推陈出新进行有效的协调和同步，保证企业产品系统策略的实施。其二，闭合度高的协作研发网络中，企业与其合作伙伴之间多对多的直接联系，加快了信息沟通的速度，加强了高质量、深入性知识在多个创新主体间的分享和整合，有利于企业提升利用式创新的效率，加快核心业务的拓展。

但是，协作研发网络闭合度也可能给企业造成消极影响。网络闭合使得知识和技术在有限几个特定创新主体之间分享和整合，虽然有利于高质量的、默契性知识的流动，但也往往导致信息分享被快速的重复化和同质化。长久以往，必然导致企业核心业务技术资源的发展陷于停滞，缺乏增长的动力，遭遇"核心僵化"的陷阱[289]。但是，网络闭合度带来的这种负面效应会随着企业参与的封闭式网络回路的个数的增长而下降。原因在于，随着企业参与的闭合式网络回路的个数增加，企业接触到的"圈子"的数量在增加，而"圈子"与"圈子"之间不同类型的知识的数量在增加。因此，参与多个封闭式网络回路既增加了企业的知识多样性，又保证了企业能够在每个封闭式回路中参与深入的、高质量的、同质性程度更强的信息分享。这种网络结构帮助企业在知识深入分享和多样性知识分享上取得平衡，能够降低企业陷入"核心僵化"陷阱的风险。但是，这种积极效应只有在企业参与的封闭式网络回路数量达到一定临界值时才会逐步显现。因为只有当多个封闭式回路带来的知识多样性积极影响超越每个封闭式回路造成的知识被快速同质化的消极影响时，绝对积极效应才能体现出来。如图 5 - 2 所示，直线 E 的左侧，当企业参与的封闭式网络回路的个数较少时，知识在圈子内部快速同质化所造成的消极影响高于不同圈子之间知识的多样性带来的积极影响，此时，总体上不利于核心业务的利用式创新，企业核心业务技术创新产出在下降。但是随着企业参与的封闭式网络回路的数量增加，企业在网络中所接触到的知识被重复化、同质化的速度不断下降，消极效应在下降，而企业在不同"圈子"中所接触到的知识的多样性在上升，积极效应在上升。两种效应在 A 点处相互抵消。在直线 E 的右侧，当企业参与的封闭式网络回路的个数达到较高水平以后，网络中知识的多样性释放出的积极效应超越知识的重复化、同质化所造成的消极效应，企业的核心业务技术创新产出形成上升通道。因此，本书提出研究假设 H8。

研究假设 H8：企业在其协作研发网络中参与的封闭式网络回路的个数与企业核心业务的技术创新产出呈正 U 型关系。

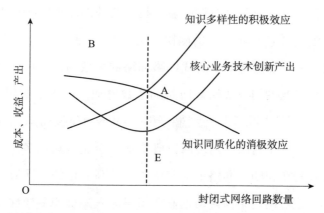

图 5-2 封闭式网络回路数量与企业核心业务技术创新产出之间的正 U 型关系

5.4 协作研发网络促进企业外延性业务技术资源优势的发展

5.4.1 探索式创新与企业外延性业务技术资源优势

如前所述，外延性业务技术资源指的是企业在其主要经营领域之外所形成的与技术相关的各种有形和无形的资产。核心业务技术资源支撑的是企业在主要业务领域的各种经营活动，而外延性业务技术资源是企业在其非主要业务领域中开展各种经营活动的基础。核心业务技术资源是为企业当前的竞争优势服务的，帮助企业在当前的市场竞争中超越竞争对手；而外延性技术资源是协调企业与外部技术发展动态、产业技术发展路线相协调的战略性资产。

外延性业务不同于企业的核心业务，它是核心业务的战略性延伸和探索，往往需要跳出核心业务的既有惯例和聚焦半径。因此，外延性业务技术资源优势的构建不是基于利用式创新，而是依赖于探索式创新。丹尼尔（Danneels，2002）将探索式创新定义为创造新的知识以追求新的产品、新的市场、新的分销模式，以革命式创新为目标。当企业为了增强市场渗透力，实施产品系统战略，企业不仅需要构建自身在核心业务领域的优势，还必须开发出与配套产品和设备相协同的技术资产[316]。这要求企业不能局限于自身已经积累起来的核心业务技术资源的边界，而是向外延伸，向相对更为陌生的业务和技术领域延伸，与行业中其他厂商的技术研发动态相接触、融合。此时，企业需要更大程度地吸收新鲜知识，在自己相对陌生的领域中进行新知识和新技术的创造。这即是探索式创新为外延性业务服务的舞台之一。舞台之二，当企业出于对未来技术发展趋势进行探索的战略性意图，按照选择权理论所预测的那样，以灵活的治理方式对新兴技术或业务进行投资，企业也在跳出其核心业务的固有半径，在新的领域中进行尝试。这种尝试将更大程度地脱离核心业务业已积累起来的技术研发惯例，更多地利用新的思维、新的方法来为企业创造新的技术资产和未来导向的产品。此时，企业依赖的也是探索式创新。李瑞丽、曹瑄玮（2009）以中国企业磁悬浮技术的开发为例，认为企业为了摆脱对既有主要业务和技术领域的依赖，必须进行探索式学习，跳出主要技术和业务领域的固有半径，实现突破式创新才能维持动态技术优势。

协作研发网络作为企业进行外部知识获取的重要手段，其结构特点必须与外延性业务技术资源及其优势形成的特点相适配，才能更有效地促进企业的探索式创新。外延性业务技术资源的积累依赖于企业进行更多的探索式创新，而探索式创新的特点是新颖性、突破性。这对企业通过协作研发网络吸收和整合异质知识的能力提出了较高的要求，因为创造性程度较高的技术创新往往以异质知识为投入要素。协作研发网络中的结构洞是异质知识的重要传播枢纽，而网络中的强联系则有利于企业对知识进行深入吸收和整合。

5.4.2　网络结构洞与企业外延性业务技术资源优势

企业的外延性业务的竞争力来源之一是其业务领域中积累形成的技术

资源，而外延性业务技术资源的积累形成依赖于探索式创新。探索式创新需要更多地跳离企业核心业务业已形成的技术研发惯例和知识基础，更多地吸收、整合新鲜的知识和技术。当企业在其构建的协作研发网络中发挥结构洞的角色时，它能够更有效地搜寻、接触、吸收和整合不同来源的异质信息，为自身在外延性业务领域的探索型创新提供更加充实的投入要素。

伯特（Burt，2001）指出，结构洞（structural holes）是在网络空白区域充当中介角色的网络主体，这些没有网络联系的区域被视为网络空洞，而在网络空洞上充当中介角色的网络主体使原本没有联系的网络主体通过自身建立了间接联系。这些在结构空洞上充当中介角色的网络主体由于其所占据的网络位置而拥有了竞争优势[322]。伯特认为，竞争优势主要源自结构洞体现出来的"跨界"（structural hole spanning）网络行为[322]。

伯特认为，位于结构洞上的主体在原本没有直接联系的网络主体或群体的边界上架设沟通的桥梁，结构洞的两端往往是联系相对密集的网络区域。在这样的区域中，网络主体彼此之间的联系更为密切，这意味着网络主体之间的信息传播速度更快，且信息来源趋同，因此冗余信息更多[322]。而在结构洞的两端，往往是两个原本没有直接联系的密集度相对较高的子网络，所以结构洞两端所流动的信息是非冗余的，结构洞上的网络主体因此而占据了异质信息传播的枢纽位置[323]。如图 5-3 所示，点 S 位于结构洞上，其两端分别是两个密集度相对较高的子网络 SN1 和 SN2。SN1 和 SN2 内部的各个网络主体之间的相互沟通相对更加密集，因此信息冗余度相对较高。但是如果没有点 S 发挥中介作用，SN1 和 SN2 是完全相互隔离的，彼此之间没有沟通，意味着 SN1 和 SN2 相比，其所拥有的信息差异化程度是较大的。此时，点 S 作为 SN1 和 SN2 之间的中介，能够同时接触到 SN1 和 SN2 内部流动的信息，且这些信息的异质性程度较大。因此，点 S 相对于 SN1 和 SN2 内部的网络节点来说，能够接触更多不同的信息来源、获取更多的异质信息。

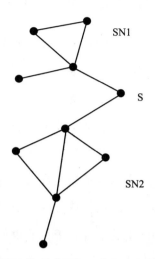

图 5 - 3　结构洞的"跨界"网络行为与异质知识获取

在协作研发网络的情景中，企业在协作研发网络中占据的结构洞越大，其能够接触的不同信息源数量越多，其在异质性技术知识的获取上更有优势，从而能够更加有效地进行探索式创新，促进外延性业务技术资源的创造。曾德明、方卉和彭盾（2008）研究认为，企业可以利用协作研发网络整合各个合作厂商的专业化研发与生产能力，为自身所倡导的技术规范提供必要的配套性、辅助性专利，以整合产业链的上下游技术范式[4]。此外，企业在协作研发网络中的结构洞地位的构建并非一蹴而就，而往往是逐步发展形成的。因为协作研发关系的确立和维护，需要耗费大量的时间、交易费用和组织资源。组织资源更加丰富的企业往往可以利用更少的时间为自己构建更加丰富的结构洞式的网络资源，创造更强的获取异质信息的优势。因此，网络动态演化的结果，通常是少部分企业占据协作研发网络中的强势结构洞地位，从而塑造自己在探索式创新上的竞争优势。因此，提出研究假设 H9。

研究假设 H9：企业在其协作研发网络中占据的结构洞越大，其外延性业务技术创新产出越高。

5.4.3　网络关系强度与企业外延性业务技术资源优势

企业外延性业务依赖探索式创新进行技术资源的创造和积累，而探索式创新以异质知识的有效获取和整合为前提。当企业占据协作研发网络中的结构洞，其具备了接触异质知识的优势条件。但是，对异质知识的有效吸收和整合还依赖于其他因素，包括企业的吸收能力和吸收方式。吸收能力是指企业自身所具备的对知识进行筛选、理解、转化、整合的敏感性与能力[218][304]，而吸收方式则是指企业采用什么样的方法和手段将异质知识自其他创新主体那里获取、传递和转移。网络关系强度正是吸收方式的重要特征之一，强度较高的网络关系有利于企业更好地从外部创新主体那里转移、吸收和整合知识[66]。

格兰诺维特（Granovetter，1973）提出的网络关系强度是指网络主体之间社会关系的密切程度，往往表现为交往的频繁性和持续性、情感的亲密性等。他将密切程度较高的网络关系定义为强联系（strong ties），而将密切程度较低的网络关系定义为弱联系（weak ties）。格兰诺维特指出，强联系促进双方信息的交流，原因在于互动越频繁、沟通次数越多、情感越亲密，双方交换的信息量越大、信息越深入、信息质量越高。但存在的缺陷是，容易导致冗余信息的交流[66]。弱联系则相反，网络主体之间关系的密切程度较低，互动次数较少，因此而降低了信息流动频繁程度，尤其是降低了高质量信息转移的可能性。但是，弱联系的优势在于，其联系的对象可能掌握了更加广泛和多样化的信息，由此而增加了接触新鲜信息的可能性。

为了利用协作研发网络进行探索式创新，企业的协作研发关系首先应该是结构洞式的，以帮助企业更广泛地接触异质信息；同时，也应该是强联系，以帮助企业加强对异质知识的了解、吸收与消化。原因之一，在协作研发的情境中，结构洞式的网络结构帮助企业从不同背景的网络主体那里发现基础性质各异的知识。正是由于这些知识相对企业而言是陌生的、新鲜的，企业需要付出更多的资源去认识、解读并转译这些异质知识，以使其更好地与自身的知识基础相融合。更频繁的技术合作、更积极的沟通、更密切的交流能够促进企业与其合作伙伴就这些异质信息进行深入的、高质量的分享，这即是强联系的特征。良好的分享，促进企业对异质知识形成更加透彻的解读，随后的知识转译与整合过程就更为顺畅。原因之二，探索式创新往往依赖于尚未标准化、编码化的隐性知识。隐性知识在密切程度高的合作关系中更容易转移，因为强联系使双方在价值导向上更加彼此接近、更愿意深度分享隐性知识。原因之三，强联系强化了双方的情感密切程度和互信度，使得双方更加支持异质知识和隐性知识的深度分享。上述因素的综合作用，使得强联系对于企业吸收和整合外部的异质知识发挥着重要的促进作用，有利于企业外延性业务的探索式创新。基于以上分析，本书提出研究假设 H10。

研究假设 H10：企业协作研发关系强度与其外延性业务的技术创新产出正相关。

第6章

协作研发网络增强企业外部技术影响力优势

6.1 企业外部技术影响力的特征

如前所述，技术影响力指的是企业改变产业中其他厂商在技术标准制定中的行为，使其他厂商支持该企业所倡导的技术规范，并最终使自身技术利益在技术标准制定中得以体现的能力。本节重点讨论了在实际经济活动中可以从哪些角度观察企业外部技术影响力。这些最终体现为不同形式的技术影响力如何提升企业对技术标准制定之影响力。本节分别从广度、强度和异质知识传播等方面讨论了企业外部技术影响力在现实经济活动中的表现以及这些技术影响力对企业参与和影响技术标准化的作用。

6.1.1 外部技术影响力的广度

企业外部技术影响力的广度指的是企业倡导的技术规范为多少数量的其他厂商所认同甚至采用。认同甚至采用该技术规范的厂商数量越多，则企业的技术影响力越广。其他厂商对企业所倡导的技术标准的支持可以体现为多种不同的形式，包括购买该企业所提供的产品或服务、为该企业提供技术上兼容的产品或服务、与该企业进行协作研发、参与该企业所倡导的技术或标准联盟等。在这些任何一种活动中，其他厂商都需要将自身的技术规范与该企业所倡导的技术规范相协调、同步、兼容，从而在实质上表明其他厂商对该企业所倡导的技术规范的支持。

企业外部技术影响力的广度受到以下几个因素的影响。

该企业是否实施外向型技术战略。由于企业所有的技术资源是企业参与市场竞争的生命线，而技术资源在一定程度上是可以流动的，比如，可以通过技术人员之间的沟通而流动，也可能被竞争者以不当方式窃取。而技术资源一旦被竞争者获取，企业就往往失去了其获得竞争优势的源泉。因此，很多企业倾向于实施封闭型的技术战略，即对自身所拥有的技术资源实施保密，采取一切可能的措施阻止内部技术资源向外部流动。但是，研究已经证明，实现新知识和新技术创造，仅凭企业自身的技术资源会出现技术创新产出的边际效益递减现象[312][311]。对新技术创造尤其是革命性技术创造来说，异质知识是关键性投入要素，而异质知识大量分布在不同的知识和技术主体之间，包括产业中的其他企业。采取封闭型技术战略虽然可以尽可能地保护内部技术资源不外流，却也同时阻碍了外部技术资源的引入。采取封闭性技术战略虽然可以尽可能地避免由于内部技术资源被获取而丧失市场竞争优势，但同时也将该企业置于新知识和新技术创造效率落后于其他企业的风险之中。因此，任何企业在思考实施封闭型还是外向型技术战略时，都必须考虑这些不同选择下的利益得失。但是，总体而言，尤其在高技术行业，越来越多的企业实施外向型技术战略，并从中获得更多的技术利益。实施外向型技术战略可以体现为各种形式，包括实施协作研发、进行开放式创新、参与技术联盟和标准联盟等。这些实施外向型技术战略的企业在走向外部的过程中，不仅从外部技术资源获得帮助，而且将自身的技术资源与其他厂商进行交流。无论是协作研发、开放式创新、技术联盟或标准联盟都涉及企业之间技术信息的交流、沟通和统一。因此，实施外向型战略的企业在这些技术信息交流和治理活动中，可以将自身的技术理念和技术愿景向产业中其他的主体进行宣传和传播，获得它们的赞同和支持，从而赢得更多持相同技术立场的产业主体。这就意味着，实施外向型战略的企业比封闭型企业能够影响更多的其他主体。

产业中其他厂商对该企业所倡导的技术规范之前景的预期。任何一个厂商一旦采用任何一个技术路线，都将面临沉淀成本的投入。比如，厂商为了执行某技术路线可能需要购买符合该技术规范要求的设备、培养熟悉该技术规范的技术人员。这些成本一旦投入使用就很难转作他用。一旦该技术路线不能成为行业广泛接受的技术规范，则厂商的这些前期投入将无法回收。当存在沉淀成本时，任何厂商在选择是否赞同和接受某种技术路线时，都必须考虑这样的技术路线是否具备可观的前景。只有当预期中的收益高于这些前期的沉淀成本时，厂商才会考虑赞同或接受某种技术路线。因此，只有当企业所倡导的技术规范对其他厂商来说沉淀成本更低且预期市场价值更高，这种技术规范才能为更广泛的其他厂商所接受。谷歌在推出其安卓操作系统时，为了迅速地赢得其他手机设备厂商的支持，正是采用了免费的策略来降低其他厂商的沉淀成本，从而在短期内迅速扩大了支持厂商基础。所谓支持厂商基础（supporting-firm base），正是指支持和采用某种技术规范的厂商规模[13]。

该企业所倡导的技术路线已经拥有的支持厂商基础。如前所述，行业中其他厂商在考虑支持某种技术路线时，必须考虑与之相对应的沉淀成本和市场风险，这时最直接的问题之一是已经有多少组织支持这种技术规范，即有多少同行会采用这种技术标准。背后的机理是，其他厂商会预期采用这种技术规范的同行越多，意味着有更多的组织愿意为这项技术规范投入沉淀成本，也意味着有更多的产品和服务的供应商看好这项技术规范的前景。此外，这种现象同样发出了这样的信号：市场上有更多的供应商提供采用了该项技术规范的产品或服务，消费者选择接受该项产品或服务的可能性就越高，该项技术规范赢得市场青睐的可能性越高。这种心理预期带来的后果就是单个企业会判断使用该同种技术规范的企业数量有多大。数量越大，则单个企业承担的市场风险越小，且未来的盈利可能性越高。也就是说，已经采用同种技术规范的厂商数目越多，单个企业的预期福利越高，则单个企业愿意加入支持该项技术规范的意愿越强。因此，与消费者网络中的网络效应相似，在使用同种技术规范的厂商网络中也出现了网络效应。如图 6-1 所示，支持和采用某种技术规范的厂商规模越大，则会有更多的其他厂商愿意加入支持和采用该技术规范的网络，这正是支持厂商基础的"自增强机制"[25]。张凤香和黄瑞华（2004）研究了我国通信产业自主技术标准 TD-SCDMA 标准形成过程，认为大唐电信、南方高科、华立、华为、联想、中兴、中国电子、中国普天等多家中国企业联合发起的 TD-SCDMA 联盟正是通过不断扩大联盟成员数量，引发正反馈网络效应，赢得了更多的厂商支持和消费者青睐[324]。

图 6-1 支持厂商基础的自增强机制

6.1.2 外部技术影响力的广度与企业对技术标准制定的影响力

企业外部技术影响力的广度对企业在标准制定中的影响力有着正向影响。产业正式标准的制定实际上确定了产业技术路线。最后被采用的技术规范往往是从几个相互竞争的技术规范中脱颖而出。这些相互竞争的技术规范背后各自的推动者是产业中相互竞争的企业。某企业的技术影响力的广度，即该企业所拥有的支持者的数量，必然对该技术规范是否能取得竞争优势并最终成为产业正式标准产生积极影响。这种影响可以从下述几个方面来说明。

企业的技术影响力越广泛，越被产业中的更多其他主体所支持，则产业结构越有利于该技术规范成为正式标准。某技术规范的支持者越多，则产业中按照该技术规范提供产品和服务的供应商越多，消费该技术规范所支持的产品和服务的消费者可能越多。这意味着有更多的厂商已经为该技术规范投入了沉淀成本，也有更多的消费者已经为该技术规范投入了学习成本。如果在正式标准制定时，忽略这些厂商和消费者的利益，将导致这些厂商损失其沉淀成本，而消费者被迫损失转换成本，这显然可能遭到来自产业和市场的极大的抵制。因此，拥有更多支持者的技术规范显然在成为正式标准上更有优势。

企业的技术影响力越广泛，则在正式标准制定过程中获得的支持越多，越能够使其倡导的技术规范成为正式标准。正式标准的制定过程，是一个竞争性的合作过程[11]。正如莱波宁（Leiponen，2008）所指出的那样，通过标准化组织制定产业正式标准的过程是一个各个利益相关者积极参与讨论、沟通、谈判、利益平衡的过程，在这个过程中，各个想要对产业标准制定实施影响的企业必须通过各种竞争性的手段来参与到行业标准的制定中去[11]。这些竞争性的手段之一就包括技术影响力的竞争。对某个技术规范的支持者越多，倡导该技术路线的企业所拥有的影响力越广，在讨论、谈判、妥协、平衡的过程中该企业的支持者越多，该技术规范成为产业正式标准的可能性越高。不少产业的标准化组织采取的是广泛吸收意见的标准制定流程，在这个过程中，影响力越广的企业遇到的不同意见或反对意见越少，支持其通过的意见越多。尤其是当进入投票表决阶段时，支持者越多的企业所倡导的技术规范赢得投票而成为产业正式标准的可能性更高。因此，提出研究假设 H12。

研究假设 H12：企业外部技术影响力的广度与企业对技术标准制定之

影响力正相关。

6.1.3　外部技术影响力的强度

企业外部技术影响力的强度指的是被影响的其他厂商在多大程度上坚定地支持和采用企业所倡导的技术规范。技术影响力的强度描述的是其他厂商对某技术规范的赞同、支持、采纳的程度，程度越高则企业对其他厂商的技术影响力强度越高。技术影响力强度在现实经济活动中受到下述几个方面因素的影响。

其他厂商了解、采用该技术规范的时间长短。其他厂商了解、采用该技术规范的时间越长，越倾向于提高其对该技术规范的支持程度。其他厂商通过购买该企业所提供的产品或服务、与该企业进行协作研发、参与该企业倡导的技术或标准联盟等，可以逐渐地加深对该企业所倡导的技术规范的认知和理解。在这个逐渐深化认识和理解的过程中，随着时间的推移，其他厂商所受到的来自该技术规范的认知冲击、信息感染越多，对该技术规范的信任程度越高，则对该技术规范的支持程度越高。而且由于"路径依赖"效应的存在，其他厂商在前一期对该技术规范的了解、参与和支持会倾向于强化其他厂商在下一期对该技术规范的了解、参与和支持。因此，其他厂商了解、采用该技术规范的时间越长，则倡导该技术规范的企业对其他厂商的技术影响力越强。

其他厂商了解、采用该技术规范的频繁程度。其他厂商对该技术规范进行更多了解、在更多的环节中采用该技术规范，则倡导该技术规范的企业对其他厂商的技术影响力往往更强。例如，某个其他厂商经常从该企业购买采用该技术规范的产品或服务，则说明该厂商对该企业所倡导的技术规范的支持程度越强。或者，某个其他厂商与该企业就更多协作研发项目进行合作，则表明相对而言，该厂商对该企业所倡导的技术规范的支持程度越强。其他厂商了解、采用该技术规范的频繁程度是一种信号。频繁程度越高，则其他厂商对该技术规范的资源投入越多；资源投入越多，则说明其他厂商对该技术规范的战略性前景的赞同与支持程度越强。

企业和其他厂商形成的共同技术利益基础。如前所述，其他厂商赞同、支持甚至采用企业所倡导的技术规范，往往表现为其他厂商对企业产品和服务的购买、企业与其他厂商之间的协作研发。无论是购买企业提供的产品和服务，或是与企业进行协作研发，其他厂商为了适应其中所内含的技术规范，必须进行各种资源投入。比如，购买符合该技术规范要求的仪器设备、培养熟悉该技术规范的人员、建立适应该技术规范的各种管理和组织制度等，这些往往成为企业的"沉淀成本"[325]。一旦该技术规范不能成为市场所接受的主流技术规范，则其他厂商将面临这些沉淀成本的损失。不仅如此，在这种情况下其他厂商如果转换技术路线，必须重新就新的技术规范投入各种资源，如设备、人员、学习成本等，而这些又将成为企业的"转换成本"[326]。因此，错误的技术路线的选择对所有厂商而言都是痛苦的、成本巨大的。在这种心理预期的作用下，其他厂商在选择并采用某种技术规范之后，就与倡导该技术规范的企业形成了利益共同体，其共同根本利益之所在，即为确保该技术规范成为产业和市场所接受的主流技术规范。当"沉淀成本"和"转换成本"越高，企业和其他厂商之间的共同利益越多，则其他厂商对该企业的支持程度越高，则企业对其他厂商的技术影响力越强[327]。

6.1.4 外部技术影响力的强度与企业对技术标准制定的影响力

企业外部技术影响力越强，即其他厂商对企业所倡导的技术规范的支持和采用的程度越高，企业往往在技术标准制定中能够发挥更大的影响力。其中的机理主要体现在以下几个方面。

企业外部技术影响力越强，企业所赢得的支持群体越稳定，越有利于企业在长期的技术标准制定过程中发挥影响力。产业技术标准制定是一个长期的、合作性与竞争性并存的过程。无论是市场竞争推动的产业技术标准的确定，还是基于标准化组织所实施的标准化过程，任何一个技术规范成为产业和市场的主流技术标准都要经过一个长期的、各方利益不断竞争和妥协的过程。而通过标准化组织所实施的技术标准制定过程中，各方利益主体对于如何将自身的利益诉求体现在技术标准中都有强烈的愿望[11]。因此，技术标准出台的过程充满着利益群体之间的竞争、博弈、妥协与协调。竞争与博弈意味着各个利益主体或利益群体都会竭力扩大自身的支持并追求对技术标准内容的介入。而扩大支持的手段之一就是向竞争方阵营争取倒戈者。如果企业的技术影响力越强，受其影响的其他厂商与该企业的共同利益基础更为广泛和牢固，则其他厂商在技术规范竞争过程中实施倒戈的可能性更小，于是该企业的支持群体更为稳定，有利于企业对技术标准制定发挥长期的、稳定的影响力。

企业外部技术影响力越强，越容易就技术标准的关键性内容进行谈判与协调，从而降低企业所倡导的技术规范转化成为产业技术标准的成本。基于标准化组织而实施的标准化过程中，产业技术标准的制定既在正式的场合进行，也在非正式的场合进行[11]。正是场合即指就某项技术标准进行的正式的设立和修改过程。而非正式场合即指在行业协会、行业论坛、企业联盟等其他场合中，各厂商就产业技术路线的发展、技术标准内容等进行的非正式的沟通、交流和协商[11]。在正式和非正式的协商过程中，都存在各方技术利益的协调问题。当产业技术标准的关键性内容面临冲突和矛盾，往往是涉及各方利益协调的关键性技术问题，企业的技术影响力越强，企业与其支持厂商之间的共同利益基础越深厚，其与支持厂商之间越能够更好地进行沟通、谈判、协商和妥协。由于共同利益基础的存在，利益分歧能够在谈判和协商中更快地缩小，谈判和协商的成本更低，这有利于企业迅速地化解分歧、赢得支持，促成兼容并蓄的技术规范形成，并将自身所倡导的技术规范更快地推动成为产业技术标准[12]。利和科尔（Lee & Cole，2003）研究认为，双方投入、互动更多的关系中能够形成良好的氛围，促使双方在知识创造和交流的过程中进行建设性的批评与批判性的思考[328]。因此，提出研究假设 H13。

研究假设 H13：企业外部技术影响力的强度与企业对技术标准制定之影响力正相关。

6.1.5　外部技术影响力的非冗余度

企业通过扩张其技术影响力的广度，可以对更广泛的对象实施影响；企业通过加强其技术影响力的强度，可以进一步巩固被影响对象对自身的支持程度。这些都是企业加强其技术影响力的有效方法。但是，这些方法的实施效果还受到技术影响力第三个方面特征的作用——企业外部技术影响力的非冗余度。所谓企业外部技术影响力的非冗余度，是指企业对其他厂商或厂商群体实施技术影响时，被影响者对这种影响的依赖程度。如果被影响者对该技术影响力输出的技术信息依赖程度高，则该影响力的非冗余度高。

这种依赖性来源于两个方面：企业在实施技术影响力时向被影响者输出的异质知识及这种异质知识输出的不可替代性。异质知识是进行技术创造不可或缺的投入要素，接受异质知识的企业必然被输出异质知识的企业实施影响。而当被影响企业无法从其他渠道获取异质知识时，其对实施影响的企业的依赖性进一步加强。伯特（Burt，1992）认为，处于结构洞上的主体正是具备了这些特征而成为其他主体依赖的对象，结构洞是这种依赖性关系的非冗余度的有效测度[71]。

异质知识在不同主体之间的广泛分布是当今知识经济时代的一个典型特征。自工业革命以来，随着分工的发展，企业的专业化程度日益加深。专业化程度日益提高虽然提高了生产效率，但也使得企业内部所积累的知识日益向某个特定的专业领域收敛，技术知识向特定专业领域的收敛尤其如此。社会和经济专业化在企业层面和社会层面产生了不同的效应。在企业层面，由于其生产过程的专业化分工日益提高，企业所积累起来的技术知识逐渐在特定专业领域中深化。这对企业来说，专业知识获得深化的同时，其所拥有的知识的多样性也越来越少。而在整个社会看来，由于不同企业进行不同分工，在不同的专业化生产过程中不同企业在不同的技术领域内积聚更多的专业知识，这使得社会整体层面的知识多样性不断增加。只不过这些多样化的知识是分布在不同的市场主体之间，并非由单个主体独占。

但是，新知识和新技术的创造，尤其是那些革命性的技术发明的实现，日益依赖不同知识之间的相互碰撞和融合。李瑞丽和曹瑄玮（2009）认为，确立新的技术路径要求创新主体摆脱"学习近视"（myopia of learning），不断跨越组织和技术的边界去吸取新的知识并将之以新的方式进行整合，开展"探索式学习"（exploratory learning）。这就要求分散在各个主体之间的异质知识应该实现交流和沟通，各个主体可以通过各种正式和非正式的渠道进行这些异质知识的交流。正式的渠道主要是指基于企业间正式契约的信息和知识沟通机制。比如，建立正式协作研发关系的厂商在协作研发活动中确立双方人员的沟通和汇报机制。非正式的渠道主要是指基于非正式的人际关系而建立起来的信息和知识沟通机制。比如，不同厂商的研发人员参加行业技术大会，并在社交场合中讨论和交换各种技术信息。

这些正式和非正式的知识沟通活动把各个分散的、独立的主体连接起来，构成一个知识交流的网络，在这个网络里面流动的知识的异质性受到网络结构的影响。在网络密度较高的网络区域，网络中的主体彼此之间相互直接链接的程度更高，也就是说，网络中的主体彼此进行直接沟通的程度越高，而且沟通活动相对频繁。在这样的网络区域，由于沟通比较直接、强度较高，网络成员之间彼此能够建立更加深厚的信任和稳定的协调机制，网络成员之间也更容易形成一致化的技术沟通语言以及日益相近的技术认同。也就是说，网络中流动的知识逐步趋向同质化，主体之间所拥有的知识的相似程度会越来越高[322]。知识同质性的提高有利于形成稳定的技术路线，使知识和技术创造沿着这个路线继续深化。但是，这其中也存在着风险。当形成稳定的技术路线，网络中的主体将会形成"路径依赖"。路径依赖现象的存在会使得网络主体无视来自新领域的、它所不熟悉的新知识。无视潜在的新领域，可能等于无视创造性毁灭的到来，给网络主体带来极大的市场风险[331]。

这个知识交流网络中，还会存在一些相对松散的区域。在这些网络密度较低的区域里，存在着一些特殊类型的网络成员。这些特殊的网络成员能够把其他没有直接联系的网络成员联系起来。这些特殊的网络成员在其他网络成员之间往往扮演着不可或缺的信息流动中介，它们被称之为"结构洞"[332][333]。作为结构洞的网络成员们，在互不熟识的网络成员之间获取和输送信息与知识，这些信息与知识因为来自不同的信息源，往往异质性程度更高[205]。而作为结构洞的网络成员们，得以成为这种异质性信息与知识的传播枢纽，使得它们在获取新信息、新知识、新机遇上有极大的优势[334]。对新信息、新知识的有效获取和整合有利于处于结构洞上的网络主体们进行更加创造性的知识和技术创造[332][205][334]。而这种创造往往带来的是革命性的技术变化，甚至是行业的创造性毁灭。但是，处于结构洞上的网络主体需要更多的提升自己管理多网络链接的能力、吸收和整合外部知识的能力。

总而言之，占据着结构洞的网络主体们在技术信息网络中发挥着非冗余度更高的影响力，主要表现在下述两个方面。

结构洞是整体网络的异质知识扩散的枢纽。来自各种不同信息源的技术信息和知识向这些结构洞上的网络主体汇集，然后又通过这些网络主体向原本不可到达的网络区域流动。这使得异质性技术知识可以通过这些结构洞上的网络主体以更快的方式向整体网络的各个角落扩散。异质知识的扩散有利于带动整体网络知识的碰撞、交融与更新，推动技术创新绩效的提升。因此，这些结构洞上的网络主体是网络中其他主体获取异质知识所依赖的对象。

结构洞作为异质知识来源的不可替代性。由于处于结构洞上的网络主体在原本空白的网络区域架起了沟通的桥梁，一旦结构洞消失，其他网络主体获取这种特定的异质性知识的渠道也随之断裂。不可避免的，其他网络成员将对这些结构洞网络成员形成信息依赖。这种依赖性使得结构洞成员具有相对优势地位，也构成了结构洞成员影响力的来源。当结构洞越大，即产生这种依赖性的其他网络成员数量越多，单个其他网络成员的依赖性会越强，因为结构洞网络成员所能向其他网络成员提供的技术信息益发多样化，且一旦结构洞消失，其他网络成员随之而损失的技术信息多样性程度更高。

6.1.6　外部技术影响力的非冗余度与企业对技术标准制定的影响力

协作研发网络中的结构洞越大，该网络位置的非冗余度越高，位于该结构洞上的企业对于网络中的异质知识的传播所发挥的作用越大，其技术影响力越大。这种基于异质知识传播的技术影响力对于企业的技术标准化活动也会产生作用。其作用机理主要体现在以下几个方面。

基于非冗余性的技术影响力，使企业能够更好地理解不同的技术规范与技术利益，从而有利于该企业在技术标准制定中更有效地协调矛盾与分歧，赢得支持，降低推动自身技术规范成为产业技术标准的成本[205]。位于结构洞上的企业，在疏松的网络区域架起信息和知识流动的桥梁，不同网络区域沉淀和积累起来的不同性质、不同偏好的技术知识通过这些桥梁在网络中得以传播。由于能够更为广泛地接触、吸收、交流这些不同性质、不同偏好的技术知识，位于结构洞上的企业逐渐地积累起理解、整合这些不同性质、不同偏好的技术知识的能力[335]。同时，由于网络合作伙伴的多元化、异质化，位于结构洞上的企业与秉持不同技术偏好的合作厂商构建了多元化、异质化的共同利益基础。这两方面因素结合起来，使得企业在产业的技术标准化过程中能够更好地与这些技术利益偏好有所不同的厂商或厂商群体进行讨论、沟通和协商，从而极大地降低了协调技术利益、达成一致以推动行业技术标准出台的成本。

基于非冗余性的技术影响力，使企业能够对兼容性技术标准产生更强的影响。如前所述，位于协作研发网络结构洞上的企业，能够更好地整合不同的技术规范和技术利益，从而提升了其在产业技术标准制定中的谈判和协商能力，增强其对技术标准制定的影响力。但是这种谈判和协商能力的提高，主要针对的是兼容性技术标准。由于兼容性技术标准需要对不同的技术规范之间建立协调和对接机制，兼容性技术标准的制定需要更多的对不同技术利益群体的技术偏好进行整合。此时，位于结构洞上的企业，由于对不同技术利益群体的技术规范和技术偏好更为理解，并且与这些具有异质性技术利益需求的厂商或厂商群体形成了共同利益基础，它能够更准确地找到各方在技术标准制定中的共同利益底线，并在这个基础上迅速推进友好的谈判与协商，从而在兼容性技术标准制定中发挥关键性的影响力。

基于非冗余性的技术影响力，使企业能够对技术标准的突破性升级产生更强的影响。如前所述，位于协作研发网络结构洞上的企业，成为异质知识传播的枢纽。而异质知识之间的碰撞和整合往往带来突破性、革命性的新技术的创造[205]。当位于结构洞上的企业创造出可观的革命性的新技术，它往往成为产业的技术先锋，引领产业技术路线发展的潮流。当面临产业技术标准的升级时，位于结构洞上的企业凭借自身的技术先锋优势，可以发挥更强的"专家型影响力",对技术标准在什么技术内容上如何升级发挥更强的影响力。因此,提出研究假设 H14。

研究假设 H14:企业外部技术影响力的非冗余度与企业对技术标准制定之影响力正相关。

6.2　企业外部技术影响力的测量

6.2.1　基于协作研发网络和社会网络分析的测量

社会网络分析法关注的研究对象是社会主体之间各种社会互动的内容、特征与动态发展趋势。社会网络分析法将这些社会主体以及它们之间的社会互动看作一个网络,网络中的节点即为这些社会主体,网络中的链接则象征着社会主体之间的社会互动。社会主体可以包括个人、群体、组织、国家等各种类型经济与社会活动中的主体。而这些社会主体之间的社会互动的性质更加千变万化,既可以是个人与个人之间的人际关系,也可以是组织与组织间的交易关系,还可以是国家与国家之间的贸易关系等。社会网络分析法使用图论这样一种社会计量分析方法对社会主体之间的社会互动关系进行定量描述[336]。这种定量描述方法的引入,使得对社会关系这样一种非自然科学现象进行计量分析成为可能。一批学者在社会网络分析法的基础之上提出了一系列对社会关系网络进行定量分析的工具。如格兰诺维特(Granovetter, 1973)提出,用强联系、弱联系来分析社会关系的频繁和紧密程度[66];伯特(Burt, 1992)提出,用结构洞来分析在社会关系的缺失区域中发挥桥梁作用的社会主体及其社会关系[71];瓦特(Watts, 1999)提出,使用聚集系数和小世界性来分析社会网络中的局域密集区域[337];费尔南德斯和古尔德(Fernandez & Gould, 1989)提出,用"中介性"来分析社会主体在社会群体之间扮演的中间人角色[338]。

社会网络分析法在早期主要应用于社会心理学和认知心理学研究，用来分析个体之间的非正式关系及其对个体心理和行为的影响[336]。随着数量分析工具不断被引入，社会网络分析法利用这些社会关系的定量分析工具来揭示社会主体之间的社会关系的属性、特征、变化趋势，以及其对社会主体的社会资源和经济利益的影响。社会网络分析法认为，正是社会主体之间的社会关系结构决定着各种资源分配和价值创造机制，推动着各种社会、经济、政治进程的发展。社会网络分析法中使用的一系列定量分析工具，如度中心（degree）、强联系（strong ties）、弱联系（weak ties）、结构洞（structural holes）、中介性（brokerage）等正是描述社会主体在社会关系网络中所占据的地位并因此而拥有的网络资源优势，并认为这些网络资源优势差异使不同社会主体对社会、经济、政治进程的影响是不同的。这种分析视角为深入探讨人类社会结构的内在机理提供了新的思路和分析工具。自20世纪30年代在心理学研究中开始被使用，社会网络分析法的分析工具不断丰富并且被其他学科的研究逐步采用[336]。

社会网络分析法也逐步被引入技术创新领域的研究，用来分析技术创新中的社会结构问题[205][334][339][12]。技术创新活动最大的发展特征之一是，技术创新活动日益倾向于协作化、关系化，即技术创新活动已经远远不是单个经济主体可以高效率完成的任务，新技术的创造越来越依赖于经济主体之间对分散化的、多样性的知识进行分享和共同整合。因此，企业作为经济活动中的创新主体，越来越多地与其他知识主体建立联合技术开发关系。从社会网络分析法的视角，这种联合技术开发关系是一种组织间的社会关系。两个组织通过这种社会关系分享资源、收益与风险，并通过这种社会关系建立信任和协同行动机制。而多个组织之间形成的多元化一对一技术合作关系，从整体上看，就是一个关于协作研发的社会网络，各个组织是网络的节点，而组织间的关系就是网络中节点之间的链接。在这个社会关系网络中，流动着信息、知识、信任、利益、成本等各种与技术创新活动密切相关的要素。

　　社会网络分析法所使用各种定量分析工具，同样可以用来分析协作研发网络中各个节点所占据的网络地位及其所拥有的网络影响力。既然从社会网络分析法的视角，协作研发网络本质上是一个关于协作研发的组织间社会关系网络，那么社会网络分析法中测量各种网络影响力的指标同样可以应用到协作研发网络中的网络影响力的分析中去。只是各种网络影响力指标所代表的经济意义，应该放在协作研发活动和技术标准化的情境中去进行解码。在协作研发网络中，这些网络影响力指标反映的是各个组织所占据的不同网络地位为组织带来知识、技术、竞争地位、创新绩效上的不同资源与竞争优势。例如，一系列研究应用社会网络分析法对基于合作专利的协作研发关系进行定量分析，认为基于合作专利的协作研发网络的不同结构对于研发绩效有不同影响。还有一些研究将社会网络分析法的思想运用到企业联盟关系的分析中去，认为企业联盟网络作为企业的社会资本的一种形态对企业的战略性技术创新活动有重要影响。

6.2.2　点中心度与企业外部技术影响力的广度

　　点中心度是社会网络分析法的基础计量指标。所谓点中心度，指的是以网络中某个点为中心，与其直接相连的其他点的个数[336]。点中心度的概念来自社会网络中一种常见的网络结构——星形网络。在星形网络中，有位于中心的一个节点，其他节点与该中心节点相连，而其他节点彼此之间不相连。这种网络结构中，位于中心位置的节点被认为具有最大的影响力。原因之一在于，中心节点与多个其他节点相连，而其他节点则无法与其他节点进行直接沟通，这使得中心节点获取信息和输出信息的范围更广。原因之二在于，中心节点有多个信息沟通来源，而其他节点必须通过中心节点进行信息沟通，因此中心节点对单个其他节点的依赖性相对较小，而其他节点对中心节点的依赖性则相对较大。当网络中节点的点中心度越高，则说明该节点有直接联系的其他节点数量更多，则该节点的影响范围越广且对其他节点的依赖性越小。

如图6-2所示，在这个网络中有两个星形网络，分别以节点A和节点B为中心，节点A拥有5个直接联系点，而节点B拥有6个直接联系点。此时，节点A的点中心度为5，而节点B的点中心度为6。该网络中C、D、E、F、H、I、J、K、L的点中心度为1，而G的点中心度为2。因此，该网络已影响范围的广度来计算，影响力最广的是节点B。

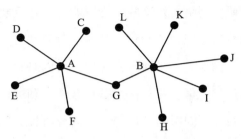

图6-2　点中心度示意图

但是正如弗里曼（Freeman，1979）所指出的那样，这种测量点中心度的方法存在一定的局限性[340]。这种测量方法只观测了节点直接联系的绝对数量，而没有对相对数量进行衡量。在不同的整体网络规模中，相同的绝对数量也可能意味着不同的网络地位和影响力。比如，Y网络有20个节点，A点在Y网络中有10个直接联系。X网络有30个节点，B点在X网络中也有10个直接联系。按绝对值计算的点中心度，A点与B点是相同的，但在各自所处的网络整体环境来看，A点和B点的网络地位是截然不同的。因此，通过计算直接联系的个数来测量网络中节点的点中心度必须在同一个网络中进行比较才有意义，当网络规模不一样时，按绝对值计算的点中心度是没有比较意义的[336]。基于这样的观点，弗里曼（Freeman，1979）提出了一个对点中心度的相对值进行计算的方法[340]，即用点中心度的绝对值除以该网络中最大可能的点度数，所得即为点中心度的相对值。例如图6-2中，A的点中心度相对值为5/11＝0.4545，而B的点中

心度相对值为 $6/11 = 0.5455$。

在协作研发网络情境中，网络中的节点为参与协作研发活动的组织，而网络中的链接表示的是组织间的协作研发关系。网络中节点的点中心度绝对值表示的是与该节点建立直接协作研发活动的其他节点的数量。网络中节点的点中心度相对值则表示的是该节点所拥有的直接协作研发关系的数量与最大可能协作研发关系数量之间的比值。前者反映的是协作研发组织自我中心网络规模的大小，是一种局部网络影响力的测度。后者说明的是协作研发组织自我中心网络规模在整体网络中所占据的网络地位。协作研发网络中节点的点中心度绝对值越高，则该点所对应的组织可以实施技术影响力的范围越广。而节点的点中心度相对值越高，则该点所对应的组织能够对其所属的协作研发网络中更高比例其他组织产生技术影响力。应洪斌和沈瑶（2009）研究认为，网络中焦点行动者所处的网络规模越大，知识传递的效果越好，焦点行动者通过知识传递实施的影响越广[341]。石智文和姜彦福（2004）建立了动态网络框架下的知识扩散模型，并认为网络中的知识扩散存在规模经济，即网络中焦点节点的直接联系节点（点中心度）会与其他节点相连，从而进一步推动焦点节点的知识和影响向其他节点扩散，降低知识扩散和影响力传播的单位成本[342]。窦红宾和王正斌（2012）研究了西安光电子产业集群网络，认为企业所拥有的网络关系对象越多并占据网络中心地位时，其社会声望更高，更能有效地利用其声望和地位获取利益[342]。因此，点中心度能够较好地反映企业通过协作研发网络实施技术影响所辐射的广度。

6.2.3　网络关系强度与企业外部技术影响力的强度

格兰诺维特（Granovetter，1973）认为，网络中节点之间的社会联系存在性质上的差异，有些更强，而有些更弱，这就是网络关系强度上的差别[66]。他认为社会关系的强弱可以体现为持续时间的长短、双方互动的频繁程度、双方投入的精力、双方情感上的亲密性、互惠的程度等。总体上来说，持续时间越长、互动次数越多、投入资源越多的被视为强联系，反之则被视为弱联系[66]。因此，强联系与弱联系是一组相对概念，没有明确的界线划分。他还认为，在网络的疏松区域往往更多的是弱联系，而在网络的密集区域往往存在更多的是强联系[66]。强联系有利于网络中主体之间建立信任，相互提供支持，分享深入的、精炼的信息和默契知识[282]。而发生弱联系的网络主体存在着较大的背景差异，它们之间往往能就新鲜的、异质性的信息和知识进行交流，帮助网络主体获得互补性、创新性资源[66]。曹兴等（2010）对技术联盟网络进行案例分析提出了支持性证据，认为网络中行动者之间的联系强度越高，则它们之间进行深层次交流和沟通的频率越高，这将促进各种惯例、认知模式、信念的转移和共享，以及企业影响力的传递[344]。窦红宾等（2012）认为，基于强联系的组织间合作能够加强企业间的信任与理解，促进合作关系的长期稳定性，并强化基于这种长期稳定关系所形成的企业间技术立场的依赖性与协同性[342]。因此，强联系有利于企业向其合作伙伴传递、加深技术影响，能够较好地测量焦点企业通过协作研发网络实施的技术影响力之强度。

在创新网络领域的相关研究中，学者们通过不同的方式来测量强联系、弱联系。索尔（Soh，2010）使用企业联盟来构建企业网络，当某个企业与其合作伙伴共同重复出现在多个企业联盟中时，则认为该企业与其合作伙伴之间构建的是强联系[12]。麦克法登等（Mcfadyen et al.，2009）使用合作论文构建了科学家之间的知识流动网络，并采用单位时间内合作论文的篇数计算论文合作关系的强度[264]。他们的研究结果表明，当某焦点科学家与其合作伙伴科学家保持高强度的合作关系，且这位合作伙伴科学家自身拥有疏松型的知识分享网络时，该焦点科学家的新知识创造水平是最高的。

在协作研发网络的情境中，企业构建协作研发是为了获取外部知识，降低研发成本，提高研发效率，同时传递技术影响力。由于协作研发过程本身是长期的，而且难以获取关于协作研发过程的细节。因此，在评价一个协作研发关系的质量时，通常采用的观测指标是该研发关系的产出。当合作双方都按照契约规定为协作研发关系投入资源，进行良好的沟通和协调，在其他条件一样的情况下，该协作研发关系的产出更高。合作双方对该协作研发关系的满意程度更高。此时，该协作研发关系可以被视为强联系。因此，本书使用合作双方在某时期内所共同提交的合作专利申请数量测度双方协作研发关系的强弱。单位时期内，双方合作专利申请数量越高，则双方的协作研发关系越强。

6.2.4　结构洞与企业外部技术影响力的非冗余度

自伯特（Burt，2001）明确提出结构洞的概念之后，大量研究探讨了网络结构洞的作用[71][307][345]。所谓结构洞，伯特（Burt，2004；2009）认为，是网络中任意两个节点之间的非冗余联系[332][333]。当网络中任意两个节点 A 与 B 之间不存在直接联系，则这两个节点之间就存在网络空洞区域，而当第 3 个节点 C 在 A 与 B 之间充当中间联系人时，节点 C 就位于 A 与 B 之间的结构洞上。而 C 与 A、C 与 B 之间的关系都是非冗余的，因为一旦 CA 联系、CB 联系不存在，A 与 B 就被完全隔绝，网络在此处出现断裂。

结构洞被认为具有重要网络影响力的原因在于两个方面：第一，结构洞为其占据者提供信息优势。没有直接联系的网络节点，其所拥有的信息和知识异质性都更大，有利于结构洞上的节点成为异质知识的传播枢纽[71]。第二，结构洞为其占据者提供利益优势。位于结构洞上的节点成为两个没有直接联系的其他节点之间的信息桥梁，这两个没有直接联系的其他节点往往要通过结构洞上的节点才能传递信息，所以对它形成了依赖。这使得结构洞上的节点通过利用这些非冗余联系来控制其他节点并为自身谋取利益成为可能[71]。

伯特提出了四个测量结构洞的指标，分别是有效规模（*effsize*）、效率（*efficiency*）、限制度（*constraint*）、等级度（*hierarchy*）。有效规模（*effsize*）指的是位于结构洞上的节点所具有的非冗余联系的绝对数量。其中，有效规模的计算公式为：

$$effsize_i = \sum_j \left(1 - \sum_q P_{iq}M_{jq}\right), q \neq i, j \qquad (6-1)$$

其中，j 为与点 i 相连的所有点，q 是点 i 或点 j 以外的每个第三点。$P_{iq}M_{jq}$ 为点 i 和点 j 之间的冗余度。而 P_{iq} 是点 i 投入到点 q 的网络资源所占比例，M_{jq} 是点 j 与点 q 之间关系的边际强度，等于点 j 到点 q 的网络关系强度取值除以点 j 与其他点所有关系中的最大全高度取值[72]。效率（*efficiency*）等于点 i 的有效规模除以点 i 的自我网络实际规模[72]。如图 6 – 3 所示，节点 A 在 DC、BC、DB 之间扮演了结构洞角色。它的 *effsize* 取值为 3，而 *efficiency* 取值为 3/4 = 0.75。

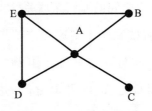

图 6 – 3　结构洞示意图

在协作研发网络的情景中，结构洞代表某个节点拥有的非冗余协作研发关系的规模。*effsize* 取值说明某个节点拥有的非冗余协作研发关系的绝对数量。*effsize* 取值越高，则该节点所代表的组织在更多的网络空白区域发挥中间人作用，该节点所拥有的异质知识来源越广，传播渠道越多，其作为异质知识传播枢纽的技术影响力越大。而 *efficiency* 取值说明某个节点拥有的非冗余协作研发关系占其全部协作研发关系数量的比。*efficiency* 取值越高，则该节点所代表的组织将比例更高的自身网络资源投入到互不联系的组织之间扮演中间人角色，则该节点在其自我中心网络中扮演的中间人角色越多，其自我中心网络中其他节点对它的依赖性越强。

限制度（constraint）指的是网络中的主体运用自身网络资源所受到的限制程度。伯特（1992）指出，限制度是指网络主体 i 向网络主体 q 投入了网络资源、建立网络关系，但是 i 能够在多大程度上运用这种它与 q 之间的关系还取决于 q 与其他第三者 j 之间的网络关系，因此 i 受到 j 的限制[71]。其数学表述为：

$$constr_{ij} = \left(P_{ij} + \sum_q P_{iq} M_{qj} \right)^2 \qquad (6-2)$$

在协作研发网络的情景中，限制度表征的是网络主体 i 与网络主体 q 之间的协作研发关系是否受到 q 与其他网络主体 j 之间协作研发关系的限制。当 q 与其他网络主体 j 之间存在协作研发关系，且关系强度越高时，i 与 q 之间的关系对于 q 来说是可以被替代的，此时 i 想要对 q 通过网络关系实施影响就会由于 j 的存在而受到限制。因此，如果对结构洞取值进行反向处理，它不仅描述了协作研发网络中结构洞的存在性，而且描述了结构洞可以在多大程度上不受限制地运用其网络影响力。

此外，闭合三元组（closed triads）和开放三元组（open triads）也是测量结构洞的指标之一，且相对简单。所谓闭合三元组，是指三个网络主体形成封闭式的网络回路；而所谓开放三元组，是指网络主体形成开放式的网络回路。如图 6-3 中，A、B、E 之间形成了封闭式的网络回路，即闭合三元组；而 B、A、C 之间形成了开放式的网络回路，即开放三元组。在 A、B、E 形成的封闭式网络回路上，任意一个节点都无法充当结构洞；而在 B、A、C 形成的开放式网络回路上，由于 B 与 C 之间的关系缺失，A 在 B 与 C 之间充当结构洞。因此，给定情况下，以某个网络主体为核心形成的封闭三元组的个数越多，则该网络主体参与的闭合式网络回路个数越多，其发挥的结构洞作用越弱；而以某个网络主体为核心形成的开放三元组的个数越多，则该网络主体参与的开放式回路个数越多，其发挥的结构洞作用越强。

在协作研发网络的情景中，闭合三元组和开放三元组描述了网络主体参与的封闭网络结构式协作研发与开放网络结构式协作研发的程度。前者是一种网络主体之间的合作关系更为密集、合作交流程度更高的网络结构。这种网络结构更有利于研发主体之间通过频繁的协作研发互动构建信任、分享信息，更有利于技术信息交流的同质化、深入化[322]。但是，这种网络结构由于不存在网络关系的缺失，各研发主体在网络关系上是对等的，因此更难以产生占据优势地位的网络主体。后者是一种网络主体之间的合作关系相对疏松的网络结构。这种网络结构更有利于研发主体接触异质技术知识来源，并且通过占据优势网络地位创造其他研发主体对自身技术信息输出的依赖性[346]。因此，单纯从网络影响力的角度而言，参与开放三元组个数更多的研发主体具有更高的技术影响力。

6.3　协作研发网络的演化与企业外部技术影响力的分化

6.3.1　点中心度的演化与企业外部技术影响力广度的分化

协作研发网络是一个发展变化的系统。参与协作研发网络的企业在网络中所处的环境、所占据的网络环境、所发挥的影响力都随着网络结构的变化而变化。以点度中心性测度企业外部技术影响力的广度，关心的是企业能够直接影响的网络主体的数量，即企业自我中心网络的规模大小。企业自我中心网络的规模与整体网络环境一起随着时间的推移而发生变化，则企业外部技术影响力的广度也会发生变化。按照第 3 章的方法和数据，构建我国汽车产业协作研发网络，并使用 UCINET6 软件计算每一期协作研发网络中网络主体的自我中心网络规模。通过利用视觉化软件 NETDRAW 将协作研发网络图形化。图 6-4 至图 6-8 描述了我国汽车产业协作研发网络中以点中心度测量的企业外部技术影响力广度的演变过程。

　　如图 6-4 所示,20 世纪 80 年代末期,汽车产业协作研发网络的规模有限,网络中的技术合作关系以两两合作和三方合作为主,而且整体网络的分割程度较高,子网络之间互为隔绝,不存在联系。这些特点决定了 80 年代末期参与协作研发网络的企业的点中心度取值区间为 1~2,意味这些企业所能影响的其他网络主体在 1~2 个之间,在整体网络中影响力的广度有限。

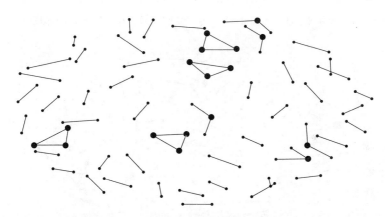

图 6-4　1988~1990 年汽车产业协作研发网络中的点中心度

注:图中点的面积越大,则代表该点的点中心度越高。

资料来源:数据来源于《中国重点产业专利服务平台》,经作者分析形成该图。

　　如图 6-5 和图 6-6 所示,20 世纪 90 年代,汽车产业协作研发网络的规模逐渐扩大,网络结构日趋复杂。尤其到 90 年代后期,整体网络中开始出现多方共同参与的子网络,部分子网络的规模开始增长。但是,这些子网络仍然在很大程度上相互割裂,整体网络中没有形成主导性的子网络。与此相对应,部分网络参与者的自我中心网络规模开始扩大,企业可以实施技术影响的对象的数量增多，部分企业外部技术影响力的广度扩大。

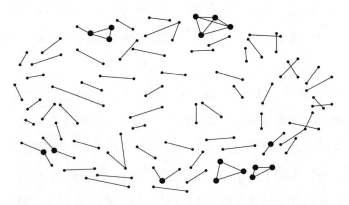

图 6 - 5　1993~1995 年汽车产业协作研发网络中的点中心度

注：图中点的面积越大，则代表该点的点中心度越高。

资料来源：数据来源于《中国重点产业专利服务平台》，经作者分析形成该图。

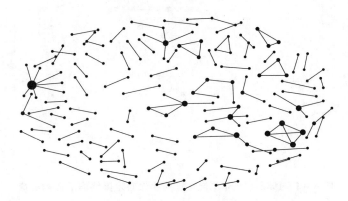

图 6 - 6　1998~2000 年汽车产业协作研发网络中的点中心度

注：图中点的面积越大，则代表该点的点中心度越高。

资料来源：数据来源于《中国重点产业专利服务平台》，经作者分析形成该图。

　　如图 6 - 7 和图 6 - 8 所示，21 世纪的前 10 年中，汽车产业协作研发网络的规模迅猛扩张，网络结构趋向于高度复杂化。网络中有少部分参与者逐渐在自己周围构建起规模相对较大的自我中心网络，与大量其他网络参与者共同进行协作研发。这些企业可以实施技术影响的对象远多于网络中其他参与者，技术影响力的广度更高。

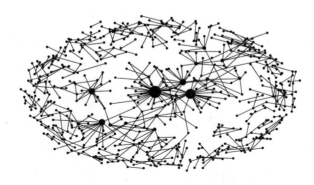

图 6 - 7　2003 ~ 2005 年汽车产业协作研发网络中的点中心度

注：图中点的面积越大，则代表该点的点中心度越高。

资料来源：数据来源于《中国重点产业专利服务平台》，经作者分析形成该图。

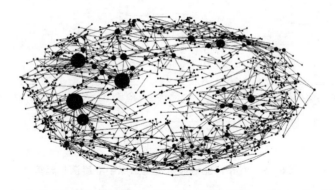

图 6 - 8　2008 ~ 2010 年汽车产业协作研发网络中的点中心度

注：图中点的面积越大，则代表该点的点中心度越高。

资料来源：数据来源于《中国重点产业专利服务平台》，经作者分析形成该图。

图 6 - 9 总结了过去 20 多年汽车产业协作研发网络点中心度的演化趋势。图中点中心度均值是指每期网络中以所有网络主体点中心度为样本的均值，点中心度标准差是指每期网络中以所有网络主体点中心度为样本的标准差。因此，点中心度均值描述的是每期网络中网络主体点中心度的平均水平，而点中心度标准差描述的是每期网络中网络主体点中心度的离散水平。图 6 - 9 说明过去 20 年中，点中心度的平均水平呈波动性的平缓上

升趋势。意味着就平均水平而言，网络中企业的点中心度以及以点中心度测量的企业外部技术影响力的广度呈平缓上升趋势。点中心度标准差整体上也呈波动性缓慢上升趋势，但是波动的幅度远大于点中心度均值。意味着网络参与者之间的自我中心网络规模的差距变化较大，尤其到了最近 10 年，较大的自我中心网络与较小的自我中心网络之间在规模上的分化显著拉开。也就是说，一部分网络参与者拥有众多合作对象，可以对相对数目众多的对象实施技术影响力；而同时，整体网络中也存在一部分网络主体只能影响相对极为少数的其他网络主体。

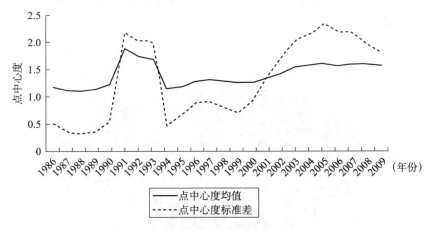

图 6－9 汽车产业协作研发网络点中心度演化趋势

资料来源：数据来源于《中国重点产业专利服务平台》，经作者分析形成该图。

6.3.2 网络关系强度的演化与企业外部技术影响力强度的分化

当整体网络规模不断扩大、网络结构日益复杂，网络主体所构建的网络关系也在发生深刻的变化。同样采用第 3 章所描述的数据和方法构建汽车产业协作研发网络，并以单位时期内合作关系所产生的合作专利个数来测度网络关系强度。图 6－10 至图 6－14 描述了过去 20 多年汽车产业协作研发网络中网络关系强度的演化过程。网络主体的网络关系强度也呈现明显的由弱到强、由相对均衡到相对分化的演化特点。以网络关系强度测度的企业外部技术影响力的强度也相应表现出同样的演化特点。

如图 6 - 10 所示，20 世纪 80 年代后期，汽车产业协作研发网络规模有限，网络中以离散式的两方合作和三方合作为主，网络中合作关系强度总体水平不高，大部分合作关系以低强度的弱联系为主。不同网络主体的网络关系之间在强度上的差别也不大，仅有极少数的网络主体拥有强度稍高的网络关系。此时，网络中大部分网络主体能够实施的技术影响力的强度有限。

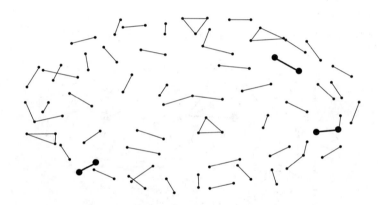

图 6 - 10　1988 ~ 1990 年汽车产业协作研发网络中的网络关系强度

注：图中点的面积越大，则代表该点的网络关系强度均值越高；连线越粗，则代表该连线所对应的网络关系强度越高。

资料来源：数据来源于《中国重点产业专利服务平台》，经作者分析形成该图。

图 6 - 11 和图 6 - 12 描述了 20 世纪 90 年代汽车产业协作研发网络中网络关系强度的变化过程。随着整体网络逐渐发展，网络关系强度开始出现分化。在以弱联系为主体的整体格局中，少部分网络主体逐步发展出相对强度明显较高的强联系。这些网络主体为自己发展维护了一些相对更为密切的协作研发关系，并因此而能够对这些合作伙伴产生更加深远的技术影响。

图 6 - 13 和图 6 - 14 展示了最近 10 年中汽车产业协作研发网络中网络

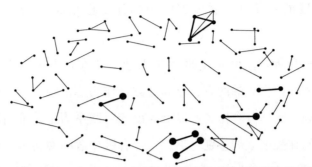

图 6 - 11　1993 ~ 1995 年汽车产业协作研发网络中的网络关系强度

注：图中点的面积越大，则代表该点的网络关系强度均值越高；连线越粗，则代表该连线所对应的网络关系强度越高。

资料来源：数据来源于《中国重点产业专利服务平台》，经作者分析形成该图。

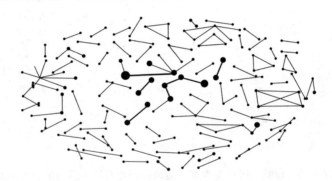

图 6 - 12　1998 ~ 2000 年汽车产业协作研发网络中的网络关系强度

注：图中点的面积越大，则代表该点的网络关系强度均值越高；连线越粗，则代表该连线所对应的网络关系强度越高。

资料来源：数据来源于《中国重点产业专利服务平台》，经作者分析形成该图。

关系强度的变化趋势。其最显著的特征是，整体网络中诞生了一部分拥有高强度网络关系的网络主体。但是，这种高强度的网络关系的分布是极端非均衡的。只有少数的网络主体拥有这种高强度的网络关系，而且往往也只是与有限几个合作伙伴之间形成了这种高强度的强联系。这意味着，这些拥有少数高强度网络关系的网络主体能够对有限数量的合作伙伴实施高强度的技术影响力。

图 6 - 13　2003～2005 年汽车产业协作研发网络中的网络关系强度

注：图中点的面积越大，则代表该点的网络关系强度均值越高；连线越粗，则代表该连线所对应的网络关系强度越高。

资料来源：数据来源于《中国重点产业专利服务平台》，经作者分析形成该图。

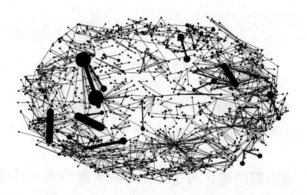

图 6 - 14　2008～2010 年汽车产业协作研发网络中的网络关系强度

注：图中点的面积越大，则代表该点的网络关系强度均值越高；连线越粗，则代表该连线所对应的网络关系强度越高。

资料来源：数据来源于《中国重点产业专利服务平台》，经作者分析形成该图。

图 6 - 15 总结了过去 20 多年中国汽车产业协作研发网络中网络关系强度的演化趋势。关系强度均值是指每期网络中以所有网络主体的网络关系强度为样本的均值，而关系强度标准差是指每期网络中以所有网络主体的网络关系强度为样本的标准差。关系强度均值描述了每期网络中网络主体

的关系强度的平均水平，而关系强度标准差描述了每期网络中网络主体关系强度的离散水平。关系强度均值逐年呈稳定而微弱的上升趋势，即网络主体技术影响力强度的平均水平缓慢上升。关系强度标准差同样呈上升趋势，但在 2000 年之前上升势头微弱，而 2000 年之后呈波动的显著拉升势头。意味着网络主体之间所拥有的关系强度的分化不断拉大，这种差距在最近 10 年被迅速拉开。因此，最近 10 年中，网络中诞生了一部分拥有高强度技术影响力的网络主体。

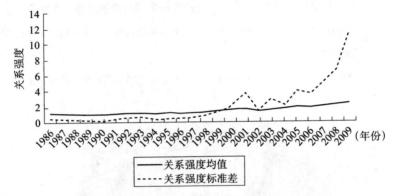

图 6 – 15　汽车产业协作研发网络关系强度演化趋势

资料来源：数据来源于《中国重点产业专利服务平台》，经作者分析形成该图。

6.3.3　结构洞的演化与企业外部技术影响力非冗余度的分化

随着整体协作研发网络的生长和发展、网络体系的不断复杂化，网络中逐步衍生出结构洞式的网络结构。结构洞在空白的网络区域架起沟通的桥梁，促进子网络之间的融合和贯通，使整体网络逐渐系统化。与此同时，占据结构洞的网络主体为自己赢得了特殊的网络位置，使自己具备了非冗余性的影响力。采用与第 3 章同样的数据和方法构建汽车行业协作研发网络，并使用 UCINET6 软件计算了网络中的结构洞。以有效规模（eff-size）测量网络主体技术影响力的非冗余度。图 6 – 16 至图 6 – 20 描述了汽车产业协作研发网络结构洞的演变过程，同样勾画了网络主体技术影响力非冗余度的转变。这是一个非均衡的、两极分化式的转变过程。网络主体技术影响力的非冗余度的差距不断拉大。

图 6 - 16 说明了 20 世纪 80 年代末汽车产业协作研发网络中结构洞的分布状态。在 80 年代末，整体网络中的子网络相互割裂，子网络之间缺乏联系、沟通的渠道，因此网络中的结构洞数量非常有限。在子网络内部，有极少数网络主体三方网络中发挥结构洞的中介作用。因此，在 80 年代末，网络中的结构洞处于萌发状态，只有少数几个网络主体能够发挥微弱的非冗余性技术影响力。

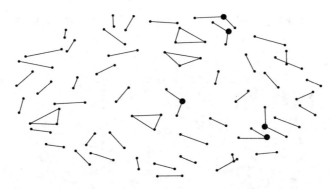

图 6 - 16　1988 ~ 1990 年汽车产业协作研发网络中的结构洞

注：图中点的面积越大，则代表该点所占据的结构洞强度越高。

资料来源：数据来源于《中国重点产业专利服务平台》，经作者分析形成该图。

图 6 - 17 和图 6 - 18 展示了 20 世纪 90 年代汽车产业协作研发网络中结构洞的变化特征。结构洞的数量逐渐增多，而且强度明显提升。但是对于整个网络而言，仍然只有少部分网络主体发挥着结构洞的作用，而且多数仅限于子网络内部的结构。当然，一些小型的子网络在融合的过程中也产生了新的、小型的结构洞。因此在 90 年代，汽车产业协作研发网络中，仍然只有极少部分网络主体在有限的网络空间上发挥强度有限的非冗余性技术影响力。

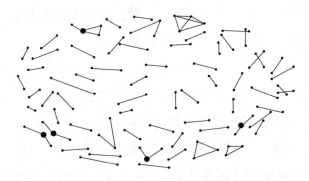

图6-17　1993～1995年汽车产业协作研发网络中的结构洞

注：图中点的面积越大，则代表该点所占据的结构洞强度越高。

资料来源：数据来源于《中国重点产业专利服务平台》，经作者分析形成该图。

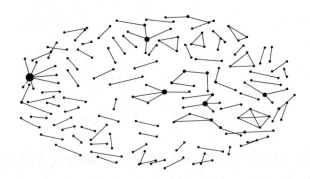

图6-18　1998～2000年汽车产业协作研发网络中的结构洞

注：图中点的面积越大，则代表该点所占据的结构洞强度越高。

资料来源：数据来源于《中国重点产业专利服务平台》，经作者分析形成该图。

图6-19和图6-20描述了最近10年我国汽车产业协作研发网络中的结构洞的演化特点。随着整体网络规模的迅速扩大、子网络数量的增长和结构的复杂化，整体网络中结构洞的数量出现了显著的增长。但是，其中大部分为小型结构洞，只有极少部分网络主体演化成为大型结构洞。这些结构洞，尤其是大型结构洞，在大量原本空洞化的网络区域中发挥中介作用，由此具有了不可缺少的网络地位和影响力。因此，最近10年中，整体网络中涌现出了更多发挥非冗余性技术影响力的网络主体，但是这些网络

主体技术影响力的非冗余度水平分化明显。只有极少部分网络主体能够对大量的其他网络主体发挥非冗余性的技术影响力，而绝大多数占据结构洞的网络主体只能在小范围的网络区域中发挥非冗余性技术影响力。

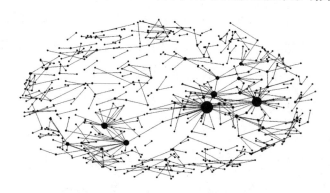

图 6 – 19　2003 ~ 2005 年汽车产业协作研发网络中的结构洞

注：图中点的面积越大，则代表该点所占据的结构洞强度越高。

资料来源：数据来源于《中国重点产业专利服务平台》，经作者分析形成该图。

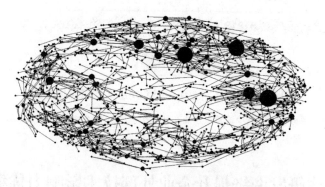

图 6 – 20　2008 ~ 2010 年汽车产业协作研发网络中的结构洞

注：图中点的面积越大，则代表该点所占据的结构洞强度越高。

资料来源：数据来源于《中国重点产业专利服务平台》，经作者分析形成该图。

图 6 – 21 总结了过去 20 多年汽车产业协作研发网络结构洞的演化趋势。结构洞均值是指以每期网络中所有网络主体的结构洞强度为样本的平均值，而结构洞标准差是指以每期网络中所有网络主体的结构洞强度为样本的标准差。结构洞均值说明的是每期网络中各网络主体结构洞强度的平

均水平，而结构洞标准差说明的是每期网络中各网络主体结构洞强度的离散水平。演化特征之一是 20 多年中，网络中结构洞的平均水平呈逐步微弱上升态势。演化特征之二是早期整体网络中，网络主体结构洞强度差别相对较小，但 90 年代中期以后，整体网络中各网络主体的结构洞强度差距开始迅速拉大。意味着过去 10 年中整体网络中演化出大型结构洞和小型结构洞并存的格局。网络主体所发挥的结构洞作用出现巨大的分化，一部分网络主体演变成为非冗余性技术影响力远超过其他网络主体的大型结构洞。

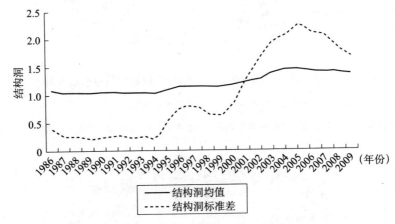

图 6 – 21　汽车产业协作研发网络结构洞演化趋势

资料来源：数据来源于《中国重点产业专利服务平台》，经作者分析形成该图。

6.4　协作研发网络提升企业外部技术影响力优势的机理

6.4.1　网络的路径依赖效应与企业外部技术影响力优势

如前所述，整体协作研发网络在动态演化过程中体现出网络规模扩大、网络密集性程度提高的趋势。在整体网络变化的过程中，网络中节点所占据的网络位置、所处的网络环境也会发生变化。总体上来说，一部分网络节点即协作研发组织逐步转变成为占据网络优势地位、发挥重要网络影响力的网络成员，而另外一部分协作研发组织却不能获得同样的网络资源、发挥同样的网络影响力。随着整体协作研发网络的发展，网络中出现强势网络成员与弱势网络成员并存、分化的局面。这使一部分协作研发组织拥有了超过其他组织的企业外部技术影响力优势。

导致一部分协作研发组织发展成为强势网络成员并占有技术影响力优势的重要因素之一，是协作研发网络本身存在的"路径依赖"效应。路径依赖指的是过去在技术创新活动中所作出的决策以及形成的态势，会影响到现在以及未来技术创新发展的特点。导致这种一致性产生的原因在于路径依赖产生的惯例带来报酬递增，从而强化下一阶段行动主体的行为决策与上一期决策的一致性[125]。大卫（David，1985）使用 QWERTY 键盘的经典例子说明了一种在技术上次优的设计如何被引入市场并最后成为被广泛的、长时间使用的技术范式[329]。在早期的技术选择确定以后，正是对已经采用的惯例的依赖，使对 QWERTY 键盘的采用在随后的时间中被不断强化。

协作研发网络是技术创新活动的重要形态，协作研发网络的演化存在路径依赖效应。协作研发网络的基础构成是组织之间的协作研发关系。企业与其合作厂商在上一期构建的协作研发关系会影响到它们之间在下一期的协作研发关系。其原因在以下四个方面：第一，企业在上一期通过构建自我协作研发网络获取外部知识和技术资源，会促使企业逐步发展搜寻、理解、整合、转化外部知识的专有性知识、技能与思维模式。这些过去形成的思想上的惯例，同样会在下一期增强企业继续通过协作研发寻求外部知识获取的动力，以及采用自己熟悉的模式去发展和构建新的协作研发关系的倾向。这同样会驱使企业将上一期自我协作研发网络的构建模式延续到下一期。第二，企业及其合作伙伴对下一期合作成本预期的路径依赖。协作研发活动需要各个参与企业付出大量的交易费用和制度费用。这些交易费用包括伙伴的选择、谈判、契约的签订与监督等；制度费用包括合作双方为协作研发活动的开展所进行的工作流程设计、沟通协调机制设计、激励监督机制的设计等。这些交易费用和制度费用成为企业的沉淀成本。当合作双方对上一期的合作成果感到满意而且有意在下一期寻求新协作研发，为了避免损失这些在上一期合作中已经付出的沉淀成本，合作双方往往会在下一期继续选择对方为合作伙伴。威廉姆森（Williamson，2002）认为，稳定的网络结构可以帮助企业在外部合作中避免过多的事前搜寻费用和事后监督费用[314]。同时，企业间网络采用中间形态的治理模式，相对市场交易治理模式而言，有利于企业之间形成良好的互动和协调机制，从而减少因矛盾、冲突、意外事件而产生的协调费用[314]。第三，企业及其合作伙伴对下一期合作收益预期的路径依赖。协作研发活动需要合作双方在整个过程中不断地整合双方的资源以提高研发成果。合作双方在合作初期需要就如何整合双方资源进行探索和学习，而探索和学习的成效需要在较长的时间段中逐步发挥出来。合作双方会预期双方在上一期所积累的关于整合资源的知识，帮助合作双方在下一期开展更加紧密的、高效率的合作，从而有利于下一期合作收益的增加。当合作双方有意在下一期寻求协作研发，出于对未来合作收益看涨的心理预期，合作双方往往也会在下一期继续选择对方作为合作伙伴。第四，企业及其合作伙伴的情感路径依赖。上一期的协作研发关系要求合作双方不断地就各种问题和障碍进行沟通、协调、解决。这个过程往往能够帮助合作双方彼此之间增进了解、加深认识、构建信任，形成良好的合作情感纽带。上一期的信任和情感往往驱使合作双发在下一期继续选择对方为合作伙伴。

由于上述路径依赖效应的存在，过去协作研发活动中形成惯例可以降低未来协作研发中的成本、风险，并增加收益。在其他条件不变的情况下，上一期存在的协作研发关系在下一期继续存在并且加强。从协作研发网络的视角来看，即为上一期的网络成员和网络链接在下一期继续存在并且加强。同样的，在其他条件不变的情况下，企业会将上一期为自身构建协作研发网络的策略延续到下一期。这种自增强机制会使得新的网络资源不断向过去类似性质的网络区域周围靠拢、沉淀，表现为协作研发组织过去积累起来的网络资源促进未来网络资源的就近增生。从长期来看，整体网络中便会出现一批不断成长起来的网络资源密集区域。在这些网络资源密集区域里，逐渐诞生占据大量优势网络资源并在网络中发挥更强影响力的协作研发组织。这些强势的网络成员与网络中其他相对弱势的成员并存，而这些相对弱势的网络成员只能享受相对有限的网络资源和相对有限的影响力。此时，整体网络中强势网络成员与弱势网络成员分化、并存的格局形成。

6.4.2 企业对网络环境的战略性选择与企业外部技术影响力优势

参与协作研发网络、构建自我协作研发网络，是企业创新战略的重要内容。企业对网络环境的战略性选择会在长期内对企业的技术影响力优势的发展与形成产生影响。影响的机理主要体现为以下几个方面。

路径依赖效应会导致"强者越强，弱者越弱"。路径依赖效应的自增强机制，意味着企业对网络环境的前期战略性选择有可能在未来将企业"锁定"在特定的网络位置上，从而在长期内限定、塑造企业可以利用的网络资源和可以发挥的影响力。比如，选择在边缘区域加入协作研发网络的企业，往往在初始状态中只能与有限的网络成员构建有限的协作研发关系。其周围网络环境的疏松性、信息与知识流动的有限性，使得企业很难将相关信息传播到更广泛的网络成员群体中去，极有可能导致该企业在下一期仍然只能与周围有限数量的网络成员建立协作研发关系，较难提升自己所拥有的网络资源和技术影响力。而选择在网络中心区域参与协作研发网络的企业，在初始状态下与网络中心区域成员建立协作研发关系后，有关该企业的相关信息会通过密集程度较高的网络渠道更迅速地传播给更广泛的网络成员，有利于该企业在下一期扩张合作对象的数量。

对不同网络环境的战略性选择为企业带来不同的网络资源，影响企业未来技术影响力的性质。席林和菲尔普斯（Schilling & Phelps，2007）认为，密集的网络区域中，知识流动的速度更快，合作伙伴之间的交流更加紧密、频繁[29]。这些有利于合作伙伴之间知识系统整合、不同技术偏好之间的协同化、共同技术思想与技术规范的形成，使得密集网络区域中的知识整合程度、深化程度、同质性程度越高。选择置身于密集网络区域的企业能更快与数量更多的其他厂商建立合作关系，不仅从中获取更加深入的技术知识，还能更快地提高自身技术影响力的广度和强度。蒂瓦纳（Tiwana，2008）认为，疏松的网络区域中，网络成员之间的知识异质性程度更高[323]。选择置身于疏松的网络区域中并在相互孤立的网络成员之间发挥桥梁作用的企业，则能够促进异质知识的沟通并使自身成为异质知识传播的枢纽。这有利于企业塑造基于异质知识传播枢纽的技术影响力。因此，对不同网络环境的战略性选择为企业塑造不同性质的技术影响力。当路径依赖效应明显时，在初始状态对网络环境的选择，有可能极大地影响到未来企业外部技术影响力的性质，从而使得企业技术影响力的发展轨迹也呈现出对前期企业网络环境战略性选择的依赖，围绕前期所确定的发展方向不断微调和修正。

综合上述 6.4 节的分析，提出研究假设 H11a、研究假设 H11b 和研究假设 H11c。

研究假设 H11a：企业外部技术影响力的广度与前期其协作研发网络的点中心度正相关。

研究假设 H11b：企业外部技术影响力的强度与前期其协作研发网络的网络关系强度正相关。

研究假设 H11c：企业外部技术影响力的非冗余度与前期其协作研发网络的结构洞强度正相关。

第 7 章

协作研发网络提升企业对技术标准制定之影响力的实证研究

7.1 理论模型与计量模型的构建

7.1.1 理论模型的构建

前面的理论推演认为,一系列内外因素会对企业影响技术标准制定的能力产生影响。内部因素主要包括企业自身所拥有的技术实力,主要体现为企业在知识和技术上所拥有的相对优势,而参与协作研发网络能帮助企业提升其内部技术资源的积累。外部因素包括企业对行业中其他厂商实施技术影响的能力,构成企业社会资本的一部分。而参与协作研发网络、在协作研发网络中为自身构筑有利的网络地位是企业塑造其外部技术影响力的重要途径。协作研发网络的动态发展具有路径依赖的特点,使得企业的外部技术影响力表现出受到前期网络地位和环境制约的特点。能够提升企业对技术标准制定的影响力的因素还包括企业的市场地位,如其所拥有的用户规模、构筑的产品系统、奠定的先发优势等。

因此,在实证研究中,首先对协作研发网络提升企业内部技术资源优势的理论假设进行分析,然后对协作研发网络通过路径依赖效应促使企业外部技术影响力取得发展进行实证分析,最后通过证明企业内部技术资源优势和企业外部技术影响力优势提升企业对技术标准制定的影响力，来间接证明协作研发网络对企业影响技术标准制定的促进作用。基于此，提出协作研发网络提升企业内部技术资源优势的理论模型如下：

企业核心业务技术创新产出 = f（企业技术创新投入 + 企业协作研发网络度中心性 + 企业协作研发网络度中心性^2 + 企业协作研发网络关系强度 + 企业协作研发网络闭合度 + 企业协作研发网络闭合度^2 + 其他个体和行业因素）

$$(7-1)$$

企业外延性业务技术创新产出 = f（企业技术创新投入 + 企业协作研发网络结构洞强度 + 企业协作研发网络关系强度 + 其他个体和行业因素）

$$(7-2)$$

同时，提出协作研发网络通过路径依赖效应促使企业外部技术影响力取得发展的理论模型如下：

企业外部技术影响力广度 = f（企业技术创新投入 + 前期企业协作研发网络点中心度 + 其他个体和行业因素）$\qquad(7-3)$

企业外部技术影响力强度 = f（企业技术创新投入 + 前期企业协作研发网络关系强度 + 其他个体和行业因素）$\qquad(7-4)$

企业外部技术影响力非冗余度 = f（企业技术创新投入 + 前期企业协作研发网络结构洞强度 + 其他个体和行业因素）$\qquad(7-5)$

随后，本书实证研究将分析企业内部技术资源优势，包括核心业务技术资源优势与外延性业务技术资源优势对企业影响力技术标准制定能力的提升作用。同时，本书实证研究将探讨基于协作研发网络的企业外部技术影响力优势如何增强企业影响力技术标准制定的能力。基于此，提出协作研发网络提升企业对技术标准制定之影响力的理论模型如下：

企业对技术标准制定之影响力 = f（企业内部技术资源优势 + 企业外部技术影响力广度优势 + 企业外部技术影响力强度优势 + 企业外部技术影响力非冗余度优势 + 企业市场优势 + 其他个体和行业因素）$\qquad(7-6)$

企业对技术标准制定之影响力 = f（企业核心业务技术资源优势 + 企业外延性业务技术资源优势 + 企业外部技术影响力广度优势 + 企业外部技术影响力强度优势 + 企业外部技术影响力非冗余度优势 + 企业市场优势 + 其他个体和行业因素）　　　　　　　　　　　　　　　　　（7 - 7）

上述理论模型确定了模型的解释变量与被解释变量，将指导后继计量模型的构建。

7.1.2　计量模型的构建

统计学、经济理论和数学三者独自并非解释经济活动的充分必要条件，但是计量经济学将三者结合起来之后，便产生了前所未有的力量，成为研究者们理解、分析经济现实的有力工具。应用计量经济学来分析经济活动必须使计量模型与数据相匹配，才能对研究问题进行有效、可靠的数量分析。不同的计量模型适用于不同的数据。因此，必须根据表征研究问题的数据特征选择不同类型的计量模型[347]。

当表征被解释变量的数据是计数数据时，传统的线性计量模型不再适用。计数数据测量的是某个事件在一定时间内发生的次数，如出现交通事故的次数或者考试不通过的次数。经济活动中的经济现象出现的次数通常都是非负整数。当测量经济变量的数据是计数数据时，该经济变量即为离散变量。而传统的线性回归模型的基本假设之一即假定被解释变量为连续变量。因此，对于计数数据的回归分析，传统的线性模型不再适用。

为了适应大量研究对象的观测值为非负整数的现实情况，基于离散变量的非线性模型取得了长足的发展[348]。其中，应用最为广泛的是泊松回归模型（poisson distribution）与负二项回归模型（binomial negative distribution）。泊松回归模型是基础性的计数数据模型，而负二项回归模型是对泊松回归模型的发展。由于泊松回归模型和负二项回归模型的优势，20 世纪 80 年代，其被广泛引入技术创新领域的经济研究。一批学者采用泊松回归模型和负二项回归模型研究技术创新活动中的研发、专利、企业战略和市场行为等经济现象[315][349][312][205][12]。

与线性模型相似的是，当运用泊松回归模型和负二项回归模型对面板数据进行定量分析时，必须考虑核心解释变量之外的其他因素对被解释变量的影响。这些其他因素既有可能是个体异质性，也有可能是系统性因素。如果忽视这些因素对被解释变量的影响，有可能导致模型设定的偏误，影响参数估计的有效性和一致性。对于个体异质性的控制可以通过固定效应分析实施，在假定个体异质性为常量的前提下，采用差分的方法消除模型中的个体异质性。但由于本书的样本中存在大量单期观测数据，使用固定效应分析中的差分方法将造成大量样本观测值的损失，给模型估计造成较大影响，因此，本书使用计数数据模型的随机效应分析。为了控制个体和系统性因素对被解释变量的影响，在随机效应模型中引入各种个体层面和系统层面控制变量。

泊松回归模型假定被解释变量服从泊松分布，其在一定时间内发生的概率受到一系列解释变量的影响。随机效应泊松回归模型设定如下[350]：

$$y_{it} = \exp(\beta_0 + \beta_1 x_{1it} + \beta_2 x_{2it} + \cdots + \beta_m x_{mit} + u_{it}) \qquad (7-8)$$

其中，y_{it} 表示单位时间内被解释变量发生的次数。β_{it} 为回归系数，x_{it} 为解释变量，u_{it} 为随机扰动项。u_{it} 对于某个 i 的不同观测不独立，但在不同个体 i 之间是独立的。

泊松回归模型虽然用于计数数据的定量分析有极大的优势，但是在实际运用中也有缺陷。原因在于，泊松回归模型假定被解释变量的观测数据的均值与方差相等[351]。而实际经济活动的计数数据往往表现出过度离散分布特征（over dispersion），如专利数据，即数据样本的方差超过均值。当存在过度离散分布特征时，应用泊松回归模型进行分析虽然能够保持变量系数估计的一致性，但是会造成标准差被低估和显著性水平的假阳性[351][352]。

由于泊松回归模型的应用存在限制，负二项回归模型对泊松回归模型进行了发展，使其更符合经济数据的现实特性。负二项回归模型是基于泊松回归模型的一般化，通过向泊松回归模型引入一个冗余参数来控制不可观测因素对被解释变量的影响，从而放宽了泊松回归模型被解释变量样本数据的均值与方差相等的假定[351][352]。随机效应负二项回归模型设定如下[350]：

$$f(y_{it} \mid u_{it}) = \frac{1}{y_{it}!} \exp[\, y_{it} \log(\theta_{it}) - \theta_{it}\,] \qquad (7-9)$$

$$其中，\theta_{it} = \exp(\beta_m x_{mit} + u_{it}) \qquad (7-10)$$

其中，y_{it} 是第 i 个观测对象在 t 时间上其被解释变量发生的次数，x_{mit} 为解释变量的协变量，β_m 为被解释变量的回归参数。

此外，计数数据模型在实际应用中依然面临着一项挑战：被解释变量计数为零。当被解释变量大量计数为零时，泊松回归模型和负二项回归模型皆存在预测能力不足的缺陷。基于各种社会科学研究的需要，零膨胀泊松回归模型（zero-inflated poisson regression models，ZIP）和零膨胀负二项回归模型（zero-inflated negative binomial regression models，ZINB）于 20 世纪 90 年代由兰伯特（Lambert）首先提出，并随后取得不断的发展和应用。ZIP 和 ZINB 模型在分析包含大量零计数的样本时，将研究对象视为两个阶段：零取值状态，即被研究对象的观测值为零的状态；非零取值状态，即被研究对象的观测值为非零的状态。其中，非零状态中被解释变量出现的频数服从泊松分布或负二项分布[353][354]。就两个阶段分别建立两个离散变量模型并同时进行估计，对于零取值状态使用 logit 模型进行估计，而对于非零取值状态使用泊松回归模型或负二项回归模型进行估计。在零取值状态模型中，研究的是哪些因素与零取值出现的频数相关，而在非零取值状态模型中，研究的是哪些因素与非零取值出现的频数相关[354]。对两个子模型进行估计时可采用极大似然估计法。ZIP 和 ZINB 模型对于处理过多的零计数和分析样本中的异质性比较有效，而且随机效应的 ZIP 和 ZINB 模型优于其固定效应模型[354]。其中，随机效应零膨胀负二项回归模型设定为[350]：

$$P(Y_{it} = y_{it}) = \begin{cases} w_{it} + (1 - w_{it})(1 + \alpha\theta_{it})^{-1/\alpha}, y_{it} = 0 \\ (1 - w_{it})\dfrac{\Gamma[y_{it} + (1/\alpha)]}{y_{it}!\ \Gamma(1/\alpha)}(1 + \alpha\theta_{it})^{-1/\alpha}\left(1 + \dfrac{1}{\alpha\theta_{ij}}\right)^{-y_{it}}, y_{it} \geqslant 0 \end{cases}$$

$$(7-11)$$

$$其中，\theta_{it} = \exp(\beta_m x_{mit} + u_{it}) \tag{7-12}$$

其中，y_{it} 为第 i 个个体的第 t 次观测值，$i = 1, 2, 3, \cdots, n$，$t = 1, 2, 3, \cdots, v$。α 为离散参数。W 是对角矩阵，其中的元素都为 1。当 $\alpha = 0$ 时，该模型转化为随机效应的零膨胀泊松回归模型。

本书实证研究中，模型 7-1、模型 7-2、模型 7-6、模型 7-7 的被解释变量为企业参与起草的标准的次数以及企业的年专利产出个数。这些数据皆呈现出计数数据特征，存在过度离散和零膨胀的特点。因此，本书选择零膨胀泊松回归模型和零膨胀负二项回归模型作为首选计量分析模型，比较两个模型的估计结果能够给出更为稳健的结论。同时，通过考察 vuong 检验来判断零膨胀计数数据模型与一般计数数据模型在本书中的适用性。一般原则是，当 vuong 检验值显著时，零膨胀的计数数据模型优于一般计数数据模型[359]。并且通过考察 alpha 检验来判断负二项回归模型与泊松回归模型在本书中的适用性。一般原则是，当 alpha 检验值显著时，负二项回归模型优于泊松回归模型[359]。

本书实证研究中模型 7-3、模型 7-4、模型 7-5 的解释变量中出现被解释变量的滞后变量，由于存在自相关和内生性，普通面板数据模型不再适用[360][361]。因此，该部分的计量模型采用动态面板数据模型（dynamic panel data models）。为了修正在动态面板数据模型中出现的自相关和内生性问题，可以采用 GMM 估计方法通过差分或使用工具变量来控制上述自相关和内生性问题[360][361]。为了考察上述方法是否有效，在模型中通常使用 Sargan/Hansen 检验以及 Arellano-Bond 检验。其中，Sargan/Hansen 检验用来评估模型使用工具变量的有效性。其检验值越大，不能拒绝"工具变量整体上为外生变量"的原假设，则工具变量的有效性越好。而 Arellano-Bond 检验评估的是模型残差项是否存在自相关，其检验值越大，不能拒绝残差项"不存在自相关"的原假设，则模型的整体设定更优。

7.2　变量的测度

7.2.1　提升企业内部技术资源优势之实证研究中的变量测度

本书构建的理论模型认为，协作研发网络提升企业内部技术资源优势，从而间接地通过企业内部技术资源优势的提升增强其对技术标准制定的影响力。因此，实证研究中首先分析协作研发网络演化对企业技术创新产出的促进作用。根据前述建立的理论模型，这一部分实证研究的主要变量及其测量定义如下。

1. 被解释变量

企业核心业务技术创新产出（mocobupt）：某一年企业在其最核心业务领域中产生的所有专利申请数，包括发明专利、实用新型专利和外观设计专利。企业技术创新产出主要指的是各种有形、无形的与技术相关的新技术性知识的创造。而新技术性知识创造的物理体现通常是发明。当发明通过专利的形式物化以后，知识与技能的价值也通过法定的程序得到了检验和承认[355]。巴斯贝格（Basberg, 1987）的研究证明，专利与新产品推出和新知识创造正相关[356]。川吉滕格（Trajtenger, 1990）认为，专利是知识创造的可靠测度指标[357]。因此，本书采用专利测度企业的技术创新产出，核心业务技术创新产出则利用核心业务领域的专利计数来测度。

企业外延性业务技术创新产出（*mopebupt*）：某一年企业在其最外延业务领域中产生的所有专利申请数，包括发明专利、实用新型专利和外观设计专利。

本书实证研究希望探讨协作研发网络演化对企业技术创新产出增长的积极作用，不仅关注技术创新产出整体，也关注协作研发网络演化对企业不同业务单元中技术创新产出提升的作用，即核心业务领域和外延性业务领域。因为，本书的理论分析认为，核心业务领域和外延性业务领域各自积累的技术资源优势对于企业提升对技术标准制定的影响力发挥不同的作用。如何区分核心业务领域和非核心业务领域成为本书实证研究中必须首先解决的问题。由于专利数据来源于中国重点产业专利服务平台，且该数据平台将汽车行业专利按其产品载体的不同分为6个子行业，分别是车身、底盘、电器设备、发动机、燃料、其他车辆。本书以该分类为基础，对企业在6大子行业分类下的专利进行累计计数。当该企业某年在某个子行业分类下的累计专利计数最高，则该子行业被认为是该企业当年最核心业务领域。当该企业某年在某个子行业分类下累计专利计数最低（非零），则该子行业被认为是该企业当年最外延性业务领域。按极端取值判定企业的核心业务和外延性业务领域是为了更好地将核心业务和外延性业务单元区分开来，从而在实证分析中可以更准确地估计协作研发网络对不同性质业务领域的作用，以及不同性质业务领域对企业提升其技术标准制定影响力的作用。

2. 解释变量

企业的度中心性（*allegodr*）：企业在相应时间窗口期的协作研发网络中建立的网络关系个数。该指标的取值越高，说明企业的网络关系数量越多，其自我中心网络的规模越大。

企业的结构洞强度（*onedvallwncr*）：企业在相应时间窗口期的协作研发网络中所构建的结构洞的强度。此处采用自我中心网络算法生成 constraint 指标。结构洞的 constraint 指标测度的是网络主体在整体网络由于冗余性联系而受到的限制。为了方便对拟合结果进行经济解释，将 1 除以 constraint 所得值指标作为结构洞非冗余强度的测量。

企业的关系强度（*alltsa*）：企业在相应时间窗口期的协作研发网络中所构建的网络关系的平均强度。网络关系的强度通过该网络关系在相应时间窗口期中所产生的合作专利数量测度，合作专利数越高则该网络关系的强度越高。对企业的每项网络关系的强度进行统计，然后求其平均值。以该平均值测度该企业在该时间窗口期中所构建的网络关系的平均强度。

企业的协作研发网络闭合度（*allegoct*）：企业在相应时间窗口期的协作研发网络中所参与的闭合式三元组的个数。该指标取值越大，则该企业在当期协作研发网络中所参与的闭合式三元组的数量越多，其他条件不变时，该企业自我中心网络中的闭合度越高。

3. 控制变量

企业的技术创新投入（*clpt2lag*1）：企业所积累形成的技术资源，如知识、人力等，必然成为企业在当前进行技术创新工作的投入要素，从而影响到企业当前技术创新中的产出。而且不同的企业由于其技术资源积累的数量和特性不同，其当前技术创新产出的数量和特性也不同。由于缺乏对企业技术人力资源和隐形技术知识的数据，本书采用企业截至前一期所形成的累计专利技计数作为企业当前技术创新投入的近似测度指标。本书参照米勒（Miller，2006）提出的方法，计算累计专利时对过去时期的年专利产出按照85%的年贬值率折现到当期[228]。

企业业务多元化（*ptdiv*）：该变量为虚拟变量。当某企业某一年在多个专利行业分类下申请专利时，该企业被认为存在业务多元化，该变量取值为1，否则为0。有研究认为，进行相关多元化的企业比单一业务企业和非相关多元化的企业表现出更高的绩效[358]。而企业在汽车行业各个子行业中同时运营多种产品属于一定程度的相关多元化。相关多元化程度更高时，企业往往需要为多个业务领域的技术研发投入更多的资源，并以更有效的方式整合这些不同业务领域的技术资源。而由于资源投入和整合能力的不同，企业的技术创新产出的数量和特性也将有所不同。因此，企业业务多元化是样本中的异质性来源之一，应该作为控制变量之一。

企业的市场地位：由 3 个虚拟变量构成，分别代表"国有控股"（$stct$）、"外资控股"（$frct$）、"中外合资"（dfv）三种的企业性质属性。当某企业某一年为国有控股企业时，该变量取值为 1，否则为 0。当某企业某一年为外资控股企业时，该变量取值为 1，否则为 0。当某企业某一年为中外合资企业时，该变量取值为 1，否则为 0。特定一个企业不可能同时为国有控股和外资控股企业，但有可能同时为国有控股即中外合资企业或外资控股即中外合资企业。

使用企业股权性质属性作为企业市场地位的近似测度变量，原因在于，本书的样本总量中绝大多数为非上市公司。企业的销售额、市场份额等数据获取难度较大，这使得对于企业市场优势的测量，必须选择近似测度变量。而本书研究样本为中国汽车行业，汽车产业在过去 30 年的发展历程中，行业格局的主要特征明显，表现为国有企业的改制与发展，以及外商投资的涌入。

自改革开放以来，我国汽车产业发展的重要特征是国际化，而我国汽车行业国际化主要通过两条途径来实现：引进来，走出去。"引进来"主要是指利用中国市场的潜力，吸引国际汽车制造的大型企业和企业集团进入中国的整车、零部件和汽车服务等领域进行合资合作，在合资合作中促进中国汽车行业的跨越式发展，迅速提升研发、生产、销售等方面的能力。"走出去"是指推动国内企业，尤其是自主品牌走出国门，面向国际市场进行技术、产品、服务的输出，这是中国汽车产业竞争能力提升的重要标志。自 1983 年第一例汽车产业中外合资项目"北京吉普汽车有限公司"在北京启动到如今，几乎所有大型国际汽车集团都已经进驻中国市场，在中国境内进行研发、制造、销售和进口。

与外资引进同步进行的是国有汽车生产企业的改制与发展。过去 30 年中，绝大部分的外资进入中国市场的合作对象都是中国的国有企业。自计划经济中脱胎而出，国有企业相对而言具有更多的技术与人力积累，而且国有企业的背景有利于合资企业获得政策支持。因此，20 世纪 80 年代以后，外资与国资之间的合作纷纷涌现，如上海大众汽车有限公司、广州标致汽车有限公司、一汽—大众公司、广州本田汽车有限公司、华晨宝马汽车有限公司、北京现代汽车有限公司等。中国的国有企业在合资合作的过程中也不断进行自身的制度改进，纷纷进行改制与重组，向市场经济体制转型。通过控股的方式组建企业集团，集团再以控股的方式组建中外合资企业。因此，过去 30 年中，中国汽车产业的国有企业经历了脱胎换骨式的转型与发展，但是一直是中国汽车行业发展支柱。

综上，过去 30 年中，中国汽车产业不断发展，但总体上来说，产业中的主要参与者是国有企业、外资企业以及中外合资企业，这些企业贡献了汽车产业绝大部分的生产规模和市场份额。因此，对于市场优势这一控制变量，本书选用了近似测度变量——企业股权性质变量。不同市场地位的企业，其各种组织资源的规模和特性不同。比如，市场地位更高的企业，其财务资源、人力资源、技术资源、市场资源更加丰富，这可能推动其技术创新产出的表现优于市场地位相对弱小的企业。因此，在分析企业的技术创新产出的影响因素时，企业的市场地位是模型中的个体异质性来源之一，应该加以控制。

产业属性：由 6 个虚拟变量构成，分别代表车身（$pticcb2$）、底盘（$pticcs2$）、电器设备（$pticee2$）、发动机（$pticeg2$）、燃料（$pticgl2$）、其他车辆（$pticov2$）六个汽车产业的下属子产业。当某企业某年在某个子产业分类下存在专利申请，则认为该企业在该产业下经营业务。由于存在业务多元化的情形，可能出现某企业某年多个产业虚拟变量取值为 1。在不同产业经营业务的企业，其技术创新的能力和产出水平可能各不相同，因此，产业属性也是模型中的个体异质性来源，应该加以控制。

年份属性：由 26 个虚拟变量构成（yr1-yr26），分别代表 1985～2010年。年份属性控制变量代表的是对产业中企业都会造成影响的系统性因素，如国家新政策的出台、市场和产业的重大突发事件、重大自然灾害等。这些系统性因素都会对企业的技术创新活动及其产出产生影响，因此在模型中加以控制。

7.2.2 提升企业外部技术影响力优势之实证研究中的变量测度

本书的理论推演认为，协作研发网络通过路径依赖效应促进企业外部技术影响力的非均衡发展，使得一部分企业拥有较强的技术影响力优势并对技术标准制定发挥更强的影响力。因此，实证研究中分别对企业外部技术影响力广度、强度和非冗余度的路径依赖效应进行分析。根据前面的理论模型，该部分实证研究的主要变量及其测量定义如下。

1. 被解释变量

企业技术影响力广度（*allegodr*）：企业在协作研发网络中的度中心性，即企业所拥有的协作研发对象的个数。点度中心性越高，则企业可以实施技术影响的对象越广泛。

企业技术影响力强度（*alltsa*）：企业在协作研发网络中所拥有的协作研发关系的平均强度。关系强度越高，则企业可以对其网络伙伴所实施的外部技术影响力越强。根据格兰诺维特（Granovetter，1973）提出的强联系、弱联系的思想，本书以某个合作关系在当期所产生的合作专利的个数来计算每个合作关系的强度[66]。

企业技术影响力非冗余度（*allwnes*）：企业在协作研发网络中所占据网络位置的结构洞强度。结构洞强度越高，则企业对其网络伙伴所实施的外部技术影响力非冗余度越高。本书采用伯特（Burt，1992）提出的结构洞 Effsize 指标来测度企业外部技术影响力的非冗余度[71]。

2. 解释变量

企业的前期度中心性（*l3. allegodr*）：企业在前期协作研发网络中建立的网络关系个数。该指标的取值越高，说明企业的网络关系数量越多，其自我中心网络的规模越大。取滞后三期的度中心性，原因是协作研发网络的构建以三年为窗口期，滞后三期的度中心性更能真实地反映是否存在路径依赖效应。

企业的前期关系强度（*l3. alltsa*）：企业在前期协作研发网络中所构建的网络关系的平均强度。网络关系的强度通过该网络关系在相应时间窗口期中所产生的合作专利数量测度，合作专利数越高，则该网络关系的强度越高。对企业的每项网络关系的强度进行统计，然后求其平均值。以该平均值测度该企业在该时间窗口期中所构建的网络关系的平均强度。取滞后三期的关系强度，原因是协作研发网络的构建以三年为窗口期，滞后三期的关系强度更能真实地反映是否存在路径依赖效应。

企业的前期结构洞强度（*l3. allwnes*）：企业在前期协作研发网络中所构建的结构洞的强度。本书采用伯特（Burt，1992）提出的结构洞 Effsize 指标来测度企业外部技术影响力的非冗余度[71]。取滞后三期的结构洞强度，原因是协作研发网络的构建以三年为窗口期，滞后三期的结构洞强度更能真实地反映是否存在路径依赖效应。

3. 控制变量

企业的技术创新投入（*clpt2*）：企业所积累形成的技术资源，如知识、人力等，必然成为企业在当前进行技术创新工作的投入要素，从而影响到企业当前技术创新实力以及企业对协作研发网络的参与程度。由于缺乏对企业技术人力资源和隐形技术知识的数据，本书采用企业累计专利计数作为企业当前技术创新投入的近似测度指标。本书参照米勒（Miller，2006）提出的方法，计算累计专利时对过去时期的年专利产出按照 85% 的年贬值率折现到当期[228]。

企业业务多元化（*ptdiv*）：该变量为虚拟变量。当某企业某一年在多个产业分类下申请专利时，该企业被认为存在业务多元化，该变量取值为1，否则为0。从事业务多元化的企业往往需要为多个业务领域的技术研发投入多种资源，并以更有效的方式整合这些不同业务领域的技术资源。这将促使企业更多地参与协作研发活动以获取新鲜知识和技术，并学习如何更有效地整合不同业务领域的技术资源。因此，企业业务多元化是样本中的异质性来源之一，应该作为控制变量之一。

产业属性：由6个虚拟变量构成，分别代表车身（*pticcb2*）、底盘（*pticcs2*）、电器设备（*pticee2*）、发动机（*pticeg2*）、燃料（*pticgl2*）、其他车辆（*pticov2*）六个汽车产业的下属子行业。当某企业某年在某个子产业分类下存在专利申请，则认为该企业在该产业下经营业务。由于存在业务多元化的情形，可能出现某企业某年多个产业虚拟变量取值为1。在不同产业经营业务的企业，其参与协作研发网络的积极性有所区别，因此，产业属性也是模型中的个体异质性来源，应该加以控制。

年份属性：由26个虚拟变量构成（*yr1 - yr26*），分别代表1985～2010年。年份属性控制变量代表的是对行业中企业都会造成影响的系统性因素，如国家新政策的出台、市场和行业的重大突发事件、重大自然灾害等。这些系统性因素都会对企业的协作研发活动产生影响，因此应在模型中加以控制。

7.2.3 提升企业对技术标准制定的影响力之实证研究中的变量测度

本书的理论分析认为，企业的协作研发网络通过两种渠道影响企业对技术标准制定之影响力的提升。其一，协作研发网络演化通过促进知识的"引进来"和内部整合提升企业的技术资源优势，从而间接提升企业在技术标准制定中的影响力。其二，协作研发网络演化通过促进知识、理念的"走出去"提升企业在产业中的技术影响力，从而增强企业在技术标准制定中的话语权。因此，在前述实证研究分析协作研发网络演化对企业内部技术资源优势的影响之后，下述实证研究分析了企业内部技术资源优势和技术影响力优势对企业影响技术标准制定之能力的作用。根据前述理论模型和计量模型的设定，各变量的测度方法说明如下。

1. 被解释变量

企业对技术标准制定的影响力（ttsd）：某一年该企业以起草单位身份参与起草的技术标准个数。

本书的研究对象为通过标准化组织推出的正式技术标准。标准化组织往往设立标准化委员会来负责技术标准草案的审理。比如，乔等（Chiao et al.，2007）发现，数十个电子行业都通过设立技术标准化委员会来推动正式标准的制定和出台[26]。中国的标准化组织主要为政府下属的各行业标准化委员会。我国的《国家标准制修订工作程序》和《行业标准制修订工作程序》中明确规定了我国标准化工作的流程以及标准化委员会在其中发挥的作用。各行业标准化委员会受理各组织所提出的标准草案，将该标准草案在行业内广泛征求意见。产业中的其他参与者可以对标准草案提出异议并要求修改。随后，标准化委员会对标准草案进行审理，并采用投票制决定是否通过该草案，当赞成票达到 3/4 以上时，该标准草案得以通过。标准化委员会对标准草案审核通过后，提交国家工信部或国标委等相关主管单位审批并公示，然后正式发布。此时，这些标准草案就成为我国的国家标准和行业标准，具有一定程度的强制性。根据我国的相关规定，任何政府机构、企事业单位、团体、个人均可提出制修订标准并申报标准制修订草案。标准草案的起草单位派出相关人员组成起草小组，起草小组成员负责标准草案具体内容的撰写和修改。

由于标准草案的起草小组直接负责标准内容的撰写和修订，而标准草案的起草小组成员由标准起草单位委派。标准起草单位可以通过其委派的标准起草人员将自身的技术偏好、技术利益渗透到标准的各项细节中去。成为标准起草单位的组织对其所起草的标准有着最直接的影响力。因此，本书以某个企业是否成为标准起草单位及其成为标准起草单位的频率来衡量该企业是否对我国正式技术标准制定具有多大的影响力。

2. 解释变量

企业内部技术资源优势（$highclpt2$）：使用虚拟变量测度企业的技术资源优势。当某企业某期的累计专利计数超过当期整个样本中的平均水平，则该企业的该虚拟变量取值为1，否则为0。该虚拟变量将每期样本中的企业分成两类：累计技术资源超过平均水平的优势企业一组；累计技术资源低于平均水平的弱势企业一组。当该企业的该虚拟变量取值为1时，该企业当期在整个样本中属于具备相对技术资源优势的一组，否则就被归为相对弱势的一组。根据本书的理论分析，企业内部技术资源优势的重要属性之一是其相对性，比较的是企业之间在技术资源占有上的相对水平。该虚拟变量能够较好地区分不同企业就其所掌握的技术资源而言在整个样本中的实力差距，因此是衡量企业内部技术资源优势的较理想测度。专利是衡量企业技术资源的广为采用的可观测指标。本书进一步认为，企业的专利研发活动与企业的技术标准化活动之间的关系并非是短期的。因为技术标准化是企业的长期战略行为，往往基于企业长期的技术研发活动。此外，在技术标准的制定过程中，企业的长期技术实力而不仅仅是近期技术产出能够为企业博得支持和话语权。因此，累计专利资源相对近期专利产出而言是预测企业技术标准化活动的更有效指标。但是，过于久远的专利同样可能由于缺乏相关性而减弱其对企业参与当期技术标准化活动并获取话语权的支撑作用。因此，本书参照米勒（Miller，2006）提出的方法，计算累计专利时对过去时期的年专利产出按照85%的年贬值率折现到当期[228]。

企业的核心业务技术资源优势（$highmocobucp$）：该变量为虚拟变量，

当某企业某期在其最核心业务领域的累计专利计数超过当期整个样本中的平均水平，则该企业的该虚拟变量取值为1，否则为0。该变量取值为1的企业在当期的样本中具备超过平均水平的核心技术资源优势，而取值为0的企业其核心技术资源优势低于当期样本的平均水平。

企业的外延性业务技术资源优势（*highmopebucp*）：该变量为虚拟变量，当企业某期在其最外延业务领域的累积专利技术超过当期整个样本中的平均水平，则该企业的该虚拟变量取值为1，否则为0。该变量取值为1的企业在当期的样本中具备超过平均水平的外延性技术资源优势，而取值为0的企业其外延性技术资源优势低于当期样本的平均水平。

同样参照米勒（Miller，2006）使用85%的年贬值率折计算累积核心技术资源和累积外延性技术资源[228]。本书以车身、底盘、电器设备、发动机、燃料、其他车辆六大分类为基础，对企业在六大子产业分类下的专利进行累计计数。当该企业某年在某子产业分类下的累计专利计数最高，则该子产业被认为是该企业当年最核心业务领域。当该企业某年在某子产业分类下累计专利计数最低（非零），则该子产业被认为是该企业当年最外延性业务领域。

企业外部技术影响力广度的相对优势（*allegodrdvyrmn*）：企业在协作研发网络中的点度中心性，即企业所拥有的协作研发对象的个数，除以当期样本中的平均值。该比值越高，则企业可以实施技术影响的对象越广泛，且其可以影响对象的规模在样本中的相对优势地位越明显。正式技术标准制定的过程是众多利益相关者博弈和妥协的过程，因此，各利益相关者在技术影响力上的实力差距对技术标准制定话语权的分配有着重要影响。企业在技术影响力广度上的相对优势具有更直接的解释力度。

企业外部技术影响力非冗余度的相对优势（*allwnesdvyrmn*）：企业在协作研发网络中所占据网络位置的结构洞强度，除以当期样本中的平均值。该比值越高，则企业外部技术影响力非冗余度在样本中的相对优势越明显。本书采用伯特（Burt，1992）提出的结构洞 Effsize 指标来测度企业外部技术影响力的非冗余度[71]。

企业外部技术影响力强度的相对优势（*alltsadvyrmn*）：企业在协作研发网络中所拥有的协作研发关系的平均强度，除以当期样本中的平均值。该比值越高，则企业外部技术影响力强度在样本中的相对优势越突出。根据格兰诺维特（Granovetter，1973）提出的强联系、弱联系的思想，本书以某个合作关系在当期所产生的合作专利的个数来计算每个合作关系的强度[66]。

企业业务多元化（*ptdiv*）：该变量为虚拟变量。当某企业某一年在多个产业分类下申请专利时，该企业被认为存在业务多元化，该变量取值为1，否则为0。根据第 5 章的理论分析，企业业务和技术资源的多元化会对企业的技术标准化活动产生影响。实施业务多元化的企业，由于拥有不同性质的技术资源支撑其不同业务单元的经营活动，能够发展出更好的整合不同技术资源的能力，从而在兼容性标准的制定中拥有更广泛的支持基础。因此，企业业务多元化是企业影响技术标准制定的解释变量之一。

协作研发网络高度参与主体（*highallegodr*）：该变量为虚拟变量。当某企业某一年在协作研发网络中具备的度中心性超过当期样本的平均水平，则该变量取值为1，否则取值为0。度中心性测度的是网络主体直接联系的数量，度中心越高，说明该主体在网络中的直接合作对象越多，在协作研发网络中的参与度越高。

3. 控制变量

企业的市场地位：由 3 个虚拟变量构成，分别代表"国有控股"（*stct*）、"外资控股"（*frct*）、"中外合资"（*dfjv*）三种企业性质属性。当某企业某一年为国有控股企业时，该变量取值为1，否则为0。当某企业某一年为外资控股企业时，该变量取值为1，否则为0。当某企业某一年为中外合资企业时，该变量取值为1，否则为0。特定一个企业不可能同时为国有控股和外资控股企业，但有可能同时为国有控股即中外合资企业或外资控股即中外合资企业。国有控股企业、外资控股企业、中外合资企业是中国汽车产业的主要参与者，具有突出的市场地位。这种市场地位使其在行业技术标准制定中相对其他企业，往往更具优势。

产业属性：由 6 个虚拟变量构成，分别代表车身（$pticcb2$）、底盘（$pticcs2$）、电气设备（$pticee2$）、发动机（$pticeg2$）、燃料（$pticgl2$）、其他车辆（$pticov2$）六个汽车产业的下属子产业。当某企业某年在某子产业分类下存在专利申请，则认为该企业在该子产业下经营业务。由于存在业务多元化的情形，可能出现某企业某年多个子产业虚拟变量取值为 1。在不同子产业经营业务的企业，其参与技术标准制定的动力和能力不尽相同。比如，技术密集程度相对较低的产业中，企业参与技术标准化的动力相对较弱。因此，产业属性也是模型中的个体异质性来源，应该加以控制。

年份属性：由 26 个虚拟变量构成（yr1-yr26），分别代表 1985 ~ 2010年。年份属性控制变量代表的是对产业中企业都会造成影响的系统性因素，如国家新政策的出台、市场和产业的重大突发事件、重大自然灾害等。这些系统性因素都会对企业的技术标准化活动产生影响，因此在模型中加以控制。

7.3　数据来源与采集

7.3.1　标准数据的来源、采集与处理

如第 3 章所述，本书使用某企业是否以技术标准起草单位的身份参与起草技术标准来测量某企业是否对技术标准的制定具有影响力。本书所使用的技术标准之起草单位信息来源于技术标准文献。我国的技术标准文献中对技术标准草案的起草单位进行了逐一登记。

与本书第 3 章实证分析所使用的技术标准数据来源一致，本章实证分析所使用的技术标准文献来源于中国知网（CNKI）下属的《标准数据总库》。《标准数据总库》是国内数据量最大、收录最完整的标准数据库。本书从《标准数据总库》中采集了汽车产业历年来所有中国标准和国际标准题录的数据，按照《中国标准文献分类法》来确定是否为汽车产业标准。一级分类"T"目录下所有标准属于"车辆"标准。因此，本书从《标准数据总库》中采集了所有中国标准分类号以"T"开头的标准的题录数据。历年来，"车辆"目录下的中国技术标准总数为 2811 条，但是只有 1751 条提供了起草单位信息的检索。这些技术标准的题录信息构成了本书技术标准的数据来源。题录信息中包括标准中英文名称、标准号、中国标准分类号、国际标准分类号、发布单位、发布时间、起草单位等信息。当企业出现在某技术标准起草单位一栏时，则认为该企业参与制定了该标准。本书按不同企业逐年统计了每个企业每年作为起草单位所参与制定的技术标准个数。

7.3.2　专利数据的来源、采集与处理

本书实证研究的专利数据与第 3 章所采用的专利数据来源相同，同样来自"国家重点产业专利信息服务平台"中汽车行业专利数据。不同的是，本书实证研究关注企业层面的专利活动。因此，本书实证研究对于专利数据的处理与第 3 章有不同之处。

本书实证研究以企业为单位，逐一统计了每个企业每年所申请的专利总数和不同子产业下的专利总数，包括发明专利申请、实用新型专利申请、外观设计专利申请。"国家重点产业专利信息服务平台"将汽车产业分为车身、底盘、电器设备、发动机、燃料、其他车辆六个下属子产业，因此，本书也分别统计了每个企业每一年在每个子产业领域所申请的专利总数。"国家重点产业专利信息服务平台"提供了对每项专利摘要信息和

原始文献信息的检索和查询。摘要信息中的"申请（专利权）人"记录了提出每项专利申请的组织机构名称，而申请号编码提供了该专利申请时间信息。本书实证研究据此逐一统计每个企业每年申请的专利总数和每个子行业领域申请的专利总数。

在每年申请的专利总数基础上，根据米勒（Miller，2006）提出的方法，计算累计专利时对过去时期的年专利产出按照 85% 的年贬值率折现到当期并加总[228]。本书按所有专利和六个子产业领域分别计算了每个企业每期的累计专利计数，分别计为"累计专利""累计车身专利""累计底盘专利""累计电气设备专利""累计发动机专利""累计其他车辆专利""累计燃油专利"。并以此为基础，判断和计算某企业某一期所具备的产业属性、多元化属性、技术资源优势、核心技术资源优势、外延性技术资源优势。

7.3.3 协作研发网络数据的来源、采集与处理

本书实证研究采用的协作研发网络数据来源和生成方法与第 3 章相同，但数据的处理不尽相同。在使用 3 年窗口期滚动法从汽车产业专利数据中提取专利合作关系并生成 1986～2010 年 25 期网络数据之后，将这 25 期网络数据分为 0－1 矩阵和非 0－1 矩阵。当某两个组织某一期同时提交多个合作专利，0－1 矩阵只将其计数为 1，表示该合作关系存在；而非 0－1 矩阵按照实际发生的合作专利申请数量计算该合作关系的强度。本书实证研究分别利用 0－1 矩阵和非 0－1 矩阵计算不同的网络结构指标。

本书实证研究以 0－1 矩阵为基础，使用 UCINET6.0 软件对 25 期网络中的每个企业分别计算点度中心度（degree）、结构洞（structural holes）指标。采用 0－1 矩阵计算这些结构指标的原因在于，如果利用非 0－1 矩阵计算这些网络结构指标，将带来其实际意义解释上的困难。其中，结构洞指标的计算同时采用了自我中心网络计算方法和全网络计算方法。利用

自我中心网络算法（ego network method）生成 Effsize、Closed traids 等结构指标，利用全网络算法（whole network method）生成 Constraint 指标。

以非 0 – 1 矩阵为基础，本书实证研究计算了 25 期网络中每个企业的关系强度指标（tie strength）。由于单个组织在某一期往往具有多个合作关系，且每个合作关系产生的合作专利数不尽相同，本书实证研究采用均值法来表征单个企业在某个时期中所具有的合作关系的平均强度。首先计算某个企业在某一期所具有的所有合作关系的总关系强度，即将与每个合作关系对应的合作专利数加总，然后将其除以该企业在该期所具有的合作关系个数，得到该企业在该期的平均合作关系强度。

7.3.4　其他数据的来源、采集与处理

本书采用的其他重要数据为企业性质数据，包括"国有控股""外资控股""中外合资"三个虚拟变量。对于企业性质的相关数据，本书使用了多个数据来源。其原因在于，大部分数据库只采集了上市公司或少数非上市公司的性质数据，而本书为了尽可能地扩大样本规模，保有了 2000 家左右的企业样本，其中只有数十家为上市公司，因此，本书通过其他方式采集企业性质数据。

本书主要使用了两种企业性质数据采集方法。采集方法一：访问该企业的官方网站，查询关于"公司介绍""集团介绍""发展历程""历史大事件"等栏目的信息。当这些栏目中针对该企业的文字介绍中出现"国有独资""国有控股"及国有企业或政府机构为大股东等关键字时，则认为该企业在文字介绍对应的时期为国有控股企业。例如，官方网站对第一汽车集团公司的介绍为"中国第一汽车集团公司简称'中国一汽'或'一汽'，国有特大型汽车生产企业"。据此，则认为第一汽车集团公司为国有控股企业。当这些栏目中针对该企业的文字介绍中出现"外商独资""外商控股""外资企业在中国的独资机构"及外资企业大股东等关键词时，

则认为该企业在文字介绍对应的时期为外资控股企业。当这些栏目中针对该企业的文字介绍中出现对内资股东与外资股东的介绍，或直接使用诸如"中外合资"等关键词时，则认为该企业在文字介绍的对应时期为中外合资企业。例如，官方网站对北京吉普汽车有限公司的介绍为"北京吉普汽车有限公司（BJC）是北京汽车工业控股有限责任公司（BAIC）与戴姆勒·克莱斯勒公司（DCC）、戴姆勒·克莱斯勒（中国）投资有限公司（DCCL）的中、美、德合资经营企业"，据此，认为该企业是中外合资企业。采集方法二：登陆各省市工商局网站，查询各企业的企业性质数据。各省市工商局网站与企业工商注册信息数据库相连，并在各级工商局网站上信息查询页面。工商局注册信息数据库中，企业的注册性质分为国有企业、集体所有制企业、外商独资企业、中外合资企业等不同类型。当工商局注册信息数据库中查询显示某企业为"国有企业"，本书即将该企业视为"国有控股企业"。当工商局注册信息数据库中查询显示某企业为"外商独资企业"，本书即将该企业视为"外资控股企业"。当工商局注册信息数据库中查询显示某企业为"中外合资企业"，本书即将该企业视为"中外合资企业"。企业性质数据采集方法一与方法二相互补充使用。

7.4 样本的描述性统计

7.4.1 被解释变量的描述性统计

企业内部技术资源优势提升实证研究中的被解释变量包括企业技术创新产出、企业核心业务技术创新产出、企业外延性业务技术创新产出。分别通过企业每一期的全部专利申请计数（$ttpt$）、最核心业务专利申请计数（$mocobupt$）、最外延业务专利计数（$mopebupt$）来测度，主要反映企业不同时期不同侧面的技术创新成果。其描述性统计见表 7 - 1。

表7－1　企业内部技术资源优势提升实证研究中的被解释变量的描述性统计

经济变量	Obs	Mean	Std. Dev.	Variance	Min	Max
ttpt	10635	3.829713	17.32263	300.0736	0	640
mocobupt	10635	2.561354	9.955424	99.11047	0	391
mopebupt	10635	0.7362482	2.080593	4.328867	0	78

资料来源：数据来源于《中国重点产业专利服务平台》，经作者分析形成该表。

从表7－1可以看出，企业专利产出（*ttpt*）、企业核心业务技术创新产出（*mocobupt*）、企业外延性业务技术创新产出（*mopebupt*）的样本分布差异化程度较大。三个变量的方差（variance）都超过了其均值（mean）。因此，初步分析表明，对这三个变量的解释模型进行估计时，负二项回归模型的估计结果应该优于泊松回归模型。三个变量的频数分布见图7－1、图7－2和图7－3。

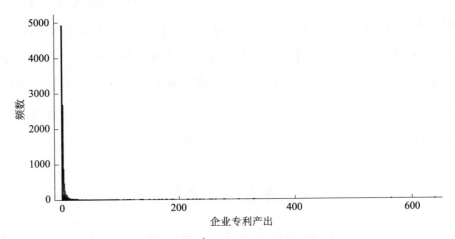

图7－1　企业专利产出（*ttpt*）的频数分布

资料来源：数据来源于《中国重点产业专利服务平台》，经作者分析形成该图。

图7－1、图7－2和图7－3的分布规律说明，企业专利产出（*ttpt*）、企业核心业务技术创新产出（*mocobupt*）、企业外延性业务技术创新产出（*mopebupt*）三个变量的观测值中，都以零计数最多。因此，初步分析表明，在对三个变量的解释模型进行估计时，零膨胀计数数据模型的估计结果应该优于一般计数数据模型的估计结果。

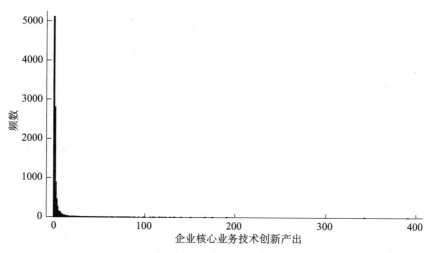

图7-2 企业核心业务技术创新产出（*mocobupt*）的频数分布

资料来源：数据来源于《中国重点产业专利服务平台》，经作者分析形成该图。

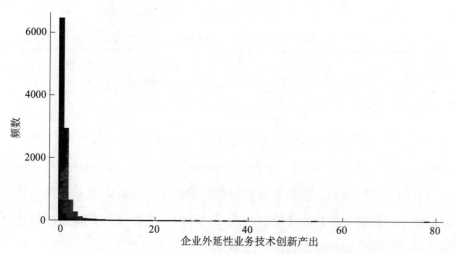

图7-3 企业外延性业务技术创新产出（*mopebupt*）的频数分布

资料来源：数据来源于《中国重点产业专利服务平台》，经作者分析形成该图。

　　协作研发网络提升企业外部技术影响力优势的实证研究中的被解释变量为企业外部技术影响力的广度、强度和非冗余度，分别通过度中心性、关系强度和结构洞测度。其描述性统计见表7-2。

217

表7-2　企业外部技术影响力提升实证研究中的被解释变量的描述性统计

经济变量	Obs	Mean	Std. Dev	Min	Max
allegodr	10635	1. 514057	1. 820273	1	48
alltsa	10635	1. 94966	7. 17349	1	430
allwnes	10635	1. 318227	1. 667653	0. 9999999	46. 875

资料来源：数据来源于《中国重点产业专利服务平台》，经作者分析形成该表。

表7-2中的描述性统计说明，企业外部技术影响力的广度、强度、非冗余度的分布是不平衡的。三者的标准差均大于均值，且企业外部技术影响力强度的标准差是均值的3.7倍。

企业对技术标准制定之影响力提升实证研究中的被解释变量为企业对技术标准制定的影响力，该变量通过企业每一期参与起草的标准的个数（*ttsd*）来衡量。该变量的取值为非负整数，且没有上限。其描述性统计见表7-3。

表7-3　企业对技术标准制定之影响力提升实证研究中的被解释变量的描述性统计

经济变量	Obs	Mean	Std. Dev.	Variance	Min	Max
ttsd	10635	0. 0173014	0. 2567165	0. 0659034	0	12

资料来源：数据来源于CNKI《标准数据总库》，经作者分析形成该表。

表7-3的描述性统计说明，整个样本中企业参与起草的标准个数（*ttsd*）的分布是不平衡的。方差（variance）是均值（mean）的3.8倍，不符合泊松回归模型关于方差与均值相等的假定。因此，在对企业对技术标准制定之影响力提升的计量模型进行估计时，负二项回归模型的估计结果应该优于泊松回归模型的估计结果。

图7-4描述了企业参与起草的标准个数（*ttsd*）的频数分布。该图说明，企业参与起草标准的个数为0的观测超过了10000条记录，而全部样本的观测为10635条记录。因此，整个样本中企业参与起草的标准个数（*ttsd*）的零值观测数远远超过非零观测数。初步分析表明，零膨胀的计数数据模型的估计结果应该优于一般计数数据模型的估计结果。

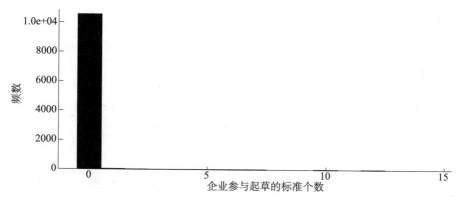

图 7-4　企业参与起草的标准个数（*ttsd*）的频数分布

资料来源：数据来源于 CNKI《标准数据总库》，经作者分析形成该表。

7.4.2　解释变量的描述性统计

表 7-4 提供了协作研发网络提升企业内部技术资源优势实证研究中解释变量的描述性统计信息。表 7-4 说明，总体样本容量为 10635 个观测值，样本中所有个体的度中心性（*allegodr*）均大于 0，即样本中所有个体均参与了协作研发网络。但无论是技术创新投入（*clpt2lag1*）、度中心性（*allegodr*）、网络关系强度（*alltsa*）、网络闭合度（*allegoct*）、结构洞（*onedvallwncr*）还是业务多元化（*ptdiv*），样本中个体之间的差异较大。

表 7-4　企业内部技术资源优势提升实证研究解释变量描述性统计

经济变量	Obs	Mean	Std. Dev.	Min	Max
clpt2lag1	10635	7.99032	40.0061	0	1096.94
allegodr	10635	1.514057	1.820273	1	48
alltsa	10635	1.94966	7.17349	1	430
allegoct	10635	0.373202	2.160909	0	36
onedvallwncr	10635	1.273364	1.226241	0.888889	28.19853
ptdiv	8344	0.386146	0.486894	0	1

资料来源：数据来源于《中国重点产业专利服务平台》，经作者分析形成该表。

表 7-5 提供了协作研发网络提升企业外部技术影响力优势实证研究中

解释变量的描述性统计信息。该表说明了滞后三期的企业度中心性、关系强度、结构洞的统计信息以及企业技术创新投入的统计信息。这四个变量的样本分布同样呈现非均衡状态。

表 7 - 5　企业外部技术影响力优势提升实证研究中解释变量的描述性统计

经济变量	Obs	Mean	Std. Dev.	Min	Max
l3. allegodr	1650	2. 142424	3. 291713	1	48
l3. alltsa	1650	2. 780669	5. 806976	1	76
l3. allwnes	1650	1. 937269	3. 192667	0. 9999999	46. 875
clpt2	10635	10. 61576	48. 86877	0	1148. 4
ptdiv	8344	0. 386146	0. 486894	0	1

资料来源：数据来源于《中国重点产业专利服务平台》，经作者分析形成该表。

表 7 - 6 提供了企业内部技术资源优势和外部技术影响力优势提升企业对技术标准制定之影响力实证研究中解释变量的描述性统计。样本中的个体技术资源优势（highclpt2）取值为 0，则说明该个体当期的技术资源水平低于样本的平均水平，而取值为 1，则说明该个体当期的技术资源水平高于样本的平均水平。核心业务技术资源优势（highmocobucp）、外延性业务技术资源优势（highmopebucp）两个变量的取值变化传达类似的信息。影响力广度的相对优势（allegodrdvyrmn）、影响力强度的相对优势（alltsadvyrmn）、影响力非冗余度的相对优势（allwnesdvyrmn）三个变量中，影响力强度的相对优势的标准差相对均值的差距更大，则该变量的样本离散程度更高。

表 7 - 6　企业对技术标准制定的影响力提升实证研究解释变量描述性统计

经济变量	Obs	Mean	Std. Dev.	Min	Max
highclpt2	10635	0. 167372	0. 373325	0	1
highmocobucp	10635	0. 185332	0. 388585	0	1
highmopebucp	10635	0. 24551	0. 43041	0	1
allegodrdvyrmn	10635	1	1. 157211	0. 530172	30. 02985
alltsadvyrmn	10635	1	3. 010687	0. 387839	180. 3885
allwnesdvyrmn	10635	1	1. 205105	0. 68488	33. 59057
ptdiv	8344	0. 386146	0. 486894	0	1

资料来源：数据来源于《中国重点产业专利服务平台》，经作者分析形成该表。

表 7-7 说明了该实证研究中相关解释变量样本中的频数分布统计信息。样本中技术资源优势（$highclpt2$）取值为 0 的观测为 8855 项，远超过取值为 1 的 1780 项，说明样本中超过 80% 的个体观测的技术资源水平低于样本的平均水平，只有少部分个体观测表现出超过平均水平的技术资源优势。在核心业务技术资源优势（$highmocobucp$）、外延性业务技术资源优势（$highmopebucp$）两个变量的个体观测上也表现出类似的分布特征，绝大多数个体观测低于平均水平，而只有少部分个体观测超过样本平均水平。业务多元化变量的样本频数分布中取值为 0 的观测为 5122 项，远超过取值为 1 的观测 3222 项，说明样本中超过半数的个体观测没有从事业务多元化（$ptdiv$）。

表 7-7　企业技术标准制定的影响力提升实证研究相关解释变量样本频数分布统计

	$highclpt2$	Freq.	Percent	Cum.
技术资源优势	0	8855	83.26	83.26
	1	1780	16.74	100
	Total	10635	100	
	$highmocobucp$	Freq.	Percent	Cum.
核心业务技术资源优势	0	8664	81.47	81.47
	1	1971	18.53	100
	Total	10635	100	
	$highmopebucp$	Freq.	Percent	Cum.
外延性业务技术资源优势	0	8024	75.45	75.45
	1	2611	24.55	100
	Total	10635	100	
	$ptdiv$	Freq.	Percent	Cum.
业务多元化	0	5122	61.39	61.39
	1	3222	38.61	100
	Total	8344	100	

资料来源：数据来源于《中国重点产业专利服务平台》，经作者分析形成该表。

7.4.3　控制变量的描述性统计

表 7-8 提供了实证研究中控制变量的描述性统计信息。统计信息说明

在容量为 10635 的总样本中，国有控股、外资控股、中外合资三个变量仅有超过 3000 项的观测值，而产业分类的观测有超过 8000 项。这意味着，由于企业属性信息有限的条件限制，在实际的计量分析中，样本被缩小到低于 3000 项观测值。

表 7 - 8　控制变量的描述性统计

经济变量	Obs	Mean	Std. Dev.	Min	Max
stct	3725	0. 503893	0. 500052	0	1
frct	3725	0. 040805	0. 197866	0	1
dfv	3539	0. 131111	0. 337569	0	1
pticcb2	8344	0. 313519	0. 463951	0	1
pticcs2	8344	0. 172939	0. 378217	0	1
pticee2	8344	0. 079099	0. 269909	0	1
pticeg2	8344	0. 200863	0. 40067	0	1
pticov2	8344	0. 221237	0. 415105	0	1
pticgl2	8344	0. 050935	0. 219878	0	1

资料来源：数据来源于《中国重点产业专利服务平台》和其他公开互联网资源，经作者分析形成该表。

表 7 - 9 提供了控制变量的样本频数分布统计信息。国有和非国有控股的观测各占样本量的一半。样本中 4.08% 的观测为外资控股。中外合资的个体观测占到样本量的 13.11%。样本中企业的股权结构及其所代表的市场地位较为多元化。总样本中来自车身、其他车辆、发动机、底盘四个子产业的观测数占到前四位。反映出样本中企业从事的子产业以多样化程度较高，同时，也在技术密集性较高的发动机子产业有一定渗透。

表 7 - 9　控制变量的样本频数分布统计

	STCT	Freq.	Percent	Cum.
国有控股	0	1848	49. 61	49. 61
	1	1877	50. 39	100
	Total	3725	100	

续表

	FRCT	Freq.	Percent	Cum.
外资控股	0	3573	95.92	95.92
	1	152	4.08	100
	Total	3725	100	
	DFJV	Freq.	Percent	Cum.
中外合资	0	3075	86.89	86.89
	1	464	13.11	100
	Total	3539	100	
	PTICCB2	Freq.	Percent	Cum.
行业分类之车身	0	5728	68.65	68.65
	1	2616	31.35	100
	Total	8344	100	
	PTICCS2	Freq.	Percent	Cum.
行业分类之底盘	0	6901	82.71	82.71
	1	1443	17.29	100
	Total	8344	100	
	PTICEE2	Freq.	Percent	Cum.
行业分类之电气设备	0	7684	92.09	92.09
	1	660	7.91	100
	Total	8344	100	
	PTICEG2	Freq.	Percent	Cum.
行业分类之发动机	0	6668	79.91	79.91
	1	1676	20.09	100
	Total	8344	100	
	PTICOV2	Freq.	Percent	Cum.
行业分类之其他车辆	0	6498	77.88	77.88
	1	1846	22.12	100
	Total	8344	100	
	PTICGL2	Freq.	Percent	Cum.
行业分类之燃料	0	7919	94.91	94.91
	1	425	5.09	100
	Total	8344	100	

资料来源：数据来源于《中国重点产业专利服务平台》和其他公开互联网资源，经作者分析形成该表。

7.5 研究结果

7.5.1 提升企业内部技术资源优势之实证研究的结果

表7-10汇报了协作研发网络提升企业核心技术资源优势之实证模型中变量的相关性分析的结果。技术创新投入与核心业务技术创新产出之间的相关性程度是所有相互关系中最高的。而协作研发网络中的度中心性、网络关系强度与核心业务技术创新产出之间存在相对较高的相关性，协作研发网络闭合度与核心业务技术创新产出之间的相关性在三个网络变量中是最弱的。业务多元化与核心业务技术创新产出之间的相关性高于多数其他控制变量与核心业务技术创新产出之间的相关性。由于本书实证研究采用计数数据模型，属于非线性模型；而相关性分析更适用于线性模型，因此，相关性分析的结果仅作参考[359]。

表7-10 协作研发网络提升企业核心技术资源优势之实证模型中变量的相关性分析

经济变量	mocobupt	clpt2lag1	allegodr	alltsa	allegoct	stct
mocobupt						
clpt2lag1	0.6179					
allegodr	0.3061	0.2395				
alltsa	0.536	0.3043	0.0958			
allegoct	0.0021	0.0056	0.5081	−0.0066		
stct	−0.0029	0.0395	0.0603	−0.0615	0.0111	
frct	−0.0294	−0.0269	−0.038	−0.0254	−0.0135	−0.2468
dfjv	0.0083	0.0117	−0.0286	0.0486	−0.002	−0.059
ptdiv	0.1847	0.2047	0.2155	0.1457	−0.003	0.0942
pticcb2	0.0991	0.0829	0.028	0.0908	−0.0151	−0.0141
pticcs2	0.007	0.0305	−0.0058	−0.0144	−0.02	−0.0736
pticee2	−0.0265	−0.0401	−0.0189	−0.0188	−0.003	−0.0966
pticeg2	−0.0509	−0.0473	−0.0367	−0.0286	−0.032	0.0346
pticov2	−0.0482	−0.0512	0	−0.0388	0.0632	0.0614
pticgl2	−0.0206	−0.0064	0.0501	−0.0225	0.0067	0.0591

续表

经济变量	*frct*	*dfjv*	*ptdiv*	*pticcb2*	*pticcs2*	*pticee2*
frct						
dfjv	0.1513					
ptdiv	− 0.0489	0.0742				
pticcb2	0.0587	0.1053	0.0756			
pticcs2	0.0664	0.016	0.1131	− 0.2563		
pticee2	0.0131	0.0232	0.0498	− 0.1406	− 0.125	
pticeg2	0.0244	0.0158	− 0.0225	− 0.3008	− 0.1973	− 0.1484
pticov2	− 0.1135	− 0.1044	− 0.0614	− 0.3565	− 0.2075	− 0.1708
pticgl2	− 0.0422	− 0.0425	0.0209	− 0.1052	− 0.081	− 0.0632

经济变量	*pticeg2*	*pticov2*
pticeg2		
pticov2	− 0.2828	
pticgl2	− 0.1034	− 0.1121

资料来源：数据来源于《中国重点产业专利服务平台》和其他公开互联网资源，经作者分析形成该表。

表 7 - 11 汇报了协作研发网络提升企业核心技术资源优势的实证分析结果。被解释变量为企业核心技术创新产出（*mocobupt*），主要解释变量包括企业的技术创新投入（*clpt2lag1*）和协作研发网络结构特征，分别使用负二项回归模型（NBREG）与零膨胀的负二项回归模型（ZINB）对研究假设进行分析。原因在于，对零膨胀的负二项回归模型进行 vuong 检验时，不能拒绝标准负二项回归模型更优的原假设。但是总体上来说，零膨胀的负二项回归模型与随机效应负二项回归模型的拟合结果较为接近。四个模型的 P 值均显著（*Prob* > *chi2* = 0.00），说明四个模型从整体上解释力度理想。四个模型的 *alpha* 检验值均显著，则拒绝泊松回归模型更优的原假设，说明采用负二项回归模型优于泊松回归模型。

模型中主要解释变量与被解释变量的相互关系基本得到验证。企业的技术创新投入（*clpt2lag1*）与核心业务技术创新产出（*mocobupt*）在四个模型中均显著正相关。技术创新投入水平更高的企业，其核心业务技术创新产出水平更高。在零膨胀模型中，企业协作研发网络度中心性（*allego-dr*）的一次项与二次项均与企业核心业务技术创新产出（*mocobupt*）显著相关，且一次项的系数为正，而二次项的系数为负，意味着度中心性与企业核心业务技术创新产出之间呈倒 U 型相关。但在随机效应负二项模型中，度中心性的一次项显著而二次项不显著，倒 U 型关系不显著。企业协作研发网络关系强度（*alltsa*）与企业核心业务技术创新产出（*mocobupt*）正相关，且在四个模型中均显著。意味着较高的网络关系强度与较高的企业核心业务技术创新产出相伴随，或者说当企业协作研发网络关系强度上升时，企业核心业务技术创新产出也呈现上升趋势。企业协作研发网络闭合度（*allegoct*）的一次项和二次项均与企业核心业务技术创新产出（*mocobupt*）显著相关，且一次项的系数为负，而二次项的系数为正。意味着企业协作研发网络闭合度与企业核心业务技术创新产出之间存在 U 型相关关系。企业协作研发网络中闭合性子网络个数逐渐上升时，企业核心业务技术创新产出首先逐步下降并形成底部，然后随着闭合性子网络个数的继续上升而上升。业务多元化（*ptdiv*）与企业核心业务技术创新产出（*mocobupt*）在四个模型中均呈显著正相关关系，说明从事业务多元化的企业相对于不从事多元化的企业，其核心业务技术创新产出水平更高。

其他主要控制变量与企业核心业务技术创新产出的关系各不相同。企业是否为国有控股（*stct*）与其核心业务技术创新产出之间的相关性不显著。但是，外资控股（*frct*）企业的核心业务技术创新产出显著低于非外资控股企业。原因可能在于，外资控股企业往往不愿意就其核心业务在中国申请专利，而更倾向于在母国申请专利。中外合资（*dfjv*）企业的核心业务技术创新产出水平显著高于非中外合资企业，说明中外合资的股权结构确实有效地促进了海外知识和技术的引进，以及与境内知识和技术基础的融合，较好地鼓励了相关企业核心业务技术创新产出水平的提高。

表 7 – 11　协作研发网络提升企业核心技术资源优势的实证研究结果

mocobupt	ZINB1	ZINB2	XTNBREG1	XTNBREG2
Main model				
clpt2lag1	0. 0157814 ***	0. 0152478 ***	0. 0023421 ***	0. 0024141 ***
	(0. 0014478)	(0. 0014433)	(0. 0002552)	(0. 000257)
allegodr	0. 106948 ***	0. 4766913 ***	0. 1693334 ***	0. 1546787 ***
	(0. 0312913)	(0. 0821078)	(0. 0274201)	(0. 0572642)
allegodr2		− 0. 0356989 ***		0. 0041339
		(0. 0085531)		(0. 004119)
alltsa	0. 0195832 ***	0. 0209158 ***	0. 0057411 ***	0. 0054966 ***
	(0. 0037048)	(0. 003729)	(0. 0006056)	(0. 0006169)
allegoct	− 0. 0436065 *	− 0. 4418689 ***	− 0. 1102058 **	− 0. 2892746 ***
	(0. 0245888)	(0. 0742668)	(0. 0444249)	(0. 0694351)
allegoct2		0. 0119381 ***		0. 0067079 ***
		(0. 0020601)		(0. 0019372)
stct	0. 0715704	0. 0612314	− 0. 0170819	− 0. 0123888
	(0. 0613509)	(0. 0608709)	(0. 0658422)	(0. 0654694)
frct	− 0. 3845246 *	− 0. 3929389 **	− 0. 1561584	− 0. 1668415
	(0. 1544595)	(0. 1535124)	(0. 1537581)	(0. 1531295)
dfjv	0. 2288236 *	0. 2530877 ***	0. 2092022 **	0. 2121402 **
	(0. 0904197)	(0. 0896883)	(0. 1009733)	(0. 1005666)
ptdiv	0. 8018084 ***	0. 7431057 ***	0. 6442038 ***	0. 6580319 ***
	(0. 0660026)	(0. 0658012)	(0. 0646728)	(0. 0653165)
pticcb2	− 1. 105357 ***	− 1. 049008 ***	− 0. 786777 ***	− 0. 7805055 ***
	(0. 1778938)	(0. 1768614)	(0. 1580409)	(0. 1577085)
pticcs2	− 0. 8660587 ***	− 0. 8162936 ***	− 0. 6739236 ***	− 0. 672008 ***
	(0. 1833845)	(0. 1823159)	(0. 1651548)	(0. 1654338)
pticee2	− 1. 036365 ***	− 0. 9777018 ***	− 0. 6248599 ***	− 0. 6184025 ***
	(0. 1885713)	(0. 1872947)	(0. 1676802)	(0. 1674701)
pticeg2	− 1. 156441 ***	− 1. 093697 ***	− 0. 7579768 ***	− 0. 7629308 ***
	(0. 1788937)	(0. 177907)	(0. 1593807)	(0. 1594317)
pticov2	− 1. 08187 ***	− 1. 035142 ***	− 0. 6448874 ***	− 0. 6511073 ***
	(0. 1814465)	(0. 1802553)	(0. 1596148)	(0. 1597543)
pticgl2	− 1. 332957 ***	− 1. 261797 ***	− 0. 825966 ***	− 0. 827881 ***
	(0. 2319576)	(0. 2312668)	(0. 2182118)	(0. 2187834)

续表

mocobupt	ZINB1	ZINB2	XTNBREG1	XTNBREG2
Main model				
Year	YES	YES	YES	YES
_ cons	0.9810706 *** (0.1934359)	0.619864 *** (0.2073673)	0.8623067 (0.1846128)	0.9054365 *** (0.1933951)
Inflate model				
clpt2lag1	0.0452482 (97.90953)	0.0114923 (267.3499)		
allegodr	− 3.120664 (8179.399)	0.5783739 (11266.38)		
_ cons	− 38.92381 (49618.86)	− 33.13945 (260224.8)		
Number of obs	2200	2200	2200	2200
Nonzero obs	1428	1428		
Zero obs	772	772		
LR chi2	1461.96	1498.53	Wald chi2 (38) = 551.80	Wald chi2 (40) = 632.93
Prob > chi2	0	0	0	0
Log likelihood	− 3825.769	− 3807.482	− 3802.7452	− 3792.8448
Likelihood-ratio test of alpha = 0	chibar2 (01) = 3394.84; Pr > = chibar2 = 0.0000	chibar2 (01) = 3294.32; Pr > = chibar2 = 0.0000		
Vuong test of zinb vs. standard negative binomial	z = 0.16; Pr > z = 0.4346	z = − 0.26; Pr > z = 0.6032		
Likelihood-ratio test of alpha = 0	chibar2 (01) = 3394.84; Pr > chibar2 = 0.0000	chibar2 (01) = 3294.32; Pr > = chibar2 = 0.0000		
Vuong test of zinb vs. standard negative binomial	z = 0.16; Pr > z = 0.4346	z = − 0.26; Pr > z = 0.6032		

注: *** 表示该检验值达到1%水平显著，** 表示该检验值达到5%水平显著。ZINB 表示零膨胀的负二项回归模型；ZIP 表示零膨胀的泊松回归模型；XTNBREG 表示负二项回归模型；括号中的为标准差。

资料来源：数据来源于《中国重点产业专利服务平台》和其他公开互联网资源，经作者分析形成该表。

表 7 – 12 提供了协作研发网络提升企业外延性业务技术资源优势之实证模型中变量相关性分析的结果。技术创新投入（*clpt2lag1*）与外延性业务技术创新产出（*mopebupt*）之间正相关，且相关性最强。网络关系强度（*alltsa*）与外延性业务技术创新产出（*mopebupt*）之间正相关，且相关性

表 7 – 12　协作研发网络提升企业外延性业务技术资源优势之实证研究中变量的相关性分析

经济变量	mopebupt	clpt2lag1	onedvallwncr	alltsa	stct	frct
mopebupt						
clpt2lag1	0.2115					
onedvallwncr	0.0664	0.2887				
alltsa	0.1324	0.3043	0.1402			
stct	− 0.0261	0.0395	0.0562	− 0.0615		
frct	− 0.021	− 0.0269	− 0.0363	− 0.0254	− 0.2468	
dfjv	0.04	0.0117	− 0.0442	0.0486	− 0.059	0.1513
ptdiv	− 0.065	0.2047	0.257	0.1457	0.0942	− 0.0489
pticcb2	− 0.007	0.0829	0.024	0.0908	− 0.0141	0.0587
pticcs2	0.0877	0.0305	0.0171	− 0.0144	− 0.0736	0.0664
pticee2	− 0.0285	− 0.0401	− 0.0346	− 0.0188	− 0.0966	0.0131
pticeg2	− 0.0269	− 0.0473	− 0.0255	− 0.0286	0.0346	0.0244
pticov2	− 0.0169	− 0.0512	− 0.0299	− 0.0388	0.0614	− 0.1135
pticgl2	− 0.0343	− 0.0064	0.0528	− 0.0225	0.0591	− 0.0422
经济变量	dfjv	ptdiv	pticcb2	pticcs2	pticee2	pticeg2
dfjv						
ptdiv	0.0742					
pticcb2	0.1053	0.0756				
pticcs2	0.016	0.1131	− 0.2563			
pticee2	0.0232	0.0498	− 0.1406	− 0.125		
pticeg2	0.0158	− 0.0225	− 0.3008	− 0.1973	− 0.1484	
pticov2	− 0.1044	− 0.0614	− 0.3565	− 0.2075	− 0.1708	− 0.2828
pticgl2	− 0.0425	0.0209	− 0.1052	− 0.081	− 0.0632	− 0.1034
经济变量	pticov2	pticgl2				
pticov2						
pticgl2	− 0.1121					

资料来源：数据来源于《中国重点产业专利服务平台》和其他公开互联网资源，经作者分析形成该表。

强度在所有解释变量中居次位。结构洞（*onedvallwncr*）与外延性业务技术创新产出（*mopebupt*）之间正相关，但相关性强度在主要解释变量中相对较弱。由于相关性分析主要适用于线性模型，而本书使用非线性的计数数据模型，因此相关性分析的结果仅作参考[359]。

表 7 – 13 汇报了协作研发网络提升企业外延性业务技术资源优势之实证研究的结果。被解释变量为企业的外延性业务技术创新产出（*mopebupt*），主要解释变量包括企业的技术创新投入（*clpt2lag1*）和协作研发网络结构特征。首先使用零膨胀的负二项回归模型（ZINB）进行拟合，其*alpha*检验显著，拒绝了泊松回归模型更优的原假设，说明使用负二项回归模型更优。但*vuong*检验不显著，不能拒绝标准负二项回归模型更优的原假设。因此，运用标准负二项回归模型（XTNBREG）再次进行拟合，但标准负二项回归模型（XTNBREG）的拟合结果与零膨胀的负二项回归模型（ZINB）的拟合结果高度相似，两个模型的*Prob > chi2*检验均十分显著，说明两个模型的整体解释力度理想。

主要解释变量与外延性业务技术创新产出之间的关系在模型中得到验证。技术创新投入（*clpt2lag1*）与企业的外延性业务技术创新产出（*mopebupt*）在两个模型中都显著正相关，说明投入水平较高的企业往往拥有较高水平的外延性业务技术创新产出（*mopebupt*）；或者说随着企业投入水平的增长，其外延性业务技术创新产出（*mopebupt*）也同样表现出增长态势。结构洞（*onedvallwncr*）与企业的外延性业务技术创新产出（*mopebupt*）在两个模型中都显著正相关，说明在协作研发网络中占据较高强度结构洞的企业，其外延性业务技术创新产出也较高；或者说随着企业在协作研发网络发挥的结构洞作用日益增强，其外延性业务技术创新产出也逐渐增长。网络关系强度（*alltsa*）与企业的外延性业务技术创新产出（*mopebupt*）在两个模型中都显著正相关，说明协作研发网络关系强度较高的企业，其外延性业务技术创新产出较高；或者说当企业的网络关系强度逐渐加强，其外延性业务技术创新产出也在上升。

　　主要控制变量与外延性业务技术创新产出之间的关系各异。企业是否为国有控股（*stct*）与其核心业务技术创新产出（*mopebupt*）之间的关系不显著。但是，外资控股（*frct*）企业的外延性业务技术创新产出（*mopebupt*）显著低于非外资控股企业。原因可能在于，外资控股企业往往不愿意就其外延性业务在中国申请专利，而更倾向于在母国申请专利。中外合资（*dfjv*）企业的外延性业务技术创新产出（*mopebupt*）水平显著高于非中外合资企业，说明中外合资的股权结构有利于境外知识和技术的引进，并促进企业业务多元化以及外延性业务专利产出的增长。

表 7 – 13　协作研发网络提升企业外延性业务技术资源优势之实证研究结果

mopebupt	ZINB1	XTNBREG1
Main model		
clpt2lag1	0.0063098 *** (0.0011624)	0.0013168 * (0.0007711)
onedvallwncr	0.1041164 ** (0.0433816)	0.1369311 *** (0.0422285)
alltsa	0.0126262 *** (0.0035408)	0.0051383 *** (0.0012493)
stct	− 0.0109409 (0.0640264)	− 0.0777721 (0.0665665)
frct	− 0.4678687 *** (0.1595158)	− 0.2868179 * (0.1565407)
dfjv	0.3568122 *** (0.0957582)	0.2892955 *** (0.1013563)
ptdiv	− 0.8801981 *** (0.0792954)	− 0.6933804 *** (0.0820613)
pticcb2	0.2757023 (0.1839815)	0.4324182 *** (0.1647333)
pticcs2	0.7862297 *** (0.1900679)	0.5761479 *** (0.1751548)

续表

mopebupt	ZINB1	XTNBREG1
Main model		
pticee2	0.2053738 (0.1945258)	0.3754419 ** (0.1753754)
pticeg2	0.253297 (0.1845928)	0.3615882 ** (0.1661335)
pticov2	0.3714971 ** (0.187045)	0.44157 *** (0.1667834)
pticgl2	− 0.1533255 (0.2549862)	0.0981533 (0.2432033)
Year	YES	YES
_ *cons*	− 0.3064182 (0.2015826)	0.2558713 (0.2096467)
Inflate model		
clpt2lag1	0.0100235	
_ *cons*	− 38.17748 (0.00)	
Number of obs	2200	2200
Nonzero obs	1207	
Zero obs	993	
LR chi2	393.44	
Wald chi2		581.70
Prob > chi2	0	0
Log likelihood	− 2972.656	− 2833.210
Pseudo *R2* Dispersion		
Likelihood-ratio test of *alpha* = 0	*chibar2*（01） = 1059.46；*Pr > = chibar2* = 0.0000	
Vuong test of zinb vs. standard negative binomial	*z* = − 0.00；*Pr > z* = 0.5000	

注： *** 表示该检验值达到 1% 水平显著， ** 表示该检验值达到 5% 水平显著。ZINB 表示零膨胀的负二项回归模型；ZIP 表示零膨胀的泊松回归模型；XTNBREG 表示负二项回归模型。括号中的为标准差。

资料来源：数据来源于《中国重点产业专利服务平台》和其他公开互联网资源，经作者分析形成该表。

7.5.2 提升企业外部技术影响力优势之实证研究的结果

表 7 - 14 汇报了协作研发网络提升企业外部技术影响力优势的实证研究的结果。模型中被解释变量与滞后解释变量之间的关系均得到验证。企业技术影响力广度（*allegodr*）与滞后三期的协作研发网络点度中心性（*l3. allegodr*）之间显著正相关；企业技术影响力强度（*alltsa*）与滞后三期的协作研发网络关系强度（*l3. alltsa*）之间显著正相关；企业技术影响力非冗余度（*allwnes*）与滞后三期的协作研发网络结构洞强度（*l3. allwnes*）之间显著正相关。这个结果证明，企业在前期协作研发网络中的网络位置对于企业后期的外部技术影响力发挥明确的促进作用。企业的前期点度中心性、关系强度及结构洞强度越高，则后期的技术影响力广度、强度和非冗余度越高。"强者越强"的路径依赖效应成立。

其他控制变量与企业外部技术影响力之间的关系不尽相同。其中，企业技术创新投入（*clpt2*）与企业的外部技术影响力的广度（*allegodr*）、强度（*alltsa*）、非冗余度（*allwnes*）皆显著正相关。说明内部技术资源越丰富的企业，越倾向于参与协作研发网络并拓展自身的外部技术影响力。企业业务多元化（*ptdiv*）与企业外部技术影响力的广度（*allegodr*）和非冗余度（*allwnes*）之间显著正相关，而与企业外部技术影响力的强度（*alltsa*）显著负相关。这个结果说明，从事业务多元化的企业更愿意向数量更多的、异质性程度较大的网络伙伴拓展自身的技术影响力，而在深化影响力强度上的投入较少。

该实证研究的各项检验结果较为理想。三个动态面板数据模型（DPD）的 Hansen 检验值均不能有效地拒绝原假设，则模型中工具变量的设定效果较为理想。Arellano-Bond 检验中的 P 值均大于 1，不能拒绝原假设，则模型的残差项中不存在自相关。这些检验结果说明三个模型的整体设定较为有效。

表 7 - 14　协作研发网络提升企业外部技术影响力优势实证研究结果

allegodr	DPD3	alltsa	DPD3	allwnes	DPD3
l3. allegodr	0. 543027 *** (0. 008667)	l3. alltsa	1. 603849 *** (0. 0097194)	l3. allwnes	0. 5445224 *** (0. 0096197)
clpt2	0. 0104836 *** (0. 0003677)	clpt2	0. 0110357 *** (0. 0006925)	clpt2	0. 0106349 *** (0. 000384)
ptdiv	1. 409202 *** (0. 1220108)	ptdiv	− 3. 58144 *** (0. 1637735)	ptdiv	1. 301138 *** (0. 0887143)
pticcb2	2. 413425 *** (0. 8105194)	pticcb2	2. 152565 ** (1. 0905)	pticcb2	1. 317981 (0. 8493671)
pticcs2	1. 580727 ** (0. 8063117)	pticcs2	1. 94134 * (1. 09974)	pticcs2	0. 6925777 (0. 8488479)
pticee2	− 0. 8637327 (0. 7710833)	pticee2	− 1. 073757 (0. 8624893)	pticee2	− 1. 603882 * (0. 8247041)
pticeg2	3. 484909 *** (0. 8167123)	pticeg2	− 1. 284064 (1. 046222)	pticeg2	2. 488814 *** (0. 8572236)
pticov2	1. 327587 * (0. 7985319)	pticov2	− 5. 094586 *** (1. 167159)	pticov2	0. 9863868 (0. 8475434)
pticgl2	2. 989411 *** (0. 8265181)	pticgl2	− 1. 639071 (1. 059089)	pticgl2	1. 747579 ** (0. 8561261)
Year	YES	Year	YES	Year	YES
_ cons	− 3. 016646 *** (0. 8503693)	_ cons	1. 359376 (1. 103722)	_ cons	− 2. 020664 ** (0. 8787136)
Number of obs	1648	Number of obs	1648	Number of obs	1648
Number of groups	556	Number of groups	556	Number of groups	556
Number of instruments	279	Number of instruments	278	Number of instruments	279
Wald chi2 (23)	2. 53e + 06	Wald chi2 (23)	2. 83e + 06	Wald chi2 (23)	9. 03e + 06
Prob > chi2	0. 000	Prob > chi2	0. 000	Prob > chi2	0. 000
Arellano-Bond test for AR (1) in first differences	$z = 1. 27$; $Pr > z = 0. 205$	Arellano-Bond test for AR (1) in first differences	$z = − 1. 24$; $Pr > z = 0. 214$	Arellano-Bond test for AR (1) in first differences	$z = 1. 24$; $Pr > z = 0. 214$
Arellano-Bond test for AR (2) in first differences	$z = 1. 38$; $Pr > z = 0. 168$	Arellano-Bond test for AR (2) in first differences	$z = 1. 18$; $Pr > z = 0. 236$	Arellano-Bond test for AR (2) in first differences	$z = 1. 20$; $Pr > z = 0. 232$

续表

allegodr	DPD3	alltsa	DPD3	allwnes	DPD3
Hansen test of overid. Restrictions	chi2（248）= 203.04；Prob > chi2 = 0.983	Hansen test of overid. restrictions	chi2（247）= 178.29；Prob > chi2 = 1.000	Hansen test of overid. restrictions	chi2（248）= 210.09；Prob > chi2 = 0.961

注： *** 表示该检验值达到 1% 水平显著， ** 表示该检验值达到 5% 水平显著。DPD 表示动态面板数据模型。括号中的为标准差。

资料来源：数据来源于《中国重点产业专利服务平台》和其他公开互联网资源，经作者分析形成该表。

7.5.3　提升企业对技术标准制定的影响力之实证研究的结果

表 7 – 15 汇报了企业内部技术资源优势和外部技术影响力优势提升对企业技术标准制定之影响力实证模型中变量之间相关性分析的结果。业务多元化（ptdiv）与企业对技术标准制定之影响力（ttsd）之间正相关，且相关性强度是所有解释变量中最强的。核心业务技术资源优势（核心业务技术资源优势）、技术资源优势（highclpt2）与企业对技术标准制定之影响力（ttsd）之间正相关，且相关强度是主要解释变量中次强的。外延性业务技术资源优势（highmopebucp）与企业对技术标准制定之影响力（ttsd）之间正相关，强度再次之。技术影响力广度的相对优势（allegodrdvyrmn）、技术影响力强度（allegodrdvyrmn）的相对优势、技术影响力非冗余度（allwnesdvyrmn）的相对优势均与企业对技术标准制定之影响力（ttsd）正相关，其中，技术影响力非冗余度的相对优势与企业对技术标准制定之影响力之间相关性是三者中最强的。相关性分析更适用于线性模型，而本书采用非线性的计数数据模型，因此相关性分析的结果仅作参考[359]。

表 7 – 15　企业对技术标准制定之影响力实证研究的变量相关性分析

经济变量	ttsd	highclpt2	highmocobucp	highmopebucp	allegodrdvyrmn
ttsd					
highclpt2	0.0729				

续表

经济变量	ttsd	highclpt2	highmocobucp	highmopebucp	allegodrdvyrmn
highmocobucp	0.0747	0.8527			
highmopebucp	0.0468	0.2445	0.3013		
allegodrdvyrmn	0.0179	0.2196	0.1727	0.0553	
alltsadvyrmn	0.002	0.2231	0.2134	0.0895	0.0927
allwnesdvyrmn	0.0322	0.2686	0.2235	0.07	0.6008
stct	0.0604	0.1516	0.1329	0.0584	0.0773
frct	− 0.02	− 0.069	− 0.053	− 0.0586	− 0.0442
dfjv	− 0.0188	0.0073	0.0254	0.0521	− 0.0379
ptdiv	0.0942	0.3476	0.2996	− 0.1552	0.2075
pticcb2	− 0.0289	− 0.0319	− 0.024	− 0.042	0.0268
pticcs2	− 0.002	0.0559	0.045	0.027	− 0.0057
pticee2	− 0.0256	− 0.0338	− 0.0196	− 0.0688	− 0.0239
pticeg2	0.032	− 0.0265	− 0.0294	0.0185	− 0.035
pticov2	0.0185	− 0.0193	− 0.0201	0.0422	0.0059
pticgl2	− 0.0181	0.0586	0.0386	− 0.067	0.0492
经济变量	alltsadvyrmn	allwnesdvyrmn	stct	frct	dfjv
alltsadvyrmn					
allwnesdvyrmn	0.125				
stct	− 0.0563	0.0842			
frct	− 0.029	− 0.0481	− 0.2468		
dfjv	0.0517	− 0.0607	− 0.059	0.1513	
ptdiv	0.1448	0.2343	0.0942	− 0.0489	0.0742
pticcb2	0.0924	0.0235	− 0.0141	0.0587	0.1053
pticcs2	− 0.0156	0.0032	− 0.0736	0.0664	0.016
pticee2	− 0.022	− 0.037	− 0.0966	0.0131	0.0232
pticeg2	− 0.0277	− 0.017	0.0346	0.0244	0.0158
pticov2	− 0.0372	− 0.0131	0.0614	− 0.1135	− 0.1044
pticgl2	− 0.0238	0.0369	0.0591	− 0.0422	− 0.0425

续表

经济变量	*ptdiv*	*pticcb2*	*pticcs2*	*pticee2*	*pticeg2*
ptdiv					
pticcb2	0.0756				
pticcs2	0.1131	− 0.2563			
pticee2	0.0498	− 0.1406	− 0.125		
pticeg2	− 0.0225	− 0.3008	− 0.1973	− 0.1484	
pticov2	− 0.0614	− 0.3565	− 0.2075	− 0.1708	− 0.2828
pticgl2	0.0209	− 0.1052	− 0.081	− 0.0632	− 0.1034
经济变量	*pticov2*	*pticgl2*			
pticov2					
pticgl2	− 0.1121				

资料来源：数据来源于 CNKI《标准数据总库》《中国重点产业专利服务平台》和其他公开互联网资源，经作者分析形成该表。

表 7 - 16 汇报了企业内部技术资源优势和外部技术影响力优势提升对企业技术标准制定之影响力实证分析的结果。首先采用零膨胀的负二项回归模型（ZINB）对研究假设进行拟合。零膨胀的负二项回归模型中 *alpha* 检验值不显著，不能拒绝泊松回归模型更优的原假设。而 vuong 检验值也不显著，不能拒绝标准负二项回归模型更优的原假设。因此，随后使用零膨胀的泊松回归模型（ZIP）对研究假设进行拟合。零膨胀的泊松回归模型中 vuong 检验值显著，拒绝标准泊松回归模型更优的原假设，因此零膨胀的泊松回归模型优于标准泊松回归模型。总体而言，零膨胀的负二项回归模型与零膨胀的泊松回归模型的拟合结果非常相似，且四个模型 *Prob* > *chi2* 检验均非常显著，说明四个模型的整体解释力度理想。

零膨胀泊松回归模型（ZIP）和零膨胀负二项回归模型（ZINB）使用 logit 模型对样本中被解释变量的零观测进行解释。表 7 - 16 的 Inflate 栏目下汇报了该部分的分析结果。本书中被解释变量出现零观测的主要原因是企业没有意愿参与标准化，或者有意愿参与标准化却未能对技术标准制定起到实质性的影响力。根据前面的理论推演，左右企业参与技术标准化意愿、决定企业是否能够对技术标准化发挥影响的主要因素是企业的技术资源优势与技术影响力优势。因此，在 logit 模型中采用企业内部技术资源优势（*highclpt2*）和技术影响力优势作为解释变量。其中，技术影响力优势通过企业是否为协作研发网络高度参与主体（*highallegodr*）来衡量。而对是否高度参与协作研发网络的测度是以企业在协作研发网络中的度中心为基础的，度中心性越高，企业在协作研发网络中的联系越多，参与协作研发网络的程度越高。因为前文理论推演认为，企业积极参与协作研发网络并为自己构建有利的网络地位才能发挥技术影响力，而高度参与协作研发网络将显著增强企业参与技术标准化和影响力技术标准化的意愿与能力。四个模型的拟合结果表明，企业内部技术资源优势（*highclpt2*）、企业是否为协作研发网络高度参与主体（*highallegodr*）两个变量与企业对技术标准制定之影响力（*ttsd*）的零观测显著负相关。意味着当企业具有技术资源优势，其对技术标准制定之影响力出现零观测的概率降低，即企业参与技术标准化并对技术标准化实施影响的意愿和能力增强，企业成为技术标准起草单位的概率提高。此外，当企业具有较强的度中心性，成为协作研发网络的高度参与主体，其成为技术标准起草单位的概率越高，对技术标准制定发挥影响的能力越强。

表 7-16 的其他部分汇报了零膨胀泊松回归模型（ZIP）和零膨胀负二项回归模型（ZINB）的第二阶段拟合结果，即对被解释变量的非零观测进行分析的结果。企业内部技术资源优势（*highclpt2*）的拟合系数在四个模型中均不显著，意味着企业内部技术资源优势（*highclpt2*）虽然能够提升企业成为技术标准起草单位的概率，其与企业参与起草的技术标准的数量却没有显著的相关性。企业核心业务技术资源优势（*highmocobucp*）的拟合系数也不显著，说明企业核心业务技术资源优势（*highmocobucp*）与

企业参与起草的技术标准数量（*ttsd*）之间没有显著的相关性。企业外延性业务技术资源优势（*highmopebucp*）与企业参与起草的技术标准数量（*ttsd*）之间显著正相关，意味着企业具备较高的外延性业务技术资源优势时，其参与起草的技术标准数量也较多。这说明企业在其外延性业务中所积累起来的技术资源能够帮助企业更好地与其他厂商在不同的业务或技术领域进行协同，从而增强企业影响多个技术标准制定的能力。

　　企业外部技术影响力优势与企业对技术标准制定之影响力之间的相互关系各异。企业外部技术影响力广度的相对优势（*allegodrdvyrmn*）与被解释变量在四个模型中均显著负相关。意味着在协作研发网络中具有较强度中心性优势的企业，其参与起草的技术标准的数量反而较低。也就是说，企业在协作研发网络中的度中心性越强，其技术影响力广度的优势越明显，虽然能够提升企业成为技术标准起草单位的概率，却与企业参与起草的技术标准的数量有反向关系。原因可能在于，在其他影响因素不变的情况下，当企业外部技术影响力广度的相对优势越明显，企业的技术合作伙伴越多，企业越容易陷入技术协同的困境，从而在兼容性标准的制定中丧失主动权。企业外部技术影响力强度的相对优势（*alltsadvyrmn*）与企业参与起草的技术标准的数量（*ttsd*）之间的相关性在四个模型中均不显著。意味着关于技术影响力强度的相对优势提升企业对技术标准制定之影响力的理论假设没有被证实。其原因可能在于，使用单位时间内合作关系所产生的合作专利个数来衡量技术影响力的强度存在缺陷。企业外部技术影响力非冗余度的相对优势（*allwnesdvyrmn*）与企业参与起草的技术标准个数（*ttsd*）在四个模型中均显著正相关。这说明企业在协作研发网络中发挥的技术影响力的非冗余度较高时，其参与起草的技术标准的数量（*ttsd*）也较高；或者随着企业发挥的技术影响力的非冗余度的提升，其能够影响的技术标准的数量也较高。业务多元化（*ptdiv*）与企业对技术标准制定之影响力（*ttsd*）在四个模型中均显著正相关。说明参与业务多元化的企业相对于非业务多元化的企业，其能够参与更多数量的技术标准的制定，从而在行业的技术标准化活动中发挥更大的影响力。

表7-16 企业对技术标准制定之影响力的实证研究结果

ttsd	ZINB1	ZIP1	ZINB2	ZIP2
Main model				
highmocobucp			− 0.0959368 (0.566606)	− 0.0958065 (0.5666052)
highmopebucp			1.428617 *** (0.4546723)	1.42856 *** (0.4546962)
highclpt2	− 0.8063261 (0.6440539)	− 0.8061604 (0.6440702)		
allegodrdvy ~ n	− 4.100371 ** (1.760744)	− 4.101024 ** (1.761042)	− 4.701462 *** (1.669165)	− 4.701686 *** (1.669331)
alltsadvyrmn	− 0.0764249 (0.0927718)	− 0.0764395 (0.0927797)	− 0.1239476 (0.1264808)	− 0.1239644 (0.1264909)
allwnesdvyrmn	3.092367 ** (1.373931)	3.092835 ** (1.374128)	3.82648 *** (1.410002)	3.826593 *** (1.410128)
stct	− 0.0520472 (1.048751)	− 0.0524653 (1.049008)	− 0.0266106 (0.9669135)	− 0.0267361 (0.9670141)
frct	− 25.69002 (362597.3)	− 14.79829 (1564.097)	− 36.38836 (8.42e + 07)	− 18.13199 (9136.008)
dfjv	− 1.040115 (0.8019762)	− 1.039942 (0.8020445)	− 0.338018 (0.9386404)	− 0.3378924 (0.9386952)
ptdiv	1.860609 *** (0.6317863)	1.860785 *** (0.6318245)	1.891627 *** (0.6052909)	1.891568 *** (0.6053322)
pticcb2	− 18.65121 (5394.642)	− 24.12659 (83319.43)	− 13.60727 (551.8525)	− 17.16104 (3262.37)
pticcs2	− 18.77887 (5394.642)	− 24.25416 (83319.43)	− 13.36792 (551.8528)	− 16.92165 (3262.37)
pticee2	− 20.76343 (5394.642)	− 26.23907 (83319.43)	− 15.09492 (551.8546)	− 18.64874 (3262.37)
pticeg2	− 18.63824 (5394.642)	− 24.11362 (83319.43)	− 13.5015 (551.8528)	− 17.05542 (3262.37)
pticov2	− 16.96467 (5394.642)	− 22.4396 (83319.43)	− 11.73622 (551.8521)	− 15.28979 (3262.37)

续表

ttsd	ZINB1	ZIP1	ZINB2	ZIP2
Main model				
pticgl2	−44. 93295 (248628. 3)	−41. 90607 (83394. 68)	−48. 79926 (2. 48e +07)	−37. 74254 (17009. 94)
Year	YES	YES	YES	YES
_ *cons*	18. 31615 (5394. 642)	23. 7918 (83319. 43)	12. 1082 (551. 8551)	15. 66209 (3262. 37)
Inflate model				
highclpt2	−2. 071199 *** (0. 4912906)	−2. 071115 *** (0. 4912681)	−1. 50148 *** (0. 5154073)	−1. 501563 *** (0. 5154201)
highallegodr	−1. 15969 ** (0. 5159461)	−1. 159752 ** (0. 5159468)	−1. 128355 ** (0. 4701628)	−1. 128306 ** (0. 4701715)
_ *cons*	3. 654334 (0. 3348562)	3. 654335 *** (0. 3348264)	3. 238383 *** (0. 4354418)	3. 23845 *** (0. 4354595)
Number of obs	2200	2200	2200	2200
Nonzero obs	(39)	(39)	(39)	(39)
Zero obs	2161	2161	2161	2161
LR chi2	73. 14	94. 86	82. 92	104. 64
Prob > chi2	0. 0005	0	0. 0001	0
Log likelihood Pseudo *R2* Dispersion	−191. 8209	−191. 821	−186. 9293	−186. 9293
Likelihood-ratio test of *alpha* =0	*chibar2*（01）= 0. 00； *Pr* > =*chibar2* = 1. 0000		*chibar2*（01）= 0. 00； *Pr* > =*chibar2* = 1. 0000	
Vuong test of zinbvs. standard negative binomial	*z* =0. 96； *Pr* >*z* =0. 1683	*z* =2. 86； *Pr* >*z* =0. 0021	*z* =0. 58； *Pr* >*z* =0. 2820	*z* =3. 06； *Pr* >*z* =0. 0011

注： *** 表示该检验值达到1% 水平显著，** 表示该检验值达到5% 水平显著。ZINB 表示零膨胀的负二项回归模型；ZIP 表示零膨胀的泊松回归模型。括号中的为标准差。

资料来源：数据来源于 CNKI《标准数据总库》《中国重点产业专利服务平台》和其他公开互联网资源，经作者分析形成该表。

　　总体而言，实证分析的结果证实了，企业参与协作研发网络相当显著地促进了企业技术创新产出的提升、增强了企业技术资源的积累，有利于企业通过构建技术资源优势来强化其在技术标准化的地位和影响力。实证分析的结果还证实了，企业参与协作研发网络并通过有利的协作研发网络地位构建自身的技术影响力，有利于企业增强参与技术标准化的意愿和能力，通过打造技术标准起草单位的地位，促进其对技术标准的制定发挥实质性影响力。但企业通过协作研发网络构建的不同特征的技术影响力，为企业影响力技术标准制定发挥不同的作用。

第8章

企业战略管理与政策启示

8.1　主要研究发现

协作研发网络是否对企业的技术标准化行为及其绩效产生影响？什么样的协作研发网络结构特征能够提升企业对技术标准制定的影响力？这是本书的核心理论研究问题。根据核心研究问题，本书分为两大部分内容：其一为协作研发网络是否以及如何有利于促进企业参与技术标准化，其二为协作研发网络是否以及如何有利于提升企业对技术标准制定的影响力。其中，本书第一部分包括子研究问题一，即协作研发网络如何促进企业参与技术标准化？什么样的协作研发网络结构最有利于推动企业参与技术标准化？本书第二部分包括子研究问题二、问题三和问题四。子研究问题二，企业对技术标准制定之影响力的来源是什么？技术优势和市场优势分别包含哪些内容，如何帮助企业提升其影响技术标准制定的能力？子研究问题三，企业协作研发网络如何提升企业内部技术资源优势，从而间接增强企业对技术标准制定的影响力？子研究问题四，企业协作研发网络与企业外部技术影响力优势的动态变化之间有什么关系？什么样的企业协作研发网络结构有利于企业发挥技术影响力，从而在技术标准制定中拥有更强的话语权？针对上述研究问题所提出的研究假设，本书利用社会网络分析法、时间序列分析法和面板数据分析法，结合汽车行业 26 年的专利数据、标准数据、企业性质数据等进行了计量分析。主要计量研究结果见表 8 - 1。

表 8 - 1　本书计量分析结果

研究问题	编号	研究假设	实证分析结果
子研究问题一	H1a	产业协作研发网络规模与成为技术标准起草单位的企业数量之间呈 U 型相关关系	支持
	H1b	产业协作研发网络规模与企业参与制定和发布的技术标准的数量呈 U 型相关关系	支持
	H2a	产业协作研发网络集聚性与成为技术标准起草单位的企业数量正相关	支持
	H2b	产业协作研发网络集聚性与企业参与制定和发布的技术标准的数量正相关	支持
子研究问题三	H3	企业内部技术资源优势与企业在技术标准制定中的影响力正相关	支持
	H4	企业核心业务技术资源优势与企业在技术标准制定中的影响力正相关	不支持
	H5	企业外延性业务技术资源优势与企业在技术标准制定中的影响力正相关	支持
	H6	企业协作研发网络规模与企业核心业务技术创新产出之间存在倒 U 型关系	支持
	H7	企业协作研发网络关系强度与企业核心业务技术创新产出正相关	支持
	H8	企业在其协作研发网络中参与的封闭式网络回路的个数与企业核心业务的技术创新产出呈正 U 型关系	支持
	H9	企业在其协作研发网络中占据的结构洞越大，其外延性业务技术创新产出越高	支持
	H10	企业协作研发关系强度与其外延性业务的技术创新产出正相关	支持
	H11a	企业外部技术影响力的广度与前期其协作研发网络的点中心度正相关	支持
	H11b	企业外部技术影响力的强度与前期其协作研发网络的网络关系强度正相关	支持
	H11c	企业外部技术影响力的非冗余度与前期其协作研发网络的结构洞强度正相关	支持

研究问题	编号	研究假设	实证分析结果
子研究问题四	H12	企业外部技术影响力的广度与企业对技术标准制定之影响力正相关	部分支持
	H13	企业外部技术影响力的强度与企业对技术标准制定之影响力正相关	不支持
	H14	企业外部技术影响力的非冗余度与企业对技术标准制定之影响力正相关	支持

8.1.1　协作研发网络促进企业参与技术标准化

对于子研究问题一，本书从理论和实证分析两个方面探讨了协作研发网络演化是否有利于鼓励企业参与技术标准化。尤其在实证研究中，以参与技术标准制定的企业数量和企业推出的技术标准总量来测度企业参与技术标准化的水平。主要的研究发现如下。

（1）产业协作研发网络规模的扩大在整体上有利于鼓励企业界参与技术标准化的积极性。本书的理论研究认为，参与协作研发网络的企业在技术协作中激发技术协同的需求，而技术协同问题的解决需要技术标准化。此外，协作研发网络通过知识分享塑造技术认同和企业对外部技术动态的敏感性。更重要的是，参与协作研发网络的企业与其合作伙伴之间将逐渐形成共同的技术利益基础，从而强化企业参与技术标准化的战略意图。因此，产业协作研发网络规模的扩大，意味着更多数量的企业将在协作研发网络中逐步产生更加强烈的参与技术标准化的动机与实质性的行动。而实证研究也证实，总体上来说，当产业协作研发网络规模扩大，参与技术标准化的企业数量越多，企业推出的技术标准数量越多。但是，本书认为，当产业协作研发网络处于发育早期，网络规模较小时，网络规模的扩大可能在短时间内造成企业参与技术标准化的积极性下降。原因在于，网络规模较小时，新加入者可能造成网络中力量对比的失衡，形成过分优势的企业或企业团体主导技术标准化，排挤其他参与者。因此，为了避免过多的消极作用，应该加大鼓励更多数量企业参与协作研发网络的力度，缩短产业协作研发网络规模发育的时间，以促进产业协作研发网络规模尽快超过临界值。

（2）产业协作研发网络集聚性的增强有利于鼓励企业参与技术标准化。产业协作研发网络集聚性测度了产业内整体协作研发网络中的网络主体在多大程度上在局部形成密度较高的"圈子"。本书的理论研究认为，产业协作研发网络中的"圈子"有利于企业之间形成较高的互信，深入分享高质量的知识和技术，从而一方面使更多企业产生技术协同需求与参与技术标准化的战略意图，另一方面，又因为具有较高的互信度和合作度而能够更好地就技术标准化中的矛盾冲突、障碍进行协调。因此，当"圈子"现象日益加强，更多的企业将参与技术标准化，推出更多数量的技术标准。实证研究也证实了，产业协作研发网络集聚性与参与技术标准化的企业数量、企业参与制定的技术标准数量分别正相关。因此，应该鼓励企业之间形成多对多的协作研发关系或者技术创新联盟，促进"圈子"内部共同利益基础和技术理念的形成，这有利于提高产业的技术标准化程度。

8.1.2 协作研发网络对企业在技术标准制定中的影响力发挥多重作用

子研究问题二、子研究问题三、子研究问题四重点讨论了企业协作研发网络是否有利于提升企业在技术标准制定中的影响力。本书以不同的协作研发网络结构为解释变量，研究了它们是否对企业的技术标准竞争优势的形成有积极作用。主要的研究发现如下。

（1）企业对技术标准制定之影响力的来源是一个技术与市场兼顾、内外兼修的复合体系。企业凭借什么可以更好地影响技术标准制定？本书提供了一个复杂却又逻辑清楚的答案。企业需要借助技术的和市场的、内部的和外部的资源来共同增强其对技术标准制定的影响力。技术优势包括内部技术资源优势和外部技术影响力优势。市场优势主要指企业的市场占有率。技术优势中的技术资源优势是企业必须借助的内部资源。本书的实证研究也证实，当企业具备超过产业平均水平的内部技术资源优势时，它成为技术标准起草单位的概率更高。技术优势中的外部技术影响力优势和企业的市场优势构成企业可以借助的外部资源。本书的实证研究证实，总体上而言，当企业外部技术影响力更强，其成为技术标准起草单位的概率越高。因此，当企业希望对技术标准制定施加更强的影响时，它可以从技术的和市场的、内部的和外部的，多个方面寻找解决办法，而且应该是综合性、系统性地运用这些解决方法。

（2）企业协作研发网络可以显著地增强企业的内部技术资源优势，且不同的企业协作研发网络结构对不同业务领域内部技术资源的增长发挥促进作用。本书的理论研究认为，协作研发网络通过技术合作和知识分享，促进企业对外部知识的搜寻、获取、整合，从而提升企业进行新知识、新技术创造的能力，有利于企业技术创新产出的增长。但是，不同的业务领域需要通过不同类型的创新活动推动不同类型的技术创新活动。企业的核心业务领域，主要进行利用式创新，以对现有知识的重构为主，因此总体上来说，网络规模较大、网络关系强度较高、网络闭合度较高的协作研发网络结构更能促进企业核心业务领域的技术创新增长。但是，理论和实证研究也指出，网络规模并非越大越有利，一定限度的网络规模更能激发利用式创新；网络闭合度则需要突破一定的临界值，才能帮助企业克服知识同质化的消极效应、发挥知识多样性的积极效应。企业的外延性业务领域，主要进行探索式创新，以对异质知识的全新整合为主，因此总体上来说，结构洞越大、网络关系强度越高的协作研发网络结构更能有效地帮助企业进行发展其外延性业务领域的内部技术资源。总体而言，协作研发网络结构的不断发育有利于企业在不同业务领域提升其技术创新产出。

（3）企业外部技术影响力具有广度、强度、非冗余度等不同性质，而且企业协作研发网络的动态变化通过路径依赖效应促进具有技术影响力优势的企业成长。本书的理论研究认为，企业的技术影响力具有不同的属性，可以从广度、强度、非冗余度等方面测量。不同的企业，由于其在协作研发网络中的位置不同，其技术影响力的广度、强度、非冗余度各不相同。而且随着整体协作研发网络的动态变化，企业在网络中所处的位置及其周围的网络结构也会不断演变，这也导致不同的企业在不同的阶段在网络中具有不同的技术影响力。总的来说，协作研发网络的演化会催生网络中相对优势企业与相对弱势企业之间的分化。一部分企业成为拥有更广、更强、非冗余度更高的网络资源的网络主体，而发挥更有优势的技术影响力。导致这种分化产生的主要原因之一就是网络演化的路径依赖效应。因为存在路径依赖效应，可能导致强者越强、弱者越弱，企业对网络环境的战略选择也将在很大程度上影响其在整体网络中的短期和长期地位。因此，企业应该根据其自身能力和战略目标，在参与协作研发网络中进行科学合理的定位。

（4）企业协作研发网络通过增强企业内部技术资源优势间接提升企业影响技术标准制定的能力。本书的理论研究建立了这样的逻辑链条：企业协作研发网络增强企业的内部技术资源优势，而企业的内部技术资源优势又提升企业对技术标准制定的影响力。实证研究证明，协作研发网络的网络规模、网络关系强度、网络闭合度总体上与企业核心业务领域技术创新产出显著正相关；协作研发网络的结构洞、网络关系强度与企业外延性业务领域的技术创新产出显著正相关。而企业的整体技术资源优势与企业是否能够成为技术标准起草单位正相关；核心业务技术资源优势与企业参与起草的技术标准数量之间不存在显著相关性；外延性业务技术资源优势与企业参与起草的技术标准数量之间显著正相关。因此，对逻辑链条进行梳理的结果就是，协作研发网络的网络规模、网络关系强度、网络闭合度、结构洞均通过企业的技术资源优势对企业影响技术标准制定的能力有显著积极作用，但网络规模、网络关系闭合度的提升能够间接提高企业成为技术标准起草单位的可能性，而结构洞、网络关系强度的增强却能够间接提高企业参与制定的技术标准的数量。

（5）企业协作研发网络动态变化促进部分企业外部技术影响力优势的增强并提升这些企业对技术标准制定的影响力，但是不同性质的技术影响力发挥不同的作用。本书研究表明，企业协作研发网络演化进程是一个非均衡发展的动态过程，网络主体在网络中的地位、所拥有的网络资源不断发展变化。其中一部分企业由于在演化过程中逐渐积累起更加有利的网络资源而发展成为网络中具有技术影响力优势的网络主体。这些具有技术影响力优势的网络主体往往能够凭借其优势更好地对技术标准制定施加影响。实证研究证实，企业的网络规模越大，则企业成为技术标准起草单位的概率越高，但基于网络规模的技术影响力广度却限制企业参与更多技术标准的起草。原因可能在于，当企业坐拥规模更大的协作研发网络时，其越容易陷入"核心僵化"的困局，不能有效地实施与不同技术领域的厂商之间的技术协同，从而不利于其参与更多兼容性技术标准的制定。与理论假设不符的是，企业外部技术影响力强度与企业对技术标准制定之影响力之间不存在显著相关。原因可能在于，本书采用合作专利个数测度技术影响力强度并不合适，需要发展其他测度指标。企业外部技术影响力的非冗余度与企业参与起草的技术标准数量之间显著正相关。说明技术影响力的非冗余加强了其他厂商对企业的依赖性，也加强了企业对异质知识的敏感性和不同技术领域的协同性，有利于其参与更多的兼容性技术标准的制定。

8.2   企业战略管理启示

8.2.1   利用协作研发网络积极效应构建企业技术竞争优势

本书的理论和实证研究表明，协作研发网络与企业的技术创新产出密切相关，从而对企业塑造在技术上的竞争优势产生重要影响，而企业在技术上的竞争优势又将深刻影响企业在标准竞争中的地位。企业应该积极参与协作研发，培育自身的协作研发网络环境，管理协作研发网络的演化，使其发挥最佳的知识溢出和社会资本效应以增强自主创新能力。但是，本书的理论和实证研究同时指出，协作研发网络对于企业的技术创新产出同时存在积极效应和消极效应，且不同类型的网络结构对不同类型的技术创新产生积极作用。因此，从战略管理的角度，企业应根据不同的战略竞争目标，选择并逐步构建能够针对性地发挥积极作用的协作研发网络形态。

构建规模合适的协作研发网络以巩固自身核心业务的技术实力。本书的理论和实证研究指出，企业所处的协作研发网络规模对于企业核心业务的技术实力的提升是一把双刃剑，既存在积极效应，也存在消极效应。当网络规模超过临界值时，边际成本大于边际收益。因此，企业应尽量缩短培育网络规模的时间，尽早使网络规模达到临界值以尽快发挥网络规模的最佳效应；同时，将自身的协作研发网络规模控制在临界值以内以充分发挥适当网络规模的积极作用。

适度参与"圈子"式技术合作以促进核心业务的技术实力发展。本书的理论和实证研究指出，企业在协作研发网络中参与封闭式回路，即"圈子"式的技术合作，有利于从外部获取高质量的技术知识，但也将面临知识被同质化而丧失技术创造新颖性的威胁。企业应加快培育技术合作的

"圈子"，从而缩短消极效应集中凸显的时间，以使参与的"圈子"式技术合作的数量快速发展到临界值以上，以充分发挥其积极效应并抑制其消极效应。

打造协作研发网络中的"结构洞"角色，以促进外延性业务技术实力的增长。本书的理论和实证研究充分支持企业作为协作研发网络中的结构洞对其开辟新领域的业务、进行新领域的技术探索发挥重要作用。本书尤其指出，企业外延性业务及其技术资产对于企业参与更多数量技术标准的制定发挥重要积极作用。因此，在协作研发网络中扮演重要的"结构洞"对于企业的技术和标准竞争有重要战略意义。

8.2.2　优化企业业务和技术资源组合提升企业标准竞争优势

本书研究表明，协作研发网络的不同类型有利于不同业务领域技术创新产出的提升，而不同业务领域的技术资源优势帮助企业在标准竞争中赢得不同优势。因此，企业应该合理配置其业务组合和技术资源组合，以帮助企业参与技术标准竞争。

在强化整体技术实力的基础上开展相关多元化，提升在技术标准制定中的话语权。本书的理论研究指出，技术实力是企业参与技术标准制定的必要条件。实证研究更证明，企业内部技术资源优势显著影响企业是否能够成为标准起草单位并对技术标准制定掌握实质性的话语权。但是研究同时证明，从事业务多元化显著提高企业的技术创新产出，提升企业参与起草的技术标准的数量。因此，企业巩固其技术实力时不能限于"核心僵化"的态势，仅仅依赖固定范式进行利用式创新，还必须勇于探索相关业务领域，进行探索式创新，以丰富其业务组合和技术资源组合。

发展外延性业务的技术实力，增强自身对外部技术动态的敏感性和协同性，提升企业在兼容性技术标准制定中的影响力。本书的研究证明，企业在外延性业务领域中所拥有的技术实力越强，其参与制定的技术标准的数量越多。因此，企业应该利用外延性业务强化自身技术资源与产业技术动态的协同性，提高对产业技术格局和发展趋势的敏感性，从而增强自身在更多领域技术标准，尤其是兼容性技术标准制定中的话语权。

8.2.3 合理利用协作研发网络塑造不同类型的企业外部技术影响力

本书的研究表明，协作研发网络能够提升企业的技术影响力，从而增强企业在标准竞争中的话语权。但是，本书的理论和实证研究同时证明，不同类型的协作研发网络形态与结构，有利于塑造不同的技术影响力。因此，企业应该善于根据不同的标准竞争目标，培育不同的协作研发网络来打造自身的技术影响力。

培育适当规模的协作研发网络，打造适当的技术影响力广度。本书的理论研究指出，基于协作研发网络规模的技术影响力广度优势能扩大企业在技术标准竞争中的支持基础。而实证研究结果指出，企业通过扩大网络规模高度参与技术合作确实有利于企业跻身技术标准起草单位的行列，获得技术标准制定的话语权，但是基于网络规模的技术影响力广度的进一步扩张却对企业涉猎更多数量技术标准制定产生消极作用。因此，企业应该根据其标准竞争目标，培育适当规模的协作研发网络和技术影响力广度。当目标是迅速获得对标准制定的话语权时，企业应该尽快打造上规模的协作研发网络和技术影响力广度；而当目标是增加对更多技术标准的影响时，企业应该既限制协作研发网络规模和技术影响力广度扩张，又将网络规模和技术影响力广度保持在适当的水平上。

加强打造结构洞的网络地位，持续发展企业外部技术影响力的非冗余度。本书的理论和实证研究都指出，企业所拥有的网络关系的非冗余度能够强化其他厂商对企业的依赖性和支持力度，从而帮助企业在技术标准竞争中获得更稳定和强有力的话语权，参与更多领域、更多数量技术标准的制定。因此，企业应该全面评估和管理自身在协作研发网络中的位置，通过管理自我中心网络的动态演化，有目标、有计划地打造自身的结构洞角色。

8.3　政策启示

8.3.1　产业经济政策启示

1. 鼓励产业协作研发网络的发育以适应行业技术标准化的需求

本书的理论和实证研究表明，产业协作研发网络的发展与产业技术标准化之间存在千丝万缕的联系。产业协作研发网络演化过程中，规模的扩大和集群性的提高都有利于推动企业参与产业技术标准化。因此，在产业发展的不同阶段，应配合技术标准化的不同需求，鼓励协作研发网络的发育与之相适应。

当产业处于技术生命周期的初期阶段，产业主体面临技术范式的选择，产业技术路径仍然不明确，此时需要推动过于丰富、过于多样性的技术范式向有限的几个技术范式收敛，以降低产业技术标准化的不确定性和成本。此时，应该广泛鼓励企业加入协作研发网络，通过协作研发网络中的技术互动和知识分享逐步在行业内部形成技术共识。同时，应该推动集群式协作研发网络的发育，促进集群内部技术认同的形成和技术范式的统一，从而将技术标准竞争收敛为有限几个技术范式之间的竞争，降低产业内主体之间就标准进行博弈的成本。

当产业处于技术生命周期的稳定发展阶段，主流技术路径已然基本形成，产业技术发展将主要围绕现有技术路径进行渐进式、延伸式技术创造。这种技术创造更多的依赖于现有各种领域知识与技术之间的重新组合，对不同领域之间的技术整合、技术协同提出较高要求。此时，应该在鼓励更多企业广泛参与协作研发网络的同时，促进网络中集群之间的联系与互动的发展。因此，培育企业在集群之间充当结构洞的角色，促进集群之间知识的扩散和分享，发挥异质知识整合作用，以推动兼容性技术标准的出台。

2. 培育协作研发网络中的优势企业以促进行业技术标准化

本书的理论和实证研究表明，在协作研发网络占据优势地位的企业能够对技术标准制定发挥更强的影响力。因此，应该结合产业技术标准化发展的目标，通过推动协作研发网络中优势企业的成长来加快技术标准出台的速度、提高技术标准的质量。

在产业新技术生命周期的初始阶段，相关新技术还处于萌芽阶段，协作研发网络的规模还较小，此时，不应过早地形成技术垄断和技术范式标准化。因此，应该在鼓励企业加入协作研发网络、扩大网络规模的同时，对一系列有潜力的企业进行培育，提供财税支持，提供人才和技术服务，使其在新技术领域快速拓展业务、积累技术资源。鼓励新技术领域出现一系列企业快速成长成为具备技术优势和网络地位优势的竞争者，塑造百花齐放的产业格局，为产业的标准化战略培养各种有生力量。

当产业新技术发展进入生命周期中的成长和成熟阶段，应该尽快实现产业技术路径的选择，以推动探索式创新的不断涌现，此时，需要加快在各个关键技术领域和关键技术领域之间的交互界面上推出各种技术标准，以减少交易成本。应该加大对潜力企业的重点支持，尤其是人力资源和技术服务方面的支持，不断夯实其自身的技术实力，巩固和发展其在协作研发网络中的地位与技术影响力，使其成为产业中和网络中的龙头企业，并鼓励这些龙头企业带领其他行业主体结成战略联盟，共同推动重要、关键性技术标准的确定和出台。这种策略将更好地降低技术标准的协调成本，提升技术标准的质量，加快技术标准出台的速度。

8.3.2　国家技术标准化政策启示

1. 鼓励基于协作研发网络的企业团体提出标准修制定议案

我国正式标准从提出草案到正式出台有一系列长期的过程。起草单位组成技术标准起草小组负责技术标准草案的撰写，而技术标准草案必须向行业内各利益相关者征求意见，并且整合产业中的不同声音。因此，我国正式标准的出台是一个各利益相关者之间进行广泛博弈、协商的过程。此时，技术标准草案能否广泛协调行业中的不同利益导向成为技术标准能否成功出台的关键。

本书的理论和实证研究表明，协作研发网络能够促进技术认同的形成，发展厂商之间的共同技术利益基础。协作研发网络的这种天然优势能够降低技术标准化的协调成本。因此，应该引导企业在提出技术标准议案之前，进行长期的技术和支持基础准备。鼓励企业首先通过参与协作研发网络形成支持基础，积累技术实力和社会资本。然后基于协作研发网络的网络主体构成，结成战略联盟主推某项技术范式，组建自己的技术标准起草小组，推进技术标准草案的出台。这种制度设计将减少产业技术标准化的协调成本，提高技术标准的质量和接受度。

这意味着，在政策和制度设计上，产业的技术标准化不再仅仅开始于技术标准草案的起草和提出，而是在这之前，应该设立服务机构，为基于协作研发网络的企业战略联盟组织提供相关技术标准修制定政策、流程、要求的咨询、培训、辅导。帮助企业在参与协作研发网络、组建战略联盟时即形成清晰明确的技术标准战略目标及其实现的路线图。

2. 鼓励协作研发网络中的优势企业组建技术标准起草小组

本书的理论和实证研究表明，具备技术资源优势，尤其是外延性技术资源优势和技术影响力优势的企业，往往能够对技术标准制定发挥实质性的影响。因此，当企业基于协作研发网络组建战略联盟并形成技术标准起草团队时，应该鼓励具备技术资源优势和技术影响力优势的企业成为团队领头人，以它为中心组建技术标准草案起草小组，使其既在技术标准起草小组内部发挥凝聚力和协调作用，又能在技术标准起草小组外部广泛联系其他利益相关者，增强该技术标准草案的社会支持度。这种制度设计将降低技术标准的竞争成本。

尤其是，本书的理论研究表明，具有非冗余性技术影响力优势的企业能够更好地整合不同技术背景和技术领域利益相关者的技术利益诉求，更善于在兼容性技术标准的制定中发挥实质性的影响力。因此，应该引导和鼓励协作研发网络中的大型结构洞位置上的企业成为兼容性技术标准修制定议案起草小组的领导者，促使其发挥自身的异质知识整合能力优势、多样化技术范式协调能力的优势，更好地带动兼容性技术标准修制定议案的撰写与出台。

第9章

结　论

9.1　本书主要结论

协作研发网络是否对企业的技术标准化行为及其绩效产生影响？什么样的协作研发网络结构特征能够提升企业对技术标准制定的影响力？这是本书的核心研究问题。通过对核心研究问题的理论和实证分析，得出主要结论如下。

（1）协作研发网络有利于推动企业更加积极地参与技术标准化。协作研发网络的发育将企业吸纳成为产业整体创新系统的一部分，鼓励企业参与产业内知识、技术、理念的交流与互动，帮助企业之间形成共同技术利益，有利于整合产业内企业之间的协同力量，推动更多的企业参与技术标准化，推出更多的新技术标准。

（2）企业对技术标准制定的影响力来源是一个复合体系。这个体系中主要包括企业的技术优势和市场优势。其中，技术优势既包括企业内部的技术资源优势，还包括企业在产业中的技术影响力优势。技术资源优势主要指企业所拥有的技术性知识与人力资源，而技术影响力优势主要指企业所倡导的技术方案在多大程度上为产业内其他厂商所支持。因此，技术影响力优势是企业在厂商群体中所拥有的社会资本。

（3）协作研发网络对提升企业内部技术资源优势有明确的积极作用。企业参与协作研发网络是其搜寻、获取外部知识的重要途径，通过对内外知识的整合，企业可以提升其新知识、新技术创造的绩效。规模适当、"圈子化"程度相对更高的协作研发网络，更有利于高质量、深入化知识的传播和分享，促进核心业务领域的利用式创新；结构洞式的协作研发网络则更有利于异质知识的传播和吸收，增进外延性业务领域的探索式技术创新绩效。

（4）具有技术资源优势的企业在技术标准制定中拥有更强的话语权。协作研发网络的动态变化帮助网络中的企业对外部知识进行日益广泛的获取和更加优化的配置，并转化为企业内部知识与技术的不断积累。当企业在知识与技术资源占有上居于产业领先地位时，它在产业技术标准制定中获得更强的话语权。其中，企业在外延性业务领域的知识与技术资源优势，能帮助它更好地在不同技术之间、不同厂商群体之间进行协同，从而能够影响更多兼容性技术标准的制定。

（5）协作研发网络促使一部分企业成长成为产业中具有更强技术影响力的参与者。协作研发网络的不断演化过程中，一部分企业发展成为网络中的具有相对优势地位的主体，并由此而在产业中具有相对更高的技术影响力广度、强度和非冗余度。这一部分企业在产业厂商群体中所拥有的社会资本更加突出，所获得的来自厂商群体的支持基础更强。而协作研发网络动态发展中的"强者越强"的路径依赖效应是导致这种非均衡分化现象的重要原因之一。

（6）具有技术影响力优势的企业，在技术标准制定中赢得更多的话语权。当企业由于其在协作研发网络中的优势地位而具有更强的技术影响力时，它往往获得来自更多其他厂商的更加坚定的拥护，成为技术标准的制定者，将自身的技术方案转化为行业的正式技术标准。具体来说，基于企业协作研发网络规模的技术影响力广度，能更有效地帮助企业获得技术标准起草单位的身份，而基于企业协作研发网络结构洞的技术影响力非冗余度，则能够帮助企业参与到更多技术标准的制定中去。

9.2 本书主要创新点

本书在理论贡献、分析方法、实证数据上均做出了一定程度的创新。

（1）理论贡献。

对于标准竞争理论的贡献：本书的理论和实证研究指出，不仅用户基础决定企业在技术标准竞争中的地位，企业在产业厂商中所形成的组织间网络也是企业赢得技术标准竞争优势的来源。关于企业对产业技术标准形成进行影响的相关研究，绝大部分关注的是企业的市场地位。在卡茨和夏皮罗（Katz & Shapiro，1985；1986）开创的经典研究范式的基础上，过去近 30 年不断发展起来的标准竞争领域的研究成果认为，企业通过直接网络效应、间接网络效应、品牌等市场手段扩大用户规模、提高市场占有率是企业将自身所倡导的技术规范推广成为产业主流技术标准的最有效手段[25][27]。一部分研究关注到企业间联盟和合作活动对技术标准竞争的影响。本书从这个视角出发，认为市场优势只是企业影响技术标准形成可以借助的一个方面；还有同等重要的一个方面，是企业在产业内厂商中的支持基础，这是企业通过影响产业供给来塑造产业主流技术标准的渠道。而参与协作研发网络、扩大自身在协作研发网络中可以利用的网络资源，是企业在产业内厂商中赢得更广泛的支持基础，以推动产业技术供给的格局向有利于自己的方向发展的重要的、有效的渠道。本书的实证研究总体上也证实这一理论假设。而且本书的理论和实证研究还证实，不同的协作研发网络结构为企业提供不同类型的社会资本，为企业影响技术标准制定发挥不同的作用。

对于企业可持续竞争优势理论的贡献：协作研发网络是企业在技术标

准竞争中赢得竞争优势的重要战略性资产，它通过内向和外向两种不同类型的机制增强企业在技术标准制定中的影响力。所谓内向机制，是指协作研发网络通过向企业内部引入外界知识、丰富企业内部技术资产、提高企业技术创新实力以增强其在技术标准制定中的影响力。所谓外向机制，是指协作研发网络通过信息和知识流动、共同利益基础等机制帮助企业赢得产业中其他厂商在技术路线上的支持，以增强自身在技术标准制定中的影响力。本书的理论和实证研究还指出，不同的网络结构在这个过程中发挥不同的战略作用。

对于企业多元化理论的贡献：企业相关多元化有利于企业在技术标准制定中赢得更强的影响力，而协作研发网络有利于企业的相关多元化。企业多元化理论已经发展了数十年，对于多元化是否有益的争论已经形成了大量的研究成果。大部分的研究认为，相关多元化对企业的战略利益是有积极作用的。但是大部分的多元化理论探讨的是业务多元化与范围经济、多元化与公司财务资源和财务绩效之间的关系。本书从技术创新和标准竞争的角度观察公司多元化的影响。本书从相关多元化的角度，将企业的业务领域分为核心业务和外延性业务，并认为核心业务和外延性业务需要不同类型的技术创新来支撑，因此不同结构特点的协作研发网络分别有利于这两种业务领域中技术实力的提升。而核心业务和外延性业务对于企业参与技术标准竞争、对技术标准制定赢得更多的影响力发挥不同作用。外延性业务与企业参与起草更多数量的技术标准显著正相关。这意味着相关多元化对于企业在标准竞争中赢得优势是有明显积极作用的。因此，本书为企业相关多元化有利于企业长期战略利益的理论提供了来自技术创新和标准竞争领域的研究证据。

（2）分析方法。结合社会网络分析法、面板数据模型、计数数据模型对技术标准竞争活动进行定量分析。已有对于标准竞争的研究，很多采用案例研究的方法，对标准竞争的个案中反映的经济规律进行定性分析。少数运用计量方法的研究，困于标准信息和企业信息的难以获得性，通常只能选择某个具体标准竞争的个案，采集相关标准和企业层面信息进行短面板数据分析。本书由于建立了长周期的大样本，从而可以运用长面板数据分析，能够更好地对标准竞争规律的动态性进行分析和预测。此外，已有研究中极少存在将社会网络分析法用于企业技术标准行为的计量分析。而本书全面运用社会网络分析法对长期以来汽车行业中的协作研发网络的结构特征和动态演化趋势进行定量化、图谱化的分析，并与面板数据分析相结合，这使得对企业的协作研发网络行为与技术标准化行为之间的相关性进行科学的、精确的定量分析和预测成为可能。为了进一步提升计量分析的准确性，本书在对比多种计数数据模型优缺点的基础上，综合性地运用泊松回归模型、负二项回归模型、零膨胀的泊松回归模型、零膨胀的负二项回归模型，提供了更为稳健的实证分析结果。

（3）数据样本构建。构建长周期的大面板样本数据以更加有效地反映技术标准竞争活动的长期性和动态性。关于标准竞争的研究，大多数采用案例式的数据样本，集中采集某个技术标准竞争相关的企业数据和标准数据，所涉及的时间跨度和观测对象数量均相当有限，这也必然限制其研究结论的准确性和普遍性。本书采用的数据打破这一局限。本书构建了覆盖整个汽车产业自 20 世纪 70 年代以来的所有正式技术标准，这些正式技术标准都对行业发展发挥重要作用，而本书的专利数据也覆盖了整个汽车产业自 20 世纪 80 年代以来的所有专利数据。得益于此，本书得以构建一个横跨 26 年、总观测量为 10635 个的大面板样本数据。这个样本规模是同领域研究中罕见的，为本书实证研究得出准确性更高、普遍性更强的研究结果奠定了良好的基础。而且本书所使用的样本数据体现了高度的整合性与客观性，全面结合各种类型和来源的客观数据，如标准数据、专利数据、企业性质数据等，为保证取得更加可靠的研究结论打下了坚实的基础。

9.3　研究不足与展望

本书虽然在上述方面做出了一定的研究贡献，但仍然存在一定的不足之处，在相应方面的研究仍然有待拓展和深化。

（1）本书的核心研究问题是"协作研发网络是否对企业的技术标准化行为及其绩效产生影响？什么样的协作研发网络结构特征能够提升企业对技术标准制定的影响力？"本书给出了初步的答案，即协作研发网络是对企业参与技术标准的行为的绩效产生影响，而且不同的网络结构发挥不同的作用。但是，由于篇幅有限，本书未能对更加复杂和深入的问题提供答案。比如，协作研发网络演化中不同结构特征之间是否会发生相互影响从而共同作用于企业对技术标准制定的影响力？而这种作用是积极的还是消极的？不同的协作研发网络结构特征及其演化是否会对企业参与不同属性的技术标准制定产生不同的作用？协作研发网络结构特征是否会与其他因素相结合共同影响企业在技术标准竞争中的优势？这些都是进一步研究需要去探讨和解释的问题。

（2）为了突出重点，本书主要的研究对象是协作研发网络与企业对技术标准制定的影响力，对研究的边界进行了明确的界定。事实上，正如本书在理论分析中所指出的那样，企业的市场优势同样是企业增强其对技术标准制定的影响力所需要凭借的重要因素。而协作研发网络与企业的市场优势之间很可能存在复杂的相互关系，这种复杂的相互关系又将作用于企业对技术标准制定的影响力。这是本书的理论分析中被刻意忽视和简化的问题，却也是有理论价值的研究问题。这个重要的理论问题也有待进一步的分析。

（3）本书实证研究得出的结论之一是基于协作研发网络规模所测度的企业是否高度参与协作研发网络能够显著提升企业成为技术标准起草单位

的概率，但是基于协作研发网络规模所测度企业外部技术影响力广度却与企业参与起草的技术标准数量显著负相关。本书认为，原因可能在于网络规模越大的企业越容易陷入"核心僵化"的困局，导致无法更多地参与兼容性技术标准的制定。但是，本书未能就此进行更加深入的理论解释。这极有可能是一个具有重要理论价值和战略意义的研究问题，需要更加深入细致的研究。

（4）本书提出的理论假设认为，企业外部技术影响力强度越高，企业之间的共同利益基础越牢固，企业获得的来自其他厂商的支持越稳定，越有利于其在技术标准制定中获得更多的话语权。但是，本书的实证研究却证实，企业的技术影响力强度与企业参与起草的技术标准的数量的确没有显著相关性。其原因可能在于，合作专利个数并非是测度技术影响力强度的最合适指标。那么，如何测度企业的技术影响力强度更合适？企业的技术影响力强度是否的确对企业在技术标准制定中的影响力有积极作用？这些问题仍然有待进一步的研究来解释。

（5）本书的实证研究指出，参与业务相关多元化的企业对技术标准制定的影响力更大，且企业的外延性业务领域的技术资源与企业参与制定的技术标准的数量显著正相关。这些都说明业务的相关多元化与企业在技术标准竞争中的优势之间存在密切的关系。本书虽然从核心业务和外延性业务的角度分别讨论了不同业务对于企业参与技术标准竞争有何作用，但是其中仍然有更加复杂化、深入化的问题需要解答。比如，非相关多元化是否对企业参与技术标准制定也有影响？相关多元化的不同程度如何测量？不同程度的相关多元化是否对企业参与技术标准制定都有积极影响？核心业务与外延性业务之间是否会相互作用从而共同影响企业在技术标准竞争中的优势？这些问题仍然需要更加深入的研究。

参考文献

［1］祝鑫梅，余晓，卢宏宇．中国标准化政策演进研究：基于文本量化分析［J］．科研管理，2019，40（7）：12－21.

［2］刘三江，刘辉．中国标准化体制改革思路及路径［J］．中国软科学，2015（7）：6－17.

［3］韩连庆．技术联盟、产业链与技术标准的确立——以中国高清视频技术的发展为例［J］．科学学研究，2016，34（3）：418－424.

［4］邹思明，邹增明，曾德明．协作研发网络对企业技术标准化能力的影响——竞争—互补关系视角［J］．科学学研究，2020，38（1）：97－104.

［5］Doloreux D，Shearmur R. Collaboration，information and the geography of innovation in knowledge intensive business services［J］．Journal of Economic Geography，2012，12（1）：79－105.

［6］克努特·布林德．标准经济学——理论、证据与政策［M］．北京：中国标准出版社，2006.

［7］龚艳萍，施双明．技术标准合作的绩效评价体系研究［J］．价值工程，2011，30（21）：8.

［8］Roijakkers N，Hagedoorn J. Inter-firm R&D partnering in pharmaceutical biotechnology since 1975：Trends，patterns，and networks［J］．Research Policy，2006，35（3）：431－446.

［9］ Hagedoorn J. Inter-firm R&D partnerships: An overview of major trends and patterns since 1960 ［J］. Research policy, 2002, 31 (4): 477 – 492.

［10］ Dittrich K, Duysters G. Networking as a means to strategy change: The case of open innovation in mobile telephony ［J］. Journal of Product Innovation Management, 2007, 24 (6): 510 – 521.

［11］ Leiponen A E. Competing through cooperation: The organization of standard setting in wireless telecommunications ［J］. Management Science, 2008, 54 (11): 1904 – 1919.

［12］ Soh P H. Network patterns and competitive advantage before the emergence of a dominant design ［J］. Strategic Management Journal, 2010, 31 (4): 438 – 461.

［13］ Wang Q, Xie J. Will consumers be willing to pay more when your competitors adopt your technology? The impacts of the supporting-firm base in markets with network effects ［J］. Journal of Marketing, 2011, 75 (5): 1 – 17.

［14］ Cohen-Meidan M. The effects of standardization process on competition: An event study of the standardization process in the US cable modem market ［J］. Telecommunications Policy, 2007, 31 (10): 619 – 631.

［15］ Gallagher, S R. The battle of the blue laser DVDs: The significance of corporate strategy in standards battles ［J］. Technovation, 2012, 32 (2): 90 – 98.

［16］ Gao, Xudong. A latecomer's strategy to promote a technology standard: The case of Datang and TD-SCDMA ［J］. Research Policy, 2014, 4 (3): 597 – 607.

［17］ 杨瑞龙, 杨其静. 企业理论: 现代观点 ［M］. 北京: 中国人民大学出版社, 2005.

［18］ Porter M E. Clusters and the new economics of competition ［M］.

Watertown：Harvard Business Review，1998.

［19］ Freeman C. Networks of innovators：A synthesis of research issues ［J］. Research Policy，1991，20（5）：499 – 514.

［20］ Arndt O，Sternberg R. The firm or the region：What determines the innovation behavior of European firms? ［J］. Economic Geography，2000，77（4）：365 – 382.

［21］ 王大洲. 企业创新网络的进化与治理：一个文献综述 ［J］. 科研管理，2001，22（5）：96 – 103.

［22］ 魏江. 小企业集群创新网络的知识溢出效应分析 ［J］. 科研管理，2003，24（4）：54 – 60.

［23］ Bleda M，del Río P. The market failure and the systemic failure rationales in technological innovation systems ［J］. Research Policy，2013，42（5）：1039 – 1052.

［24］ 陈劲，李飞. 基于生态系统理论的我国国家技术创新体系构建与评估分析 ［J］. 自然辩证法通讯，2011，33（1）：61 – 66.

［25］ Katz M L，Shapiro C. Technology adoption in the presence of network externalities ［J］. The journal of political economy，1986，94（4）：822 – 841.

［26］ Chiao B，Lerner J，Tirole J. The rules of standard-setting organizations：An empirical analysis ［J］. The RAND Journal of Economics，2007，38（4）：905 – 930.

［27］ Katz M L，Shapiro C. Network externalities，competition，and compatibility ［J］. The American economic review，1985，75（3）：424 – 440.

［28］ 王程韡，李正风. 基于分层演化观点的技术标准的形成机制探析 ［J］. 中国软科学，2007（1）：42 – 48.

［29］ Schilling M A，Phelps C C. Interfirm collaboration networks：The impact of large-scale network structure on firm innovation ［J］. Management

Science, 2007, 53 (7): 1113 - 1126.

[30] Hatzichronoglou, T. Revision of the high-technology sector and product classification [R]. OECD Science, Technology and Industry Working Papers, OECD Publishing, 1997 (2).

[31] Schulze A, Brojerdi G, Krogh G. Disseminative capability and knowledge transfer in the automotive industry [J]. Journal of Product Innovation Management, 2014, 31 (1): 79 - 97.

[32] Lemley M A, Shapiro C. A simple approach to setting reasonable royalties for standard-essential patents [J]. Berkeley Technology Law Journal, 2013, 28 (2): 1135.

[33] Coase R H. The nature of the firm [J]. Economica, 1937, 4 (16): 386 - 405.

[34] Alston L, Gillespie W. Resource coordination and transaction costs: A framework for analyzing the firm/market boundary [J]. Journal of. Economic. Behavior and Organization, 1989, 11 (2): 191 - 212.

[35] Williamson O E. The economic intstitutions of capitalism [M]. New York: Simon and Schuster, 1985.

[36] Larsson R. The handshake between invisible and visible hands [J]. International Studies of Management and Organization, 1993 (23): 87 - 106.

[37] Jarillo J C. On strategic networks [J]. Strategic Management Journal, 1988, 9 (1): 31 - 41.

[38] Yamin M, Otto J. Patterns of knowledge flows and MNE innovative performance [J]. Journal of International Management, 2004, 10 (2): 239 - 258.

[39] Kogut B. Joint ventures: Theoretical and empirical perspectives [J]. Strategic Management Journal, 1988, 9 (4): 319 - 332.

[40] 卢福财, 胡平波. 网络组织成员合作的声誉模型分析 [J]. 中

国工业经济，2005（2）：48 - 53.

[41] Salancik G R, Pfeffer J. A social information processing approach to job attitudes and task design [J]. Administrative Science Quarterly, 1978, 23 (2): 224 - 53.

[42] 赵修卫. 组织学习与知识整合 [J]. 科研管理, 2003, 24 (3): 52 - 57.

[43] Yli-Renko H, Autio E, Sapienza H J. Social capital, knowledge acquisition, and knowledge exploitation in young technology-based firms [J]. Strategic Management Journal, 2001, 22 (6 - 7): 587 - 613.

[44] Jiang Xu, Yuan Li. Shanxing Gao. The stability of strategic alliances: Characteristics, factors and stages [J]. Journal of International Management. 2008, 14 (2): 173 - 189.

[45] Akintoye A, Chinyio E. Private finance initiative in the healthcare sector: Trends and risk assessment [J]. Engineering, Construction and Architectural Management, 2005, 12 (6): 601 - 616.

[46] Renzl B. Trust in management and knowledgesharing: The mediating effects of fear and knowledge documentation [J]. The International Journal of Management Science. Omega, 2008, 36 (2): 206 - 220.

[47] Hirschman A O. Exit, voice and loyalty: Response to decline in firms, organization, and states [M]. Cambridge, MA: Harvad University Press, 1970.

[48] Penrose E T. The theory of growth of the firm [M]. Oxford: Basil Blackwell Publisher, 1959.

[49] D'Aveni R. Strategic supremacy through disruption and dominance [J]. Sloan Management Review, 1999, 40 (3): 127 - 135.

[50] 张平. 合作——战略管理思想新趋势 [J]. 未来与发展, 2006

（4）：2 – 4.

［51］曾楚宏，林丹明 . 论企业边界的两重性［J］. 中国工业经济，2005（10）：73 – 80.

［52］Dyer J H. Specialized supplier networks as a source of competitive advantage：Evidence from the auto industry［J］. Strategic management journal，1996，17（4）：271 – 291.

［53］解学梅 . 中小企业协同创新网络与创新绩效的实证研究［J］. 管理科学学报，2010，13（8）：51 – 64.

［54］Schilling M A, Steensma H K. Disentangling the theories of firm boundaries：A path model and empirical test［J］. Organization Science，2002，13（4）：387 – 401.

［55］王晓静 . 企业集团研发协同与研发绩效的实证研究［D］. 济南：山东大学管理学院，2012.

［56］Lambertini L, Lotti F, Santarelli E. Infra-industry spillovers and R&D cooperation：Theory and Evidence［J］. Economics of innovation and new technology，2004，13（4）：311 – 328.

［57］Watanabe C, Kishioka M, Nagamatsu A. Effect and limit of the government role in spurring technology spillover-a case of R&D consortia by the Japanese government［J］. Technovation，2004，24（5）：403 – 420.

［58］Moreno J L. Who shall survive? A new approach to the problem of human interrelations［J］. 1934.

［59］Nadel, S. F. The theory of social structure［M］. London：Cohen and West, Ltd, 1957.

［60］张珺，刘德学 . 基于全球生产网络的开放式产业创新体系构建［J］. 科技管理研究，2007，27（2）：169 – 171.

［61］周钟山，夏兰 . 基于网络结构视角的产业集群演化和创新

[M]. 北京：中国市场出版社，2006.

[62] 张凤，何传启. 国家创新系统：第二次现代化的发动机 [M].
北京：高等教育出版社，1999.

[63] 禹献云. 协作研发网络演化及其对技术创新的影响研究 [D].
长沙：湖南大学工商管理学院，2013.

[64] Scott J. Social network analysis：A handbook [M]. London：Sage
Publications，2000：111 – 112.

[65] 毛加强，崔敏. 创新网络下的产业集群技术创新实证分析 [J].
软科学，2010，24（3）：19 – 22.

[66] Granovetter M S. The strength of weak ties [J]. American Journal of
Sociology，1973，78（6）：1360 – 1380.

[67] Antia K D，Frazier G L. The severity of contract enforcement in interfirm
channel relationships [J]. The Journal of Marketing，2001，65（4）：67 – 81.

[68] Eisingerich A B，Bell S J，Tracey P. How can clusters sustain per-
formance? The role of network strength，network openness，and environmental
uncertainty [J]. Research Policy，2010，39（2）：239 – 253.

[69] 潘松挺，蔡宁. 网络关系强度与组织学习：环境动态性的调节
作用 [J]. 科学决策，2010（4）：48 – 54.

[70] 任胜钢. 企业网络能力结构的测评及其对企业创新绩效的影响
机制研究 [J]. 南开管理评论，2010，13（1）：69 – 80.

[71] Burt R S. Structural holes [M]. Cambridge，MA：Harvard Univer-
sity Press，1992：302 – 305.

[72] 刘军. 整体网分析讲义 [M]. 上海：格致出版社，2009.

[73] 陈畴镛，胡枭峰，周青. 区域技术创新生态系统的小世界特征
分析 [J]. 科学管理研究，2010，28（5）：17 – 20.

[74] Dyer J H，Nobeoka K. Creating and managing a high-performance

knowledge-sharing network：The toyota case ［J］. Strategic Management Journal, 2000, 21 （4）：125 – 131.

［75］ Newman M E J. A measure of betweenness centrality based on random walk ［J］. Social Networks, 2005, 27 （5）：39 – 54.

［76］ Freeman L C. Graphic techniques for exploring social network data ［J］. Models and Methods in Social Network Analysis, 2005：248 – 269.

［77］ 高展军，李垣. 战略网络结构对企业技术创新的影响研究 ［J］. 科学学研究，2006，24 （3）：474 – 479.

［78］ 贺寨平. 国外社会支持网研究综述 ［J］. 国外社会科学，2001 （1）：79 – 85.

［79］ Zeki S, Lubatkin M H, Floyd S W. Inter-firm networks and entrepreneurial behavior：A structural embeddedness perspective ［J］. Journal of Management, 2003, 29 （3）：427 – 442.

［80］ Alejandro P, Sensenbrenner J. Embeddedness and immigration：Notes on the social determinants of economic action ［J］. American Journal of Sociology, 1993, 98 （6）：1320 – 1350.

［81］ Walker G, Kogut B, Shan Wei-jian. Social capital, structural holes and the formation of an industry network ［J］. Organization Science, 1997, 8 （2）：109 – 125.

［82］ Das T K, Teng B S. Between trust and control：Developing confidence in partner cooperation in alliances ［J］. Academy of Management review, 1998, 23 （3）：491 – 512.

［83］ Capaldo A. Network structure and innovation：The leveraging of a dual network as a distinctive relational capability ［J］. Strategic management journal, 2007, 28 （6）：585 – 608.

［84］ 蒋天颖，王峥燕，张一青. 网络强度，知识转移对集群企业创

新绩效的影响 [J]. 科研管理, 2013, 34 (8): 27-34.

[85] 谢洪明, 陈盈, 程聪. 网络密度、知识流人对企业管理创新的影响 [J]. 科学学研究, 2011, 29 (10): 1542-1548.

[86] McEvily B, Zaheer A. Bridging ties: A source of firm heterogeneity in competitive capabilities [J]. Strategic Management Journal, 1999, 20 (12): 1133-1156.

[87] Insead A V S. Network strategies and performance of Canadian investment banks [J]. Academy of Management Journal, 2006, 49 (3): 590-604.

[88] Uzzi B. Social structure and competition in interfirm networks: The paradox of embeddedness [J]. Administrative science quarterly, 1997, 42 (1): 35-67.

[89] 盛亚, 范栋梁. 结构洞分类理论及其在创新网络中的应用 [J]. 科学学研究, 2009, 27 (9): 1407-1411.

[90] 王星莹. 国有转制单位的内部网络变迁研究——对某国有转制单位的个案研究 [D], 上海: 复旦大学, 2005.

[91] Powell W W, White D R, Koput K W, et al. Network dynamics and field evolution: The growth of interorganizational collaboration in the Life sciences [J]. American Journal of Sociology, 2005, 110 (4): 1132-1205.

[92] Gay B, Dousset B. Innovation and network structural dynamics: Study of the alliance network of a major sector of the biotechnology industry [J]. Research Policy, 2005, 34 (10): 1457-1475.

[93] Rosenkopf L, Padula G. Investigating the microstructure of network evolution: Alliance formation in the mobile communications industry [J]. Organization Science, 2008, 19 (5): 669-687.

[94] 王燕妮, 张永安, 樊艳萍. 核型结构汽车企业垂直创新网络演化研究——基于企业间关系强度 [J]. 科学学与科学技术管理, 2012, 33

（8）：28 – 35.

［95］罗珉. 组织间关系理论研究的深度与解释力辨析［J］. 外国经济与管理，2008（1）：23 – 30.

［96］Moldoveanu M C，Baum J A C，Rowley T J. Information regimes，information strategies and the evolution of interfirm network topologies［J］. Research in Multi Level Issues，2003（2）：221 – 264.

［97］Ozman M. Knowledge integration and network formation［J］. Technological Forecasting and Social Change，2006，73（9）：1121 – 1143.

［98］王飞. 生物医药创新网络演化机理研究——以上海张江为例［J］. 科研管理，2012，33（2）：48 – 54.

［99］Koka B R，Madhavan R，Prescott J E. The evolution of interfirm networks：Environmental effects on patterns of network change［J］. Academy of Management Review，2006，31（3）：721 – 737.

［100］Cowan R，Jonard N，Zimmermann J. Bilateral collaboration and the emergence of innovation networks［J］. Management Science，2007，53（7）：1051 – 1067.

［101］石乘齐，党兴华. 技术创新网络演化研究述评及展望［J］. 科技进步与对策，2013，30（7）：156 – 160.

［102］路风，封凯栋. 发展我国自主知识产权汽车工业的政策选择［M］. 北京：北京大学出版社，2005：118 – 121.

［103］苏江明. 产业集群生态相研究：［D］. 上海：复旦大学，2004.

［104］左小明. 制造企业集群网络协作过程生命周期及成长机理［J］. 中国社会科学院研究生院学报，2011（3）：56 – 60.

［105］Demirkan I，Deeds D L. Research collaboration networks and innovation output［J］. Academy of Management Proceedings，2007（1）：1 – 6.

［106］Knight L，Pye A. Network learning：An empirically derived model of learning by groups of organizations [J]. Human Relations, 2005, 58 (3): 369 – 392.

[107] 黄玮强，庄新田，姚爽. 基于动态知识互补的企业集群创新网络演化研究 [J]. 科学学研究，2011, 29 (10): 1557 – 1567.

[108] 魏江，郑小勇. 文化嵌入与集群企业创新网络演化的关联机制 [J]. 科研管理，2012, 33 (12): 10 – 22.

[109] ISO. What is standards? [EB/OL]. http://www.iso.org/iso/home/standards.htm, 2014 – 2 – 28.

[110] 侯俊军. 标准化与中国对外贸易发展研究 [D]. 长沙：湖南大学，2009.

[111] David P A. Some new standards for the economics of standardisation in the information age. in Dasgupta, P. and P. Stoneman (eds), economic policy and technological performance [M]. Cambridge: Cambridge University Press, 1987.

[112] Swann, G. M. P., Standards from a business strategy perspective: Benefits of standardization in business [R]. Proceedings of EURAS International Seminar. Hamburg, 1994, 3 (4).

[113] 姜彦福，雷家骕，周刚等. 企业技术创新管理 [M]. 北京：企业管理出版社，1999.

[114] 胡晓鹏. 模块化整合标准化：产业模块化研究 [J]. 中国工业经济，2005 (9): 67 – 74.

[115] Jones P, Hudson J. Standardization and the costs of assessing quality [J]. European Journal of Political Economy, 1996, 12 (2): 355 – 361.

[116] Bhatt G D. Organizing knowledge in the knowledge development cycle [J]. Journal of Knowledge Management, 2000, 4 (1): 15 – 26.

[117] Swann, G M P. The economics of standardization: Final report for

standards and technical regulations directorate ［R］, Department of Trade and Industry. Manchester Business School, 2000.

［118］ Farrell J, Saloner G. Standardization, compatibility, and innovation ［J］. The RAND Journal of Economics, 1985: 70 – 83.

［119］ 赵树宽, 鞠晓伟, 陆晓芳. 我国技术标准化对产业竞争优势的影响机理研究 ［J］. 中国软科学, 2004 (1): 13 – 17.

［120］ Porter M E. Competitive strategy: Techniques for analyzing industries and competitors ［M］. New York: Free Press, 1980.

［121］ Popper E T, Buskirk B D. Technology life cycles in industrial markets ［J］. Industrial Marketing Management, 1992, 21 (1): 22 – 31.

［122］ 胡培战. 基于生命周期理论的我国技术标准战略研究 ［J］. 国际贸易问题, 2006 (2): 84 – 89.

［123］ 赵莉晓. 基于专利分析的 RFID 技术预测和专利战略研究——从技术生命周期角度 ［J］. 科学学与科学技术管理, 2012 (11): 24 – 30.

［124］ 张龙, 张运生. 高科技企业技术标准定价研究 ［J］. 中国科技论坛, 2010 (8): 66 – 73.

［125］ 曹芳, 杨宁宁. 产业演进中企业技术创新的路径选择——以信息产业为例 ［J］. 工业技术经济, 2007 (1): 18 – 22.

［126］ Dosi, G. Tchnological paradigms and technological trajectories: A suggested interpretation of the determinants and directions of technical change ［J］. Research Policy, 1982, 11 (3): 147 – 162.

［127］ 曾德明, 秦吉波, 周青, 陈立勇. 高新技术企业 R&D 管理 ［M］. 北京: 清华大学出版社, 2006.

［128］ 张研, 赵树宽, 赵航. 技术标准化对产业创新的作用机理研究 ［J］. 吉林大学社会科学学报, 2012, 52 (3): 108 – 116.

［129］ 李远勤, 张祥建. 标准化对企业技术创新与经营业绩影响的前

沿研究述评［J］. 软科学，2009，23（3）：61－64.

［130］高俊光，单伟. 技术标准形成机理实证研究［J］. 科技进步与对策，2011，28（15）：10－14.

［131］孙耀吾，赵雅，曾科. 技术标准化三螺旋结构模型及其实证研究［J］. 科学学研究，2009，27（5）：733－742.

［132］Blind K，Thumm N. Interrelation between patenting and standardisation strategies：Empirical evidence and policy implications［J］. Research Policy，2004，33（10）：1583－1598.

［133］冯根福，李再扬，姚树洁. 信息产业标准的形成机制及其效率研究［J］. 中国工业经济，2006（1）：16－24.

［134］杨冬梅. 技术标准形成的动态过程研究［D］. 南京：东南大学，2006.

［135］Church J，Gandal N. Network effects，software provision，and standardization［J］. The Journal of Industrial Economics，1992，40（1）：85－103.

［136］Schilling，M A. Technology success and failure in winner-take-all markets：The impact of learning orientation，timing，and network externalities［J］. Academy of Management Journal，2002，45（2）：387－398.

［137］刘任重，何明升. 基于网络效应的技术标准竞争机制分析［J］. 中国管理科学，2007，15（12）：34－39.

［138］李再扬，杨少华. GSM：技术标准化联盟的成功案例［J］. 中国工业经济，2003（7）：89－95.

［139］葛京，李尉. 标准的形成及其国际贸易关系综述［J］. 科技进步与对策，2009，26（1）：152－155.

［140］吴文华，曾德明. 移动通信产业技术标准形成机制比较及启示［J］. 科技进步与对策，2006（8）：33－36.

［141］ Blind K. Explanatory factors for participation in formal standardisation processes: Empirical evidence at firm level ［J］. Economics of Innovation and New Technology, 2006, 15 (2): 157 – 170.

［142］ Link, A N. Market structure and voluntary product standards ［J］. Applied Economics, 1983, 15 (3): 393 – 401.

［143］ Lecraw, D J. Some economic effects of standards ［J］. Applied Economics, 1984, 16 (4): 507 – 522.

［144］ Meeus, M T H, Faber, J, Oerlemans, L A G. Why do firms participate in standardization? An empirical exploration of the relation between isomorphism and institutional dynamics in standardization ［J］. University of Utrecht. Working Paper Department of Innovation Studies, 2002.

［145］ Farell, J and Saloner, G. Coordination through committees and markets ［J］. Rand Journal of Economics , 1988: 235 – 252.

［146］ Lehr W. Standardization: Understanding the process ［J］. JASIS, 1992, 43 (8): 550 – 555.

［147］ Cowan R. High technology and the economics of standardization ［C］. New Technology at the Outset: Social Forces in the Shaping of Technological Innovation Frankfurt/Main: Campus Verlag, 1992: 279 – 300.

［148］ Kahin, B, Abbate J. Standards policy for information infrastructure ［M］. Boston: MIT Press, 1995.

［149］ Weiss M B H, Sirbu M. Technological choice in voluntary standards committees: An empirical analysis ［J］. Economics of Innovation and New Technology, 1990, 1 (1 – 2): 111 – 133.

［150］ Bekkers R, Duysters G, Verspagen B. Intellectual property rights, strategic technology agreements and market structure: The case of GSM ［J］. Research Policy, 2002, 31 (7): 1141 – 1161.

［151］Rysman M, Simcoe T. Patents and the performance of voluntary standard-setting organizations［J］. Management Science, 2008, 54（11）: 1920 – 1934.

［152］Fleming L, Waguespack D M. Brokerage, boundary spanning, and leadership in open innovation communities［J］. Organization science, 2007, 18（2）: 165 – 180.

［153］Farell, J and Saloner, G. Installed base and compatibility: Innovation, product preannouncements, and predation［J］. American Economic Review, 1986, 76（5）: 940 – 955.

［154］Tassey G. Standardization in technology-based markets［J］. Research Policy, 2000, 29（4 /5）: 587 – 602.

［155］Oshri, I, Weeber, C. Cooperation and competition standards setting activities in the digitization era: The case of wireless information devices［J］. Technology Analysis & Strategic Management, 2006, 18（2）: 265 – 283.

［156］赵伟, 于好. 基于实施标准的竞争战略初探［J］. 科学学与科学技术管理, 2009（4）: 138 – 142.

［157］谢伟. IT 业标准竞争的动力学［J］. 科研管理, 2006（2）: 72 – 78.

［158］郭斌. 产业标准竞争及其在产业政策中的现实意义［J］. 中国工业经济, 2000（1）: 41 – 44.

［159］Cowan, R and Cunby, P. Sprayed to death: Path dependence, lock-in and pest control strategies［J］. The Economic Journal, 1996, 106（436）: 521 – 542.

［160］Antoneslli, C. Localized technological change and evolution of standard as economic institutions［J］. Research Policy, 1994, 6（3 – 4）: 195 – 216.

［161］Besen，S M and Farrell，J. Choosing how to compete：Stragegies and tactics in standardization ［J］. Journal of Economic Perspectives，1994，8 （2）：117 – 131.

［162］Church，J and Gandal，N. Complementary network externalities and technological adoption ［J］. International Journal of Industrial Organization，1993，11 （2）：239 – 260.

［163］Cowan R，Cowan W. Technological standardization with and without borders in an interacting agents model ［M］. Cairo：MERIT，1998.

［164］ASSIS A B. External linkage and technological innovation：Some topical issues ［J］. Int. J. Entrepreneurship and Innovation Management，2003，3 （2/3）：157 – 175.

［165］Powell W W，Kenneth K K，Laurel S. Inter-organizational collaboration and the locus of innovation：Network of learning in biotechnology ［J］. Administrative Science Quarterly，1996，41 （1）：116 – 145.

［166］Reagans Ray，EzraW Zuckerman. Network，diversity and performance：The social capital of corporate R&D Units ［J］. Organization Science，2001，12 （4）：502 – 517.

［167］Miguel E，Gertler P，Levine D I. Does social capital promote industrialization? Evidence from a rapid industrialize ［J］. The Review of Economics and Statistics，2005，87 （4）：754 – 762.

［168］孙永风. 基于社会资本的知识管理及其对创新产出影响的实证研究 ［D］. 西安：西安交通大学管理学院. 2006.

［169］Arrow，K J. A report on the social research. In Dasgupt，A P，Serageldin，I. ，Social capital：Amultifaceted perspective. Social capital：A multifaceted perspective ［M］. World Bank Publications，2000.

［170］Hult G T M，Ketchen D J，Slater S F. Information processing， knowledge development, and strategic supply chain performance [J]. Academy of Management Journal, 2004, 47 (2): 241 –253.

[171] Collins C J, Smith K G. Knowledge exchange and combination: The role of human resource practices in the performance of high-technology firms [J]. Academy of management journal, 2006, 49 (3): 544 –560.

[172] Uzzi B, Gillespie J J. Knowledge spillover in corporate financing networks: Embeddedness and the firm's debt performance [J]. Strategic Management Journal, 2002, 23 (7): 595 –618.

[173] Argyres N S, Silverman B S. R&D, organization structure, and the development of corporate technological knowledge [J]. Strategic Management Journal, 2004, 25 (8 –9): 929 –958.

[174] Tsai W. Social structure of "coopetition" within a multiunit organization: Coordination, competition, and intraorganizational knowledge sharing [J]. Organization Science, 2002, 13 (2): 179 –190.

[175] Banerjee S, Lin P. Vertical research joint ventures [J]. International Journal of Industrial Organization, 2001, 19 (1): 285 –302.

[176] 解学梅. 中小企业协同创新网络与创新绩效的实证研究 [J]. 管理科学学报, 2010, 13 (8): 51 – 64.

[177] Sammarra A, Biggiero L. Heterogeneity and specificity of inter-firm knowledge flows in innovation networks [J]. Journal of Management Studies, 2008, 45 (4): 800 –829.

[178] Tether B S. Who co-operates for innovation, and why: An empirical analysis [J]. Research Policy, 2002, 31 (6): 947 –967.

[179] Landry R, Amara N, Lamari M. Does social capital determine innovation? To what extent? [J]. Technological Forecasting and Social Change, 2002, 69 (7): 681 –701.

［180］ Nieto M J, Santamaria L. The importance of diverse collaborative networks for the novelty of product innovation ［J］. Technovation, 2007, 27 (6): 367 - 377.

［181］ Lee J, Park C. Research and development linkages in a national innovation system: Factors affecting success and failure in Korea ［J］. Technovation, 2006, 26 (9): 1045 - 1054.

［182］ Pekkarinen S, Harmaakorpi V. Building regional innovation networks: The definition of an age business core process in a regional innovation system ［J］. Regional Studies, 2006, 40 (4): 401 - 413.

［183］ Mansfield E, Lee J Y. The modern university: Contributor to industrial innovation and recipient of industrial R&D support ［J］. Research Policy, 1996, 25 (7): 1047 - 1058.

［184］ Gulbrandsen M, Smeby J C. Industry funding and university professors' research performance ［J］. Research Policy, 2005, 34 (6): 932 - 950.

［185］ Fritsch M, Franke G. Innovation, regional knowledge spillovers and R&D cooperation ［J］. Research Policy, 2004, 33 (2): 245 - 255.

［186］ Biggs T, Shah M K. African SMES, networks, and manufacturing performance ［J］. Journal of Banking & Finance, 2006, 30 (11): 3043 - 3066.

［187］ Afuah A. How much do your co-opetitors' capabilities matter in the face of technological change ［J］. Strategic Management Journal, 2002, 21 (3): 387 - 404.

［188］ Dyer J H, Singh H. The relational view: Cooperative strategy and sources of interorganizational competitive advantage ［J］. Academy of Management Rview, 1998, 23 (4): 660 - 679.

［189］ 马宗国, 武博. 中小企业自主创新 RJVs 信任合作动因研究 ［J］. 科学学与科学技术管理, 2008, 29 (7): 81 - 84.

［190］曾楚宏，林丹明．信息技术应用与企业边界的变动［J］．中国工业经济，2004，10（10）：69－75．

［191］王珺，侯广辉．有限外部化：技术进步对企业边界的影响［J］．中国工业经济，2005，（10）：81－87．

［192］刘东．企业边界的多种变化及其原因［J］．中国工业经济，2005，（3）：92－99．

［193］蒋峦，蓝海林，谢卫红．企业边界的渗透与模糊［J］．中国软科学，2003（4）：59－63．

［194］罗炜，唐元虎．企业合作创新的原因与动机［J］．科学学研究，2001，19（3）：91－95．

［195］Watts, D, J, Six degrees：The science of a connected age［M］. New York：WW Norton & Company, 2004.

［196］Gertler M S, Levitte Y M. Local nodes in global networks：The geography of knowledge flows in biotechnology innovation［J］. Industry and Innovation, 2005, 12（4）：487－507.

［197］Bosehma, RA, Frenken, K. Why is economic geography not an evolutionary scienee? Towards an evolutionary economic geography［J］. Journal of Economic Geograph, 2006, 6（3）：273－302.

［198］游达明，张帆．基于嵌入性视角的企业集成创新网络的演化研究［J］．经济纵横，2008，（6）：111－113．

［199］Borgatti S P, Cross R. A relational view of information seeking and learning in social networks［J］. Management Science, 2003, 49（4）：432－445.

［200］Powell W W, Grodal S. Networks of innovators［M］. The Oxford Handbook of Innovation, 2005：56－85.

［201］Coenen L, Moodysson J, Asheim B T. Nodes, networks and proximities：On the knowledge dynamics of the Medicon Valley biotech cluster［J］.

European Planning Studies, 2004, 12 (7): 1003 – 1018.

[202] Breschi S, Lissoni F. Mobility and social networks: Localised knowledge spillovers revisited [C]. Milan: University Bocconi, CESPRI Working Paper, 2003: 142.

[203] Glasmeier A. Technological discontinuities and flexible production networks: The case of Switzerland and the world watch industry [J]. Research Policy, 1991, 20 (5): 469 – 485.

[204] 王福涛, 钟书华. 创新集群的演化动力及其生成机制研究 [J]. 科学学与科学技术管理, 2009 (8): 72 – 77.

[205] Ahuja G. The duality of collaboration: Inducements and opportunities in the formation of interfirm linkages [J]. Strategic Management Journal, 2000, 21 (3): 317 – 343.

[206] Gulati R, Gargiulo M. Where do interorganizational networks come from? [J]. American Journal of Sociology, 1999, 104 (5): 1439 – 1493.

[207] Fleming L, Sorenson O. Technology as a complex adaptive system: Evidence from patent data [J]. Research Policy, 2001, 30 (7): 1019 – 1039.

[208] 方放, 王道平, 曾德明. 技术标准设定背景下高技术企业 R&D 能力的构成研究 [J]. 财经理论与实践, 2010, 31 (2): 93 – 98.

[209] Sydow J, Windeler A. Organizing and evaluating interfirm networks: A structurationist perspective on network processes and effectiveness [J]. Organization Science, 1998, 9 (3): 265 – 284.

[210] Parkhe A. Strategic alliance structuring: A game theoretic and transaction cost examination of interfirm cooperation [J]. Academy of Management Journal, 1993, 36 (4): 794 – 829.

[211] Peretto P F. Sunk costs, market structure, and growth [J]. International Economic Review, 1996, 37 (4): 895 – 923.

[212] Stiglitz J E, McFadden D, Peltzman S. Technological change, sunk costs, and competition [J]. Brookings Papers on Economic Activity, 1987 (3): 883 – 947.

[213] Allen, T J, Cohen, S I, Information flow in research and development laboratories [J]. Administrative Science Quarterly, 1969, 14 (1): 12 – 19.

[214] 毛崇峰, 龚艳萍, 周青. 组织间邻近性对技术标准合作绩效的影响研究——基于闪联的案例分析 [J]. 科学管理研究, 2012, 30 (2): 104 – 108.

[215] 毛崇峰, 龚艳萍, 周青. 认知邻近性对纵向技术标准合作的作用分析 [J]. 科技与管理, 2012, 14 (5): 35 – 38.

[216] Cummings J L, Teng B S. Transferring R&D knowledge: The key factors affecting knowledge transfer success [J]. Journal of Engineering and Technology Management, 2003, 20 (1): 39 – 68.

[217] Knoben J, Oerlemans L A G. Proximity and inter-organizational collaboration: A literature review [J]. International Journal of Management Reviews, 2006, 8 (2): 71 – 89.

[218] Cohen W M, Levinthal D A. Absorptive capacity: A new perspective on learning and innovation [J]. Administrative science quarterly, 1990, 35 (1): 128 – 152.

[219] 周青, 毛崇峰. 基于协作研发的技术标准联盟形成条件与路径分析 [J]. 科学管理研究, 2006, 24 (5): 47 – 50.

[220] 曾德明, 吴传荣. 高技术企业集群与技术标准合作的关系分析 [J]. 科技进步与对策, 2009, 26 (14): 72 – 75.

[221] McEvily B, Marcus A. Embedded ties and the acquisition of competitive capabilities [J]. Strategic Management Journal, 2005, 26 (11): 1033 – 1055.

［222］ Watts D J, Strogatz S H. Collective dynamics of 'small – world' networks ［J］. Nature, 1998, 393 (6684): 440 – 442.

［223］ Watts D J. Networks, dynamics, and the small-world phenomenon ［J］. American Journal of Sociology, 1999, 105 (2): 493 – 527.

［224］ Granger C W J. Some properties of time series data and their use in econometric model specification ［J］. Journal of Econometrics, 1981, 16 (1): 121 – 130.

［225］ Engle R F, Granger C W J. Co-integration and error correction: Representation, estimation, and testing ［J］. Econometrica: Journal of the Econometric Society, 1987, 55 (2): 251 – 276.

［226］ Blind K. The economics of standards: Theory, evidence, policy ［M］. London : Edward Elgar Publishing, 2004.

［227］ Harhoff, D. Innovationsanreize in einem strukturellen oligopoly model ［R］. Mannheim: ZEW Discussion Papers, 1997.

［228］ Miller D J. Technological diversity, related diversification, and firm performance ［J］. Strategic Management Journal, 2006, 27 (7): 601 – 619.

［229］ Wasserman S. Social network analysis: Methods and applications ［M］. Cambridge: Cambridge University Press, 1994.

［230］ Carrington, Peter J, John Scott, and Stanley Wasserman, eds. Models and methods in social network analysis ［M］. Cambridge : Cambridge University Press, 2005.

［231］ Robinson D T, Stuart T E. Network effects in the governance of strategic alliances ［J］. Journal of Law, Economics, and Organization, 2007, 23 (1): 242 – 273.

［232］ Bass B M, Bass R. The bass handbook of leadership: Theory, research, and managerial applications ［M］. New York: Simon and Schuster, 2009.

［233］Pfeffer, J. Power and interdependence in organizations ［M］. Cambridge: Cambridge University Press, 2009.

［234］舒兆平, 毛蕴诗. 企业技术标准形成机制研究——以移动通信为例 ［J］. 技术经济与管理研究, 2009 (6): 44 - 47.

［235］Raven B H. The bases of power: Origins and recent developments ［J］. Journal of Social issues, 1993, 49 (4): 227 - 251.

［236］Ward E A. Social power bases of managers: Emergence of a new factor ［J］. The Journal of Social Psychology, 2001, 141 (1): 144 - 147.

［237］Shapiro C., Varian H R. Information rules: A strategic guide to the network economy ［M］. Harvard Business School Press, Cambridge, 1999.

［238］Gulati R. Managing network resources: Alliances, affiliations and other relational assets ［M］. Oxford: Oxford University Press, 2007.

［239］张泳, 黄柳婷. 标准竞争, 组织创新和组织绩效之间的关系研究 ［J］. 科技管理研究, 2013, 33 (7): 17 - 21.

［240］林强, 阳宪惠, 姜彦福. 标准之战——高技术企业竞争的新热点 ［J］. 中国软科学, 2000 (3): 57 - 61.

［241］唐馥馨, 张大亮, 张爽. 后发企业自主国际技术标准的形成路径研究 ［J］. 管理学报, 2011, 8 (7): 974 - 979.

［242］孙耀吾, 贺石中, 曾德明. 知识产权, 基本要素与技术标准化合作 ［J］. 中国工业经济, 2006 (4): 81 - 88.

［243］傅家骥, 雷家骕, 程源. 技术经济学前沿问题 ［M］. 北京: 经济科学出版社, 2003.

［244］张泳, 赵昱虹. 标准竞争对组织、消费者的影响研究评述 ［J］. 科技管理研究, 2012, 32 (24): 161 - 164.

［245］翁轶丛, 陈宏民, 孔新宇. 基于网络外部性的企业技术标准控制策略 ［J］. 管理科学学报, 2004, 7 (2): 1 - 6.

［246］Farrell J, Klemperer P. Coordination and lock-in: Competition with switching costs and network effects ［J］. Handbook of Industrial Organization, 2007 （3）: 1967 – 2072.

［247］Schilling M. Winning the standards race: Building installed base and the availability of complementary goods ［J］. European Management Journal, 1999, 17 （3）: 265 – 274.

［248］Klemperer P. Markets with consumer switching costs ［J］. The Quarterly Journal of Economics, 1987, 102 （2）: 375 – 394.

［249］Burnham T A, Frels J K, Mahajan V. Consumer switching costs: a typology, antecedents, and consequences ［J］. Journal of the Academy of Marketing Science, 2003, 31 （2）: 109 – 126.

［250］Lieberman M B, Montgomery D B. First-mover advantages ［J］. Strategic Management Journal, 1988, 9 （S1）: 41 – 58.

［251］Kerin R A, Varadarajan P R, Peterson R A. First-mover advantage: A synthesis, conceptual framework, and research propositions ［J］. The Journal of Marketing, 1992, 56 （4）: 33 – 52.

［252］Barney J. Firm resources and sustained competitive advantage ［J］. Journal of Management, 1991, 17 （1）: 99 – 120.

［253］Grant R M. The resource-based theory of competitive advantage: Implications for strategy formulation ［M］. California Management Review, University of California, 1991.

［254］王国顺, 企业理论: 能力理论 ［M］. 北京: 中国经济出版社, 2006.

［255］Owen-Smith J, Powell W W. Knowledge networks as channels and conduits: The effects of spillovers in the Boston biotechnology community ［J］. Organization Science, 2004, 15 （1）: 5 – 21.

[256] Moehrle M G, Walter L, Geritz A, et al. Patent-based inventor profiles as a basis for human resource decisions in research and development [J]. R&D Management, 2005, 35 (5): 513 – 524.

[257] Fleming L. Recombinant uncertainty in technological search [J]. Management Science, 2001, 47 (1): 117 – 132.

[258] Kratzer J, Leenders R T A J, Van Engelen J M L. Managing creative team performance in virtual environments: An empirical study in 44 R&D teams [J]. Technovation, 2006, 26 (1): 42 – 49.

[259] Alegre J, Chiva R. Assessing the impact of organizational learning capability on product innovation performance: An empirical test [J]. Technovation, 2008, 28 (6): 315 – 326.

[260] Abbey A, Dickson J W. R&D work climate and innovation in semiconductors [J]. Academy of Management Journal, 1983, 26 (2): 362 – 368.

[261] 孙冰, 李柏洲. 企业技术创新动力系统的耗散结构研究 [J]. 生产力研究, 2006 (9): 244 – 246.

[262] Rost K. The strength of strong ties in the creation of innovation [J]. Research Policy, 2011, 40 (4): 588 – 604.

[263] Ahuja G. Collaboration networks, structural holes, and innovation: A longitudinal study [J]. Administrative Science Quarterly, 2000, 45 (3): 425 – 455.

[264] McFadyen M A, Semadeni M, Cannella A A. Value of strong ties to disconnected others: Examining knowledge creation in biomedicine [J]. Organization Science, 2009, 20 (3): 552 – 564.

[265] Jaffe A B, Trajtenberg M, Henderson R. Geographic localization of knowledge spillovers as evidenced by patent citations [J]. The Quarterly Journal of Economics, 1993, 108 (3): 577 – 598.

［266］Almeida P, Kogut B. Localization of knowledge and the mobility of engineers in regional networks ［J］. Management Science, 1999, 45 (7): 905 – 917.

［267］魏江, 魏勇. 产业集群学习机制多层解析 ［J］. 中国软科学, 2004 (1): 121 – 125.

［268］姜劲, 徐学军. 技术创新的路径依赖与路径创造研究 ［J］. 科研管理, 2006, 27 (3): 36 – 40.

［269］Pfeffer J, Salancik G R. The external control of organizations: A resource dependence perspective ［M］. Stanford: Stanford University Press, 2003.

［270］Srivastava M K, Gnyawali D R. When do relational resources matter? Leveraging portfolio technological resources for breakthrough innovation ［J］. Academy of Management Journal, 2011, 54 (4): 797 – 810.

［271］Hervas-Oliver J L, Albors-Garrigos J. The role of the firm's internal and relational capabilities in clusters: When distance and embeddedness are not enough to explain innovation ［J］. Journal of Economic Geography, 2009, 9 (2): 263 – 283.

［272］张米尔, 姜福红. 创立标准的结盟行为及对自主标准的作用研究 ［J］. 科学学研究. 2009, 27 (4): 529 – 534.

［273］余江, 方新, 韩雪. 通信产品标准竞争中的企业联盟动因分析 ［J］. 科研管理, 2004 (1): 129 – 132.

［274］Palepu K. Diversification strategy, profit performance and the entropy measure ［J］. Strategic Management Journal, 1985, 6 (3): 239 – 255.

［275］Chatterjee S, Wernerfelt B. The link between resources and type of diversification: Theory and evidence ［J］. Strategic Management Journal, 1991, 12 (1): 33 – 48.

［276］Markides C C, Williamson P J. Related diversification, core competences and corporate performance [J]. Strategic Management Journal, 1994, 15 (S2): 149 – 165.

[277] 芮明杰. 对企业多元化发展战略的再认识 [J]. 中国工业经济, 1998 (11): 50 – 52.

[278] 姚俊, 吕源, 蓝海林. 我国上市公司多元化与经济绩效关系的实证研究 [J]. 管理世界, 2004 (11): 119 – 125.

[279] 张翼, 刘巍, 龚六堂. 中国上市公司多元化与公司业绩的实证研究 [J]. 金融研究, 2005 (9): 122 – 136.

[280] Lang L H P, Stulz R M. Tobin's corporate diversification and firm performance [R]. National Bureau of Economic Research, 1993.

[281] Kogut B. Joint ventures and the option to expand and acquire [J]. Management Science, 1991, 37 (1): 19 – 33.

[282] Gulati R. Alliances and networks [J]. Strategic Management Journal, 1998, 19 (4): 293 – 317.

[283] Sirmon D G, Hitt M A, Ireland R D. Managing firm resources in dynamic environments to create value: Looking inside the black box [J]. Academy of Management Review, 2007, 32 (1): 273 – 292.

[284] Prahalad C K, Hamel G. The core competence of the corporation [M]. Boston (MA), 1990: 235 – 256.

[285] Dierickx I, Cool K. Asset stock accumulation and sustainability of competitive advantage [J]. Management Science, 1989, 35 (12): 1504 – 1511.

[286] Cohen M D, Bacdayan P. Organizational routines are stored as procedural memory: Evidence from a laboratory study [J]. Organization Science, 1994, 5 (4): 554 – 568.

[287] Stuart T E, Podolny J M. Local search and the evolution of technological capabilities [J]. Strategic Management Journal, 1996, 17 (S1): 21 – 38.

［288］杜跃平，高雄，赵红菊. 路径依赖与企业顺沿技术轨道的演化创新［J］. 研究与发展管理，2004，16（4）：52 – 57.

［289］Levitt B，March J G. Organizational learning［J］. Annual Review of Sociology，1988，14（1）：319 – 340.

［290］Thompson J D. Organizations in action：Social science bases of administrative theory［M］. New Jersey：Transaction Publishers，2011.

［291］Folta T B. Governance and uncertainty：The tradeoff between administrative control and commitment［J］. Strategic Management Journal，1998，19（11）：1007 – 1028.

［292］Holmström B，Roberts J. The boundaries of the firm revisited［J］. The Journal of Economic Perspectives，1998，12（4）：73 – 94.

［293］谈毅，董正英，慕继丰. 技术图构过程中知识流动模式与创新效率［J］. 研究与发展管理，2007，19（1）：13 – 20.

［294］Allen R C. Collective invention［J］. Journal of Economic Behavior & Organization，1983，4（1）：1 – 24.

［295］Carter A P. Knowhow trading as economic exchange［J］. Research Policy，1989，18（3）：155 – 163.

［296］Schrader S. Informal technology transfer between firms：Cooperation through information trading［J］. Research Policy，1991，20（2）：153 – 170.

［297］Ingram P，Roberts P W. Friendships among competitors in the Sydney hotel industry［J］. American Journal of Sociology，2000，106（2）：387 – 423.

［298］Breschi S，Lissoni F. Localised knowledge spillovers vs. innovative milieux：Knowledge "tacitness" reconsidered［J］. Papers in Regional Science，2001，80（3）：255 – 273.

［299］Liao S，Fei W C，Liu C T. Relationships between knowledge inertia，organizational learning and organization innovation［J］. Technovation，

2008, 28 (4): 183 –195.

[300] Mohrman S A, Finegold D, Mohrman Jr A M. An empirical model of the organization knowledge system in new product development firms [J]. Journal of Engineering and Technology Management, 2003, 20 (1): 7 –38.

[301] Chesbrough H W. Open innovation: The new imperative for creating and profiting from technology [M]. Cambridge: Harvard Business Press, 2003.

[302] Cassiman B, Veugelers R. In search of complementarity in innovation strategy: Internal R&D and external knowledge acquisition [J]. Management Science, 2006, 52 (1): 68 –82.

[303] Tsai W. Knowledge transfer in intraorganizational networks: Effects of network position and absorptive capacity on business unit innovation and performance [J]. Academy of Management Journal, 2001, 44 (5): 996 –1004.

[304] Zahra S A, George G. Absorptive capacity: A review, reconceptualization, and extension [J]. Academy of Management Review, 2002, 27 (2): 185 –203.

[305] 张伟峰, 慕继丰, 万威武. 基于企业创新网络的技术路径创造 [J]. 科学学研究, 2003, 21 (6): 657 –661.

[306] Keil T, Maula M, Schildt H, et al. The effect of governance modes and relatedness of external business development activities on innovative performance [J]. Strategic Management Journal, 2008, 29 (8): 895 –907.

[307] Baum J A C, Calabrese T, Silverman B S. Don't go it alone: Alliance network composition and startups' performance in Canadian biotechnology [J]. Strategic Management Journal, 2000, 21 (3): 267 –294.

[308] Schmiedeberg, C. Complementarities of innovation activities: An empirical analysis of the German manufacturing sector [J]. Research Policy, 2008, 37 (9): 1492 –1503.

［309］ Gurmu，S，Pérez-Sebastián F. Patents，R&D and lag effects：Evidence from flexible methods for count panel data on manufacturing firms ［J］. Empirical Economics，2008，35（3）：507 – 526.

［310］ Hagedoorn，J，Wang N. Is there complementarity or substitutability between internal and external R&D strategies? ［J］. Research Policy，2012，41（6）：1072 – 1083.

［311］ Guo，J，Trivedi P. Flexible parametric models for long – tailed patent count distributions ［J］. Oxford Bulletin of Economics and Statistics，2002，64（1）：63 – 82.

［312］ Cincera，M. Patents，R&D，and technological spillovers at the firm level：Some evidence from econometric count models for panel data ［J］. Journal of Applied Econometrics，1997，12（3）：265 – 280.

［313］ Hitt，M. A，Hoskisson R E，Ireland R D. Mergers and acquisitions and managerial commitment to innovation in M-form firms ［J］. Strategic Management Journal，1990，11（4）：29 – 48.

［314］ Williamson，O. E. The theory of the firm as governance structure：From choice to contract ［J］. The Journal of Economic Perspectives，2002，16（3）：171 – 195.

［315］ Hausman J，Hall B H，Griliches Z. Econometric models for count data with an application to the patents-R&D relationship ［J］. Econometrica，1984，52（4）：909 – 938.

［316］ Danneels，E. The dynamics of product innovation and firm competences ［J］. Strategic Management Journal，2002，23（12）：1095 – 1121.

［317］ 刘春玉，杨蕙馨. 二元式创新的知识属性与网络安排 ［J］. 科技进步与对策，2008，25（4）：139 – 143.

［318］ Miller K D，Zhao M，Calantone R J. Adding interpersonal learning and tacit knowledge to March's exploration-exploitation model［J］．Academy of Management Journal，2006，49（4）：709 – 722.

［319］Obstfeld，D. Social networks，the tertius iungens orientation，and involvement in innovation［J］．Administrative Science Quarterly，2005，50（1）：100 – 130.

［320］张庆普，李志超．企业隐性知识的特征与管理［J］．经济理论与经济管理，2002（11）：47 – 50.

［321］宋建元，陈劲．企业隐性知识共享的效率分析［J］．科学学与科学技术管理，2005（2）：58 – 61.

［322］Burt，R S. Social capital：Theory and research［M］．Piscataway：Transaction Publishers，2001.

［323］Tiwana，A. Do bridging ties complement strong ties? An empirical examination of alliance ambidexterity［J］．Strategic Management Journal，2008，29（3）：251 – 272.

［324］张凤香，黄瑞华．从网络外部性看我国通信产业的 3G 标准选择问题［J］．科学学与科学技术管理，2004，25（7）：77 – 81.

［325］Teece，D J. Competition，cooperation，and innovation：Organizational arrangements for regimes of rapid technological progress［J］．Journal of Economic Behavior & Organization，1992，18（1）：1 – 25.

［326］Monteverde，K，Teece D J. Supplier switching costs and vertical integration in the automobile industry［J］．The Bell Journal of Economics，1982，13（1）：206 – 213.

［327］Farrell，J，Shapiro C. Dynamic competition with switching costs［J］．The RAND Journal of Economics，1988，19（1）：123 – 137.

［328］Lee，G K，Cole R E. From a firm-based to a community-based model of knowledge creation：The case of the Linux kernel development［J］．

Organization Science, 2003, 14 (6): 633 – 649.

[329] David, P A. Clio and the Economics of QWERTY [J]. The American economic review, 1985, 75 (2): 332 – 337.

[330] Burt, R S. The social structure of competition [J]. Networks and organizations: Structure, form, and action, 1992, 57: 91.

[331] Liebowitz, S J, Margolis S E. Path dependence, lock-in, and history [J]. Journal of Law, Economics, & Organization, 1995, 11 (1): 205 – 226.

[332] Burt, R S. Structural holes and good ideas [J]. American journal of sociology, 2004, 110 (2): 349 – 399.

[333] Burt R S. Structural holes: The social structure of competition [M]. Cambridge: Harvard University Press, 2009.

[334] Zaheer, A, Bell, G G. Benefiting from network position: Firm capabilities, structural holes, and performance [J]. Strategic Management Journal, 2005, 26 (9): 809 – 825.

[335] Zaheer, A, McEvily, B. Bridging ties: A source of firm heterogeneity in competitive capabilities [J]. Strategic Management Journal, 1999, 20 (12): 1133.

[336] 斯科特, 刘军. 社会网络分析方法 [M]. 重庆: 重庆大学出版社, 2007.

[337] Watts, D J. Networks, dynamics, and the small-world phenomenon [J]. American Journal of Sociology, 1999, 105 (2): 493 – 527.

[338] Fernandez, R M, Gould R V. A dilemma of state power: Brokerage and influence in the national health policy domain [J]. American Journal of Sociology, 1994, 99 (6): 1455 – 1491.

[339] Breschi, S, Catalini C. Tracing the links between science and technology: An exploratory analysis of scientists' and inventors' networks [J].

Research Policy, 2010, 39 (1): 14 – 26.

[340] Freeman, L C. Centrality in social networks conceptual clarification [J]. Social Networks, 1979, 1 (3): 215 – 239.

[341] 应洪斌, 沈瑶. 非正式网络中隐性知识传递的影响机制研究 [J]. 科研管理, 2009, 30 (4): 130 – 137.

[342] 石智文, 姜彦福. 动态网络框架下的知识扩散的规模经济 [J]. 数量经济技术经济研究, 2004 (11): 55 – 65.

[343] 窦红宾, 王正斌. 网络结构, 知识资源获取对企业成长绩效的影响——以西安光电子产业集群为例 [J]. 研究与发展管理, 2012, 24 (1): 44 – 51.

[344] 曹兴, 宋娟, 张伟, 任胜刚. 技术联盟网络知识转移影响因素的案例研究 [J]. 中国软科学, 2010 (4): 62 – 72.

[345] Inkpen A C, Tsang E W K. Social capital, networks, and knowledge transfer [J]. Academy of Management Review, 2005, 30 (1): 146 – 165.

[346] Borgatti S P, Foster P C. The network paradigm in organizational research: A review and typology [J]. Journal of Management, 2003, 29 (6): 991 – 1013.

[347] 李子奈. 计量经济学模型对数据的依赖性 [J]. 经济学动态, 2009 (8): 22 – 27.

[348] Johnson N L, Kemp A W, Kotz S. Univariate discrete distributions [M]. New York: John Wiley & Sons, 2005.

[349] Blundell, R, Griffith R, Van Reenen, J. Dynamic count data models of technological innovation [J]. The Economic Journal, 1995, 105 (429): 333 – 344.

[350] 赵丽华. 重复测量计数数据模型分析及其医学应用研究 [D]. 太原: 山西医科大学, 2011.

［351］ Cameron A C, Trivedi P K. Regression analysis of count data ［M］. Cambridge: Cambridge University Press, 2013.

［352］夏结来, 徐雷. 计数资料的统计分析模型 ［J］. 疾病控制杂志, 2003, 7 (2): 81 – 84.

［353］Lambert D. Zero-inflated Poisson regression, with an application to defects in manufacturing ［J］. Technometrics, 1992, 34 (1): 1 – 14.

［354］Hall, D B. Zero-inflated Poisson and binomial regression with random effects: a case study ［J］. Biometrics, 2000, 56 (4): 1030 – 1039.

［355］Hargadon, A, Fanelli, A. Action and possibility: Reconciling dual perspectives of knowledge in organizations ［J］. Organization Science, 2002, 13 (3): 290 – 302.

［356］ Basberg, B. L. Patents and the measurement of technological change: A survey of the literature ［J］. Research Policy, 1987, 16 (2): 131 – 141.

［357］Trajtenberg, M. A Penny for your quotes: Patent citations and the value of innovations ［J］. RAND Journal of Economics, 1990, 21 (1): 172 – 187.

［358］Palich, L E, Cardinal, L B, Miller, C C. Curvilinearity in the diversification-performance linkage: An examination of over three decades of research ［J］. Strategic Management Journal, 2000, 21 (2): 155 – 174.

［359］Wooldridge J M. Econometric analysis of cross section and panel data ［M］. Boston: MIT Press, 2010.

［360］Arellano M, Bond S. Some tests of specification for panel data: Monte Carlo evidence and an application to employment equations ［J］. The Review of Economic Studies, 1991, 58 (2): 277 – 297.

［361］Arellano M, Bover O. Another look at the instrumental variable estimation of error-components models ［J］. Journal of Econometrics, 1995, 68

(1): 29 – 51.

[362] 全国汽车标准化技术委员会. 国家标准制修订工作程序 [EB/OL].: http: //www. catarc. org. cn/NewsDetails. aspx? id = 1666, 2013 – 12 – 03.

[363] 全国汽车标准化技术委员会. 行业标准制修订工作程序 [EB/OL].: http: //www. catarc. org. cn/NewsDetails. aspx? id = 1771, 2013 – 12 – 03.

[364] 国务院发展研究中心产业经济研究部, 中国汽车工程学会, 大众汽车集团 (中国). 中国汽车产业发展报告 2013 [M]. 北京: 社会科学文献出版社, 2013.